本书由复旦大学出版基金资助出版

阿尔都塞激进政治话语研究

林青 著

总　　序

　　为了进一步提高复旦大学人文社会科学高层次人才培养的影响力，传承中国文化和社会科学研究精神，展示我校博士研究生培养成果，复旦大学研究生院、党委宣传部、复旦大学出版社决定从人文社科类博士学位论文中挑选一批优秀作品，以专著形式出版。首批入选的六篇博士学位论文，就是其中的代表。

　　总体看来，入选第一辑"复旦博学文库"的论文不仅涵盖面较广，涉及哲学、新闻、历史地理、国际关系、社会发展以及管理科学等领域，研究成果也体现出作者独特的学术视野和研究的深入程度。例如，李甜博士的《丘陵山地与平原圩区：明清宁国府区域格局与社会变迁》，注重乡土文献的收集以及材料的准确释读，使其结论建立在坚实的文献及详细考证基础之上，将历史人类学方法引入历史地理学研究中，具有一定的创新性。又如，林青博士的《阿尔都塞激进政治话语研究》，围绕阿尔都塞思想中的意识形态理论，将其置于"五月风暴"背景下考察其思想转变，全面剖析了阿尔都塞新政治逻辑的方法论和哲学基础，在讨论阿尔都塞理论的学术效应及其遗产方面取得了突破。此外，我们很高兴地看到，赵清俊博士的《纳米生物制药领域的创新绩效评价与机理研究》在交叉学科研究方面开展了有益的尝试，成为本辑文库的亮点之一。需要说明的是，入选本辑文库论文的指导老师们也都具有较高的学术造诣。尽管每篇论文都是各位博士的独立之作，但这些成果与其导师的精心指导亦是分不开的。

　　编辑和出版"复旦博学文库"，对我们探索中国现阶段如何培养高质量的人文社科类博士研究生具有促进作用。近年来，我国所培养的文科博士研究生数量在全世界名列前茅，这一方面反映了我国人文社会科学研究的繁荣，另一方面也让我们不免担忧所培养的博士研究生质量是否存在问题。从国家和上海市教育管理部门的要求以及社会对高层次人才的需求来看，在控制招生数量的同时，抓好培养过程的关键环节，做好学位质控工作业已成为目前博士研究生教育的"重中之重"。我们的博士研究生们也应当清楚地意识到，博士研究生阶段的学习与研究是一个十分艰苦的探索过程。每一项具有一定深度的研究成果，均是师生们反复斟酌选题、认真设计方案、仔细分析结果后所获得的，是他们的智慧和努力的结晶，也是随时间而积累的产物。事实上，博士研究生们为修改和完善论文而延长培养期限的情况也日趋普遍。尽管此次入选的论文还存在一些写作仓促的痕迹，但从总体质量上可以作为我校人文社会科学类博士研究生论文的标杆。毋庸讳言，在当前较为浮躁的社会风气影响之下，许多科学研究中充斥着浮光掠影式的所谓"成果"，甚至学位论文造假、抄袭等学术不轨行为也时有发生。出版"复旦博学文库"的初衷就是希望扭转这一现象，对提高我校博士研究生论文质量真正起到引领作用。

衷心祝愿我校研究生教育工作不断发展，收获越来越多高质量的博士学位论文，也期望"复旦博学文库"越办越好。

复旦大学研究生院院长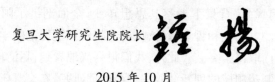

2015 年 10 月

序　言

邹诗鹏

林青的《阿尔都塞激进政治话语研究》即将出版,作为其指导老师,我想不妨就课题的理论背景及其意义做一点说明,以做参考。

阿尔都塞是一位对当代思想有着重要影响的哲学家,国内外对其展开的研究几十年来从未中断。然而,我要说,有关研究仍然存在一些定位或基本环节的不足或不确。在既有的研究框架与套路中,西方马克思主义依其走向,大体分为早期西方马克思主义(卢卡奇、葛兰西、柯尔施、布洛赫等)、第一代法兰克福学派、西方马克思主义诸杂糅学派(诸如存在主义的马克思主义、现象学马克思主义、弗洛伊德主义的马克思主义、结构主义的马克思主义、分析的马克思主义等等)以及后马克思主义四个时期。其中,阿尔都塞则是杂糅学派时期所谓"结构主义的马克思主义"的开创者,但其重要性通常被置于卢卡奇、葛兰西之下,"地位"不会高于阿多诺、马尔库塞甚至于哈贝马斯,而自1968年学生运动成长起来的若干理论家(如列斐伏尔、福柯等)以及诸如齐泽克、鲍德里亚、拉克劳、巴迪欧、大卫·哈维、奈格里等数都数不过来的或可称作后马克思主义时期的左派思想家们,在研究版图上也都是可与阿尔都塞分庭抗礼的人物。阿尔都塞的研究淹没于如此星丛中而难以显示其重要性。

前些年我在从事编撰国外马克思主义研究报告的过程中,形成了一个判断,阿尔都塞实是西方马克思主义演进中的一个转折性人物,绕不过去。阿尔都塞的努力,使得西方马克思主义传统走出了此前的人本主义时期,恰是在阿尔都塞之后,西方马克思主义传统转入后马克思主义。因而对阿尔都塞的研究就不应限于线性化的或流派化的研究套路,而是需要弄清如下核心问题:其一,从早期西方马克思主义,经法兰克福学派及萨特的存在主义的马克思主义,到阿尔都塞的结构主义的马克思主义,其间的理路及其问题式究竟如何演绎和铺陈;其二,阿尔都塞的理论是否导向以及如何导向(当然是两个问题)后马克思主义,换言之,如果不是滑过、而是必须逗留与探究,那么该如何把握阿尔都塞与后马克思主义的关联性;其三,基于阿尔都塞的认识论断裂及其激进性质的辩证唯物主义学说,有必要弄清阿尔都塞对马克思主义经典文本以及马克思主义史所做的解读,包括探讨阿尔都塞对毛泽东思想的把握与想象,并形成相应的判断。但从目前国内外的研究格局看,如此这般的研究尚待开启。

问题当然关联于对1968年学生运动相关思想及其后续效应的研究。影响此运动或在此运动中形成的左翼资源,大体有两类。一类是直接在场的,典型的如萨特和马尔库塞;另一类是不在场的,典型的即阿尔都塞。直接在场的理论,实随运动本身的终结而其思想效应大大减势,包括本应该在场、却因有意强调理论的中介性而拒绝在场且因此受到诟病的阿多诺及其法兰克福学派第一代,也渐渐走向低谷。然而,不在场且拒绝出场(上街)的阿尔都塞,却因其科学主义的鲜明取向,不仅彻底实现了西方马克思主义传统从人本主义向科学主义的强势转变,且因建构了直面当代资本主义的激进政治话语,从而对此后的西方马克思主义及其激进左翼理论产生了实质性的影响。而且,值得指出的是,自阿尔都塞之后——本身也是受阿尔都塞影响的结果,西方马克思主义传统发生了一场实质性转型,这一转型一方面使得马克思主义传统呈现出某种退行性,另一方面使得马克思主义理论传统的影响实际上越来越大,那些或许过多贴上西方马克思主义标签的人物越来越多地影响甚至主导着整个当代思想舞台。比如福柯,这位反叛其师阿尔都塞的谱系学大师或另类左翼人物,在很长时间里一直在当代西方思想界占据重要的地位,哲学似乎也发生了一场后现代转向。然而,若干年后的今天,人们发现,研究又在开始尝试着从福柯向阿尔都塞回溯。或者说,如果要更为深入地把握福柯及其相关思想,还需要向阿尔都塞回复,直面其提出的诸多创见。

上面这些还只是研究背景上的粗线条梳理,最实质的论域,还是阿尔都塞的激进政治话语,或者说是以激进政治话语来集聚和统摄阿尔都塞的相关理论创构及其尝试。把看来由后马克思主义绕过去的阿尔都塞激进政治话语凸显出来,对阿尔都塞那些艰难的、间歇性的理论探索进行发掘、清理和重构,形成一套相对清晰而自洽的政治话语,这样的课题其难度是可想而知的。可以说,林青是知难而上。林青具有较好的哲学基础,其本科毕业于华中科技大学哲学系,后直研就读于复旦大学马克思主义哲学专业,随后又直升本专业博士,其朴实诚笃,勤勉用功,思路清晰,有灵性,悟性也不错,有志于哲学研究事业。若干年以前,他即发现了攻克阿尔都塞的重要性,其博士论文原定为晚期阿尔都塞研究,但在随后的研究中他发现这个看上去值得做的课题,因阿尔都塞晚年的特殊状况,尤其是阿尔都塞晚年的有关思想与先前思想之间并无断裂,因而难以成为独立的研究单元,因而他果然地放弃了这一选题,而在对相关理论环节及其前沿进行了研判之后,林青选定了阿尔都塞的激进政治话语展开研究,而且,基于可行性考虑,他在研究中稍稍避开了过于宏观的思想史或互文性研究的方面,而集中于理论、义理及其文本的研究。本学科的老师们也支持了他的选择,并提出了若干建设性的意见。林青的研究能力是比较强的,围绕本课题,林青在《哲学研究》《哲学动态》《马克思主义与现实》以及《天津社会科学》等刊物上发表了若干高质量的论文,为博士论文奠定了较好的基础。

值得指出的是,论文的写作过程不像设想那样顺遂。除了学术本身要攻坚克难,林青还须以足够的精力与爱心陪护突遭大难的母亲,支撑起整个家庭,共渡难关,"穷人家的孩子早当家",诚属不易。当然,亲情以及恋情也给予其本人莫大的支持。实际上,生活的艰难困苦,于人文学术而言,终究是有益的,研究过程既收获了学术,也收获了成熟的生命体验和爱情,加深了对责任感的体验与认知,实是丰厚的馈赠。论文虽比预计推迟了大半年时间才完成,质量本身也并未受到影响。

在博士论文答辩会上,这篇论文获得答辩委员的较高评价,答辩老师以及评审老师提出了很多有益的意见,论文被评为"优秀",后经评比,纳入"复旦博学文库"首辑出版。本书的出版,显示了复旦大学对优秀青年学子的关爱与重视,可喜可贺!成果本身可算是林青博士进入学术研究的一个不错的开端,但也仅仅只是一个开端。这项研究意义重大,不仅是对阿尔都塞本人思想的深入探讨,也为进一步展开西方马克思主义传统、后马克思主义谱系以及马克思主义思想史的研究,打下了一定的基础,研究涉及的诸多理论显然还需要持续探讨,而课题本身还可以有机地拓展为相关社会政治哲学方面的探索。总之,论题本身和很多细节方面都需要深化,而进一步研究的问题尤多,这些都是进一步努力的方向。

目　录

导论　结构不上街？ …………………………………………… 1

第一章　1968年"五月风暴"与阿尔都塞的思想转变 ………… 28
　第一节　革命主体的整体缺席 ……………………………… 30
　第二节　政治的虚空：政治浪漫主义和自由主义的泛滥 …… 37
　第三节　理论与实践的无休辩证 …………………………… 41

第二章　新政治逻辑的开启 …………………………………… 50
　第一节　意识形态理论 ……………………………………… 51
　　一、阿尔都塞意识形态概念的思想渊源 ………………… 53
　　二、意识形态的运行机制 ………………………………… 61
　　三、"认识论断裂"的再思考 ……………………………… 70
　第二节　回到马基雅维利 …………………………………… 86
　　一、虚空政治学 …………………………………………… 90
　　二、理论配置与政治拓扑学空间 ………………………… 99
　　三、认识生产理论与理论的反人道主义 ………………… 111

**第三章　重塑辩证法：辩证法话语的激进化与结构逻辑的
　　　　　转变** ……………………………………………… 123
　第一节　辩证法逻辑的转换与无产阶级的政治实践 ……… 127
　　一、阿尔都塞论马克思的辩证法与黑格尔的辩证法的
　　　　区别 ………………………………………………… 128
　　二、辩证法与偶然唯物论 ………………………………… 133
　　三、辩证法的重塑与后马克思主义激进政治思想 ……… 138

第二节　阿尔都塞视域中的辩证法逻辑 …………………… 141
　　一、阿尔都塞对马克思主义辩证法的解读 ……………… 141
　　二、结构因果性与多元决定 ……………………………… 145
　第三节　辩证法逻辑的转换与空间理论的开启 …………… 149
　　一、经典马克思主义理论中的空间"因素" ……………… 151
　　二、结构主义的马克思主义对空间理论的影响 ………… 155

第四章　偶然唯物论与辩证唯物主义的重构 ……………… 161
　第一节　何为偶然唯物论？ ………………………………… 166
　第二节　相遇唯物主义的政治职能（政治实践的哲学
　　　　　基础） ……………………………………………… 176
　第三节　辩证唯物主义的重构 ……………………………… 187
　　一、马克思主义理论的特质及其现实处境 ……………… 187
　　二、马克思主义理论的历史任务 ………………………… 193
　　三、偶然唯物论在什么意义上是辩证唯物主义的
　　　　发展形式？ ……………………………………………… 200

第五章　阿尔都塞的理论遗产 ……………………………… 205
　第一节　阿尔都塞与后马克思主义理论的家族相似性 …… 206
　　一、共享的理论背景：马克思主义的危机 ……………… 206
　　二、后马克思主义中的阿尔都塞因素 …………………… 209
　第二节　阿尔都塞与当代激进政治理论 …………………… 232
　　一、阿尔都塞：马克思主义与后结构主义对话的规定者 … 233
　　二、阿尔都塞的身体理论：身体、权力与意识形态 …… 250

结语 …………………………………………………………… 257
参考文献 ……………………………………………………… 263
后记 …………………………………………………………… 268
索引 …………………………………………………………… 271

导论 结构不上街?

阿尔都塞之于马克思主义,褒贬不一,但毋庸置疑的是,阿尔都塞的思想为我们重新理解马克思、黑格尔、斯宾诺莎、马基雅维利等提供了完全不同的新视角。由此,我们可以看到马克思主义、结构主义、科学哲学、精神分析、后结构主义的相互交融和对话。在这种对话中,阿尔都塞试图为马克思主义和激进政治寻求一种新的政治逻辑与话语。在阿尔都塞看来,这种新的政治逻辑和话语能够更加切近地理解当代社会、能够更好地发展和丰富历史唯物主义和辩证唯物主义。当然,这是与阿尔都塞对辩证唯物主义及其与历史唯物主义关系的定位密不可分的。阿尔都塞将辩证唯物主义定义为"理论实践"和"认识生产理论",并将其功能定位为捍卫历史唯物主义的科学性。这就为阿尔都塞寻求新政治逻辑而进行理论实践提供了马克思主义理论内部的支持,这同时也意味着对辩证唯物主义谱系的推进。在此基础上,阿尔都塞对意识形态理论、虚空政治学、辩证法内部结构以及偶然唯物主义进行了具体的理论论述和建构,而这些都是新政治逻辑与话语的重要组成部分。

马克思主义与当代人文社会科学(结构主义、科学哲学、精神分析以及后结构主义)在阿尔都塞思想中的汇合及其所催生出来的新政治逻辑与话语,其本身是与马克思主义的危机和1968年"五月风暴"的反思联系在一起的。阿尔都塞认为,马克思主义的危机是马克思主义内部的资产阶级意识形态化,而这是与苏共二十大及其对斯大林主义批判所引发的,"对斯大林主义'教条主义'的批判,被共产党知识分子普遍地当作'解放'来体验。这个'解放'招致了深刻的意识形态上的反动,它在趋向上是'自由主义'和'伦理的',它自发地重新发现了'自由'、'人'、'有人性的人'、'异化'这些古老的哲学课题。这种意识形态上的趋向到马克思的早期著作中去寻找理论依据,而这些著作中确实包含了有关人、人的异化和解放的哲学的一切论证。这些情况令人啼笑皆非地改变了马克思主义哲学中的形势"①。说到底,阿尔都塞认为这种"形势"正在重回资产阶级的意识形态并且瓦解马克思主义的独特原则和理论的革命性质。所以,阿尔都塞在《自我批评论文集》中指出:"'对斯大林的错误所做的批评'在二十大上是以这样一种方式提出的,以致随之在共产党本身内部必然引起了我们应该称之为资产阶级的意识形态和哲学话题泛滥的现象。"②当然,阿尔都塞本人对斯大林主义也持批评态度,特别是在知识论层面对斯大林辩证唯物主义的批判上,但阿尔都塞并不愿意用"个人崇拜"这样的词语来批评斯大林主义,而是用"斯大林偏向"来界定。因为"滥用职权"、"错误"以及某些"罪行"等批评"个人崇拜"的术语"丝毫没有说明它们产生的条件、原因,总之,没有说明它们的内在规定性,从而没有说明它们的形式"③。阿尔都塞认为这种笼统地批评斯大林主义并诉诸资产阶级意识形态的概念,都将导致马克思主义理论的内部危机,因为这"丝毫不考虑生产关系、阶级关系和阶级斗争的现存形式;前述三者之中的阶级斗争,当时被宣布在苏联已经被'超越'(这个提法至今尚未推翻)了"④。正是在对斯大林主义的外部反拨中,人道主义思潮便在马克思主义理论中盛行起来,"正如艾略特指出的,赫鲁晓夫报告的影响不是'去斯大林化',而是推动向右转向的右翼批判"⑤。而这种"右转"的典型就是人道主义批判,其正好契合了早期西方马克思主义的理论规划,又与对马克思早期文本的解读紧密联系在

---

① [法]阿尔都塞:《致我的英语读者》,《马列主义研究资料》,莫立知译,北京:人民出版社,1983年,第153页。
② [法]阿尔都塞:《自我批评论文集》,杜章智、沈起予译,台北:远流出版社,1990年,第86页。
③ 同上书,第97页。
④ 同上书,第98页。
⑤ Margaret A. Majumdar: *Althusser and the End of Leninism*, London: Pluto Press, 1995, p.9.

一起的。也正是在这个意义上,阿尔都塞说这种情况改变了马克思主义哲学的形势。

早期西方马克思主义的路线是重新退回到哲学中去,所以佩里·安德森指出,"随着欧洲马克思主义越来越不把经济或政治作为其理论上关注的中心问题,它的整个重心从根本上转向了哲学"①,尤其是从德国古典哲学中去寻求解读马克思的思想资源。诺曼·莱文也指出:"虽然乔治·卢卡奇、赫伯特·马尔库塞、让·伊波利特、阿尔弗雷德·施密特有各自的版本,但他们都属于20世纪马克思重新黑格尔化的第一个时代。"②以卢卡奇的《历史与阶级意识》为代表的早期西方马克思主义,通过将黑格尔哲学引入马克思主义,尤其是对阶级意识、劳动、物化、主体活动原则、历史以及辩证法的论述,使得对马克思主义进行人道主义、历史主义的解读滥觞于此。因此,安德森说:"主要利用马克思主义以前的体系来首先对马克思主义进行重大再解释以构成自己理论论述的,是卢卡奇在《历史与阶级意识》一书中对黑格尔的论述。"③当然,这种马克思主义的黑格尔化或哲学化,是与马克思主义理论与实践的分离密切相关的。按照安德森的说法,法西斯主义与斯大林主义悲剧性地侵袭了欧洲工人阶级的运动,同时瓦解和破坏了西方工人运动与马克思主义理论的结合。④ 这使得马克思主义退回到理论研究中,而对斯大林主义的批判以及马克思早期文本的出版和翻译,更是加速了马克思主义理论的黑格尔化或哲学化。因此,"促使马克思主义理论的主要中心由经济学和政治学转向哲学、并使它的正式场所由党的集会转向学院系科的外部决定因素,是和这段时期的暗淡历史分不开的。但是,要是在马克思主义文化本身之中没有一种有力的内在

---

① [英]佩里·安德森:《西方马克思主义探讨》,高铦、文贯中、魏章玲译,北京:人民出版社,1981年,第65页。
② [美]诺曼·莱文:《不同的路径》,臧峰宇译,北京:北京师范大学出版社,2009年,第4页。
③ [英]佩里·安德森:《西方马克思主义探讨》,高铦、文贯中、魏章玲译,北京:人民出版社,1981年,第79页。
④ 同上书,第44页。

决定因素同时起作用的话,这种转移就绝不可能发生得如此普遍和如此剧烈,这里,马克思早期著作中最重要的作品——1844年的巴黎手稿——为时虽晚的发现,是一个决定性事件"①。而对阿尔都塞来说,这种将作为革命学说的马克思主义理论哲学化的趋向,势必削弱或掩盖马克思主义的本质核心,尤其是人道主义和历史主义的解读,更是消除了马克思主义理论的激进性。而这在阿尔都塞看来是不利于无产阶级的革命实践,因为马克思主义理论之所以能够成为一种革命学说,其主要原因在于它使用了异质于资产阶级意识形态的话语概念,从而揭露了资本主义社会的内在矛盾。如果将马克思主义理论重新拉回到资产阶级意识形态的话语体系中,那么马克思主义理论之于无产阶级的革命实践而言,便失去了其本质规定性。那还能称之为马克思主义吗?阿尔都塞的答案是否定的。至此,西方马克思主义的研究范式在阿尔都塞处得到了第一次反思。所以,麦克莱伦指出:"阿尔都塞既不赞成青年卢卡奇、萨特和葛兰西把人作为历史主体加以强调的人道主义的马克思主义,也反对被他视为传统辩证唯物主义所固有的那种简单化的经济主义。"②

那么,阿尔都塞如何破局?如何将沉浸在黑格尔哲学话语体系中的马克思主义解放出来,便成为阿尔都塞重新解读马克思主义的主要理论旨趣。所以莱文将阿尔都塞列为去黑格尔化的第一代代表人物。在此阶段,阿尔都塞仍然是在理论领域为马克思主义辩护,其主要工作便是对马克思主义的范畴,诸如生产方式、上层建筑与经济基础、辩证法的结构等,做出新的解释与限制,以此界定马克思主义哲学之于黑格尔哲学的区别。通过提出马克思主义与黑格尔哲学理论总问题的区别,以结构取代黑格尔的总体性范畴,阿尔都塞呈现了一种新的马克思主义,这种马克思主义被称作结构主义的马克思主义。毫无疑问,结构主义的马克思主义便是以结构主义

---

① [英]佩里·安德森:《西方马克思主义探讨》,高铦、文贯中、魏章玲译,北京:人民出版社,1981年,第66页。
② [英]戴维·麦克莱伦:《马克思以后的马克思主义》(第三版),李智译,北京:中国人民大学出版社,2008年,第315页。

的方法论来重新解读马克思主义,阿尔都塞之所以选择借用结构主义的方法,原因在于结构主义作为一种新的方法论,其本身与传统哲学的言说方式不同,"结构主义的观点与哲学唯心主义意义上的任何自主构成性主体的作用都是不相容的"①,结构主义方法论的这种特质,为阿尔都塞区别马克思与黑格尔提供了方法论上的支持。至此,阿尔都塞实现了西方马克思主义研究范式的转换,将马克思主义与当代人文社会科学方法即结构主义相结合,为挣脱黑格尔哲学的话语而重新解读马克思主义开辟了新的道路。这条新道路向我们呈现的不仅是理论层面的新突破,更加重要的是,阿尔都塞借助这种突破使得无产阶级的革命实践得以摆脱人道主义、历史主义的逻辑,摆脱资产阶级意识形态,从而为新的政治逻辑与话语提供了理论保障。结构主义的马克思主义不仅呈现了一种重新解读马克思主义的范式,而且在这种结合中,将马克思主义的影响延伸到了文学、社会学、人类学等其他人文社会科学领域,为马克思主义的传播作出了巨大的贡献。

同时,阿尔都塞对新政治逻辑的寻求还与1968年"五月风暴"密切联系在一起。因为1968年"五月风暴"的失败,反证了阿尔都塞所述的"主体已死",从而必须以一种新的方式来理解社会现实。阿尔都塞的意识形态理论便是重新理解社会的一种尝试,"阿尔都塞给国家意识形态结构所下的定义,催生了许多特定的研究领域,这些领域可以更为广泛地阐明社会现实"②。在一般的讨论中,1968年"五月风暴"的爆发,意味着阿尔都塞的结构主义马克思主义的失败,因为"结构不上街",这也成为人们讥笑阿尔都塞思想的一个代名词。然而,恰恰相反,1968年"五月风暴"的失败正是说明"结构上街了"。拉康在1968年"五月风暴"之后说:"如果说五月

---

① [比]J·M·布洛克曼:《结构主义:莫斯科—布拉格—巴黎》,李幼蒸译,北京:商务印书馆,1981年,第128页。
② [法]弗朗索瓦·多斯:《从结构到解构:法国20世纪思想主潮》(下卷),季广茂译,北京:中央编译出版社,2004年,第227页。

发生的事件还能说明些什么,那它们说明了,正是结构走到了大街上!"①如何理解拉康的这句话?显然,我们必须以一种反证的方式来理解拉康的判断。1968年"五月风暴"的失败,意味着主体已死,这同时也意味着必须重新回过头来思考社会结构。正是在此意义上,"五月风暴"的失败将"结构"带上了大街,重新带回到了人们的视域中。"在惊涛骇浪之后的宁静中,结构战胜了事件。失败被视为不可抗拒的结构力量的表现;于是结构主义的选择被五月运动的爆发及其'失败'(至少作为普遍、彻底的决裂)所加倍巩固。"②在此,"五月风暴"的失败与结构重要性的显现,使得人们再度思考结构主义对于理解社会现实的重要性。这表现在诸多左派知识分子重新回归结构主义,"新左派发现,他们需要一个他们自己的结构来与资产阶级社会的结构作斗争。而为了更有效地同资产阶级社会的结构作斗争,他们还需要理解这些结构。因此,很多五月事件的活动分子现在转到结构主义者方面来取得这种理解"③。而这些重回结构主义以探索理解社会结构之道的行为,被多斯说成是"结构阿尔都塞主义在1968年五月运动之后腾空而起"、"确保了结构主义在1968年之后的幸福未来"④。这些都印证了拉康的"结构上街了"。

就1968年"五月风暴"之后,结构主义在社会科学各领域重新盛行而言,"结构上街了"主要表现在如下两个方面。第一,社会政治理论回归到对社会现实及其结构的研究中,并且是逐渐由理论领域向社会实践和社会权力分析领域转变。"福柯开始向1968年五月运动发起挑战,他从重要的知识论锚定问题出发,转向了把话语场域与锚定了话语领域的实践活动联系在一起的活动。他给阿尔

---

① [法]弗朗索瓦·多斯:《从结构到解构:法国20世纪思想主潮(下卷)》,季广茂译,北京:中央编译出版社,2004年,第169页。
② 同上书,第179页。
③ [美]亚瑟·希尔施:《阿尔都塞和结构主义马克思主义的兴起》,《马列主义研究资料》,龙溪译,1983年,第170页。
④ [法]弗朗索瓦·多斯:《从结构到解构:法国20世纪思想主潮》(下卷),季广茂译,北京:中央编译出版社,2004年,第174、175页。

都塞派提供了一个广阔的领域,在那里,他们可以从事自己的研究,以阻止一味的理论化,从而使哲学研究走向政治,并研究权力是如何渗透进去的。"①而这种向社会实践和社会权力分析领域的转变,为阿尔都塞思考新政治逻辑与话语提供了理论支撑。阿尔都塞对社会实践和社会权力的关注,在其《意识形态与意识形态国家机器》中表现得淋漓尽致,这使得马克思主义理论的研究开始关注意识形态在社会实践和社会权力的形成和运行中的影响,这也是阿尔都塞寻求新政治逻辑的表现之一。② 第二,人文学科研究范式的转变。"1968 年五月运动和结构主义造成了对古典人文学科和传统学科(诸如哲学、历史、文学和心理学)的群起抗议,这个事实使得那些宣布结构主义已经死亡的宣言有些言之过早了。"③经过阿尔都塞、福柯以及拉康的精神分析思想的洗礼,五月运动的一代已经不再相信传统学科的知识框架,并求助于结构主义以获取科学的严密性,"1968 年五月运动与结构主义之间的连续性的一个基本方面,就是五月运动的传人对科学的迫切需要。"④而这些都为阿尔都塞的结构马克思主义提供了巨大的理论舞台。

尽管作为一场运动,五月运动是失败了;但作为一个事件,五月运动为当代激进政治提供了诸多理论生长点和新社会运动的突破口。正是在此意义上,巴迪欧认为我们必须忠诚于作为事件的五月运动,并且在忠诚于五月运动中期待下一个事件的来临。在五月运动中呈现出来的对性别、身体、空间、生态、核危机等问题的关注,成为当代激进政治的主要课题,也成为非典型社会运动的主题。⑤

1968 年"五月风暴"及其裹挟着的对马克思主义理论(斯大林主义、西方马克思主义)的反思,促使阿尔都塞在马克思主义内部及

---

① [法]弗朗索瓦·多斯:《从结构到解构:法国 20 世纪思想主潮》(下卷),季广茂译,北京:中央编译出版社,2004 年,第 171 页。
② 这方面的详细论述将会在本书第二章中具体展开。
③ [法]弗朗索瓦·多斯:《从结构到解构:法国 20 世纪思想主潮》(下卷),季广茂译,北京:中央编译出版社,2004 年,第 169 页。
④ 同上书,第 175 页。
⑤ 这方面的论述将在第五章中展开具体论述。

其与结构主义、精神分析的关系中寻求一种新的解释路径及其所包含的新政治逻辑与话语。这种新政治逻辑与话语首先表现为阿尔都塞对意识形态理论的创新,而这直接关涉到经典马克思主义关于经济基础与上层建筑的模式。经典马克思主义对意识形态问题的不成型的理论论述,为阿尔都塞推进意识形态理论的研究提供了巨大的理论空间,所以利科认为:"阿尔都塞最重要的贡献之一就是尝试改进和提高来自于恩格斯的经济基础与上层建筑的模式。"[1]因为阿尔都塞认为,这种模式不仅仅是关系到各社会层面的领域划分问题,更重要的是涉及社会本身(经济、政治、意识形态等)的再生产问题。按照经典马克思主义的论述,社会变革是从经济领域(生产领域)的变革所引起的,在此基础上,上层建筑领域的内容也随之变化。但是,经典马克思主义在此忽视了两个问题:第一,它并没有深入研究上层建筑对经济基础领域的再生产功能,也就是说,上层建筑的再生产功能其实也是促成经济基础领域变革的一个组成部分,只有在这种不断的再生产的积累中,经济基础才能处于饱和状态甚至是革命状态。这是处于社会变革时期的经济基础与上层建筑之间的关系问题。第二,当革命远未到来时,我们该如何分析资本主义社会的上层建筑及其功能,这也是经典马克思主义所忽视的地方,而阿尔都塞就处在这种境况中。经典马克思主义只分析了由于经济领域不可调和的矛盾而导致的社会革命及上层建筑的变革,但却对上层建筑的再生产功能对经济领域矛盾的化解功能,没有更多的论述。而当代资本主义社会就是在这种"化解"中不断地延迟着革命的到来,而处于等待革命到来的马克思主义或当代激进政治理论则必须面对上层建筑的再生产功能。阿尔都塞在这方面无疑是做出了巨大的理论贡献,所以,利科说:"阿尔都塞的主要改进在于,他将意识形态与它的政治功能联系在一起,也就是说,他将

---

[1] Paul Ricoeur: *Althusser's Theory of Ideology*, *Althusser: A Critical Reader*, edited by Gregory Elliott, Oxford UK & Cambridge USA: Blackwell Publishers, 1994, p.44.

意识形态与制度的再生产问题、生产条件的再生产问题联系在一起。"①这种改进也是阿尔都塞寻求新政治逻辑与话语的一个主要内容,因为这里面涉及对马克思主义理论中意识形态理论、国家理论等的推进,说到底是发展和丰富历史唯物主义与辩证唯物主义。这种将意识形态与政治功能联系在一起的论述无疑是将经典马克思主义关于意识形态的简单话语引向实践的意识形态,"阿尔都塞鼓励人们研究学校制度。这意味着要把研究的重点从作为简单话语的意识形态引向了实践的意识形态。在这方面,他的立场更接近于1969年时的福柯……无论是在阿尔都塞还是在福柯眼中,意识形态都具有物质形态,都是以制度性实践为化身的"②。当阿尔都塞将意识形态与物质性存在、制度性实践联系在一起时,这里面就预示着意识形态将会保持一种固定的、独立的状态,而这与经典马克思主义关于经济基础与上层建筑的论述是不一致的,所以利科认为"至少就我的理解来说,独立性、自主性以及意识形态的连贯性预先假定了另一个网络框架,而不是经济基础与上层建筑的框架"③。就此而言,阿尔都塞的新政治逻辑突破了传统经典马克思主义的框架,从而具有新时代的特征,这特征不仅在阿尔都塞的论述中可见,在福柯以及后来的后马克思主义以及当代激进政治理论的话语中也备受青睐。同时,由意识形态理论突破传统的经济基础与上层建筑的框架,在阿尔都塞的思想中所引发的另一个问题便是对辩证法结构的改造,这在一定的意义上可以视为阿尔都塞新政治逻辑与话语的方法论基础。④

其次,阿尔都塞对新政治逻辑与话语的寻求还表现为对政治与哲学关系的探讨。阿尔都塞明确指出"哲学是理论领域的阶级斗

---

① Paul Ricoeur: *Althusser's Theory of Ideology*, *Althusser: A Critical Reader*, edited by Gregory Elliott, Oxford UK & Cambridge USA: Blackwell Publishers, 1994, p.51.
② [法] 弗朗索瓦·多斯:《从结构到解构:法国20世纪思想主潮(下卷)》,季广茂译,北京:中央编译出版社,2004年,第226页。
③ Paul Ricoeur: *Althusser's Theory of Ideology*, *Althusser: A Critical Reader*, edited by Gregory Elliott, Oxford UK & Cambridge USA: Blackwell Publishers, 1994, p.48.
④ 关于阿尔都塞对辩证法结构的改造,将在第三章中详细展开。

争",其目的在于要将哲学、意识形态的探讨与政治实践联系在一起,以期达到马克思在《关于费尔巴哈的提纲》中所说的"改变世界"的目的。这一方面显示出了政治实践的重要性,同时也要求哲学或意识形态必须为政治介入提供理论工具。所以莱文指出:"阿尔都塞那时候相信政治介入将确立阶级活动的目的,而哲学必须提供实现这些目的的策略。由于政治介入反映了《关于费尔巴哈的提纲》的意旨,意味着现实必须被改变,因而理论生产的任务是,提供使现实通过阶级斗争而被改变的理论工具。"①在此意义上,哲学与政治的关系便被包含在阶级斗争的内部,成为阶级斗争的理论工具,阿尔都塞也正是在此意义上要求重建辩证唯物主义,以期能够使马克思主义哲学即辩证唯物主义重新回归到政治实践的范畴中。

阿尔都塞对哲学与政治关系问题的讨论,首先是在《列宁与哲学》中展开的。在阿尔都塞看来,为了拯救无产阶级的革命实践和共产主义运动,必须对列宁主义与斯大林主义进行本质的切割。莱文认为:"阿尔都塞确实将列宁与斯大林区别开来。摆脱斯大林主义之后,列宁主义是全球共产主义革命运动的理论基础。列宁主义是围绕1956年后共产主义运动能够复兴的核心。列宁主义是一种政治,正因为这样,它对知识而言是一种生产工具。"②阿尔都塞将列宁与斯大林区别开来,是为了在阶级斗争的语境中将哲学拉回到无产阶级的实践中,而不是在理论的阐述中退回到哲学理论抑或资产阶级的意识形态中去。所以阿尔都塞说:"哲学是政治在特定的领域,面对特定的现实、以特定的方式的延续。哲学,更确切地说,**哲学伴随科学**在理论领域表述政治,反之,哲学伴随从事阶级斗争的阶级,在政治中表述科学性。"③阿尔都塞认为,知识抑或理论都具有阶级立场,其表达着这个阶级的真理。在马克思主义理论范畴

---

① [美]诺曼·莱文:《不同的路径》,臧峰宇译,北京:北京师范大学出版社,2009年,第57页。
② 同上书,第55页。
③ 陈越编:《哲学与政治:阿尔都塞读本》,长春:吉林人民出版社,2003年,第167页。

中,知识或理论并不表现一般的普遍真理,而只是表述某一具体阶级的真理,所以莱文指出:"列宁主义将知识理解为来自于阶级立场的范式构造。"①简而言之,就阿尔都塞对列宁的解读而言,理论就是对阶级立场(政治立场)差别的表述。在此,理论成为手段,而政治成为了基础。以此为基础,阿尔都塞便将理论实践或知识生产纳入其新政治逻辑与话语中,这无疑进一步开拓了无产阶级政治实践的空间,使得政治实践不再局限于具体的政治实践行为,同时也包括了在理论领域开展的以政治实践为导向的理论实践或知识生产。这一方面开拓了政治实践的空间,另一方面在理论实践的过程中不断地发展和丰富马克思主义哲学即辩证唯物主义,为政治实践提供最切近的理论支撑。

然而,阿尔都塞在思考列宁的政治与哲学的关系时,其首先是中介于马基雅维利而实现的。"为了分析由作为一个行动家和革命领导者的列宁所引发的问题,阿尔都塞试图从马基雅维利著作的思想中寻求帮助。"②在阿尔都塞看来,马基雅维利是理论化表述政治实践的典范,"马基雅维利在政治实践的理论化表述中对阿尔都塞的影响表现在两个方面:不仅是马基雅维利的文本内容(即君主作为行动者的政治实践),而且也是马基雅维利的写作行为(文本作为一种'介入'或行为者的'工作')"③。而阿尔都塞也是以马基雅维利的方式来实现对法共的干预的。马基雅维利之所以能够作为阿尔都塞寻求新政治逻辑与话语的一项重要思想资源,在于阿尔都塞认为马基雅维利是一个谈论开始的理论家,而这种开始不是理论的开始,而是政治实践的起点。"仅仅因为马基雅维利是谈论种种开始(我们将看到为什么会是这样,如何是这样)、谈论开始**本身**的

---

① [美]莱文:《不同的路径》,臧峰宇译,北京:北京师范大学出版社,2009年,第55页。
② Mikko Lahtinen: *Politics and Philosophy: Niccolò Machiavelli and Louis Althusser's Aleatory Materialism*, Leiden · Boston: Brill, 2009, p. 108.
③ Ibid., p. 110.

理论家,所以他才是谈论新事物的理论家。"① 那么,在阿尔都塞眼中,马基雅维利的思想的新颖之处何在？虚空政治学。在阿尔都塞看来,马基雅维利的虚空政治学表现在两个方面：第一,从无开始,马基雅维利认为新君主的诞生必须从无开始,只有这样,新君主才能挣脱传统意识形态的束缚,才能面对事物的"实际上的真相"。而阿尔都塞认为这对于无产阶级的政治实践而言也是尤其重要的,阿尔都塞竭力区分马克思与黑格尔的唯一目的就在于此。第二,虚空代表着一种断裂,而由这种断裂所表现出来的作为社会结构冲突的征候,恰恰是这个社会结构得以改造的可能性环节。因为"只有空的才能被填补,只有空的才能为个人或集体提供用武之地,才能让他们占领那里,以便重新结合和形成各种力量,完成历史所指定的政治任务——空,是为了将来"②。也就是说,只有在社会存在中发现虚空的存在,政治实践的力量才能在社会结构中寻得突破口。以拉墨为代表的后马克思主义所谈论的霸权链接实践的前提便是这种作为断裂的虚空,也只有在这种虚空处,新政治逻辑才能得以展开。③ 当然,阿尔都塞对新政治逻辑与话语的寻求并不是通过简单直接的理论呼吁就能实现的,其必须在马克思主义理论内部进行实质的理论限制和重组。就阿尔都塞对马克思主义理论形势的判断而言,首先必须澄清的是马克思与黑格尔的关系问题,其关键环节在于辩证法。就马克思辩证法与黑格尔辩证法的关系而言,马克思主义理论已经进行过激烈的讨论,而其落脚点都是马克思在《资本论》(第二版"跋")中所做的经典论述即"颠倒说"。阿尔都塞认为,正是马克思主义理论对"颠倒说"的解读,使得马克思主义理论被经济决定论所绑架,即一种简单的替代原则,将黑格尔辩证法的"精神"替换为"经济"、"物质"。阿尔都塞认为,这种简单的替代并不能挣脱黑格尔辩证法的核心原则,只是一种只换内容不换形式的

---

① 陈越编：《哲学与政治：阿尔都塞读本》,长春：吉林人民出版社,2003年,第381页。
② 同上书,第398页。
③ 关于这个主题,将在阿尔都塞与后马克思主义的关系中加以论述,详见第五章。

简单模仿。那么,如何确立马克思主义辩证法的新原则?阿尔都塞指出:"如果马克思的辩证法'在本质上'同黑格尔的辩证法相对立,如果马克思的辩证法是合乎理性而不是神秘的,这种根本的不同应该在辩证法的实质中,即在它的规定性和特有结构中得到反映。"①阿尔都塞认为,马克思主义的辩证法与黑格尔辩证法差异的根本表现在辩证法内部的结构上。因为黑格尔辩证法是与其历史哲学密切联系在一起的,所以其核心原则是精神或者本质以时间—历史为依托的自我实现,这主要表现为一种时间线性发展的原则。而阿尔都塞认为马克思主义的辩证法已经跳出了黑格尔辩证法的时间线性逻辑而表现为一种结构逻辑。结构逻辑与时间—历史逻辑相对,其主要表现就是指社会、历史的发展并不是由单一的支配性原则所决定,其实现必须是结构与要素之间的互构关系来决定。在此基础上,阿尔都塞提出了"结构因果性"与"多元决定论"②,而这是借助于斯宾诺莎而实现的。阿尔都塞指出:"斯宾诺莎的哲学在哲学史上引起了一场史无前例的理论革命,也许是一切时代以来的最大的一次哲学革命,以至于我们可以从哲学的意义上直接把斯宾诺莎看作是马克思的唯一祖先。"③阿尔都塞将斯宾诺莎视为马克思的"唯一祖先",意味着阿尔都塞用斯宾诺莎取代黑格尔成为解释马克思主义哲学的理论框架。

阿尔都塞在马克思主义理论中复兴斯宾诺莎主义是具有现实的理论指向,即将马克思主义的政治逻辑从第二国际及其斯大林主义的经济决定论和早期西方马克思主义的人道主义逻辑中解放出来,因为无论是经济决定论还是人道主义,在阿尔都塞看来都是本质主义的变种,都是以"人的需求"的满足为导向的意识形态话语。

---

① [法]阿尔都塞:《保卫马克思》,顾良译,北京:商务印书馆,2006年,第81页。
② 在国内翻译阿尔都塞的著作中,surdetermination一词有多种译法,比如多元决定、过度决定,俞吾金老师在专门论述该词翻译的论文中,将其翻译为"超越决定"。在此一并翻成"多元决定",特此说明。
③ [法]阿尔都塞、巴里巴尔:《读〈资本论〉》,李其庆、冯文光译,北京:中央编译出版社,2001年,第114页。

所以阿尔都塞通过"结构因果性"和"多元决定论"来描述马克思主义的辩证法,其目的就在于打破人道主义及其背后的经济决定论逻辑。与经济决定论以经济为核心和人道主义以主体为核心不同,阿尔都塞通过"结构"来消除这种本质主义的解释模式,因为"结构"本身是不在场的,其表示着一种本质的空缺状态,"这里说本质是空缺的原因,是因为原因外在于经济现象。在结构对它的作用的'替代性因果关系'中的原因的空缺,不是结构与经济现象相比而言的外在性结果。相反,是结构作为内在于它的作用中的存在形式本身。这里包含的意思是,作用不是外在于结构的,作用不是结构会打上自己的印记的那些预先存在的对象、要素、空间。相反,结构内在于它的作用,是内在于它的作用的原因。用斯宾诺莎的话来说,全部结构的存在在于它的作用。总之,结构只是它自己的要素的特殊的结构,除了结构的作用,它什么也不是"①。在阿尔都塞的这种解释框架中,一切本质主义的原则都被排除在外。而多元决定论亦是在此原则下展开的,所以利科说:"在黑格尔辩证法的地方,阿尔都塞用多元决定加以取代。"②多元决定的贡献在于将社会各存在维度提升到一个差异共存的层面,其各自的差异成就了社会的结构性存在。多元决定不在于其究竟有几元,而在于为政治实践打开了新的领域,后马克思主义亦是在此意义上寻求新政治逻辑。由于多元决定的提出,之前由经济—阶级利益决定的政治逻辑便指向了社会各存在维度,而这是当代激进政治和新社会运动寻得突破口的可能性领域。

同时,阿尔都塞对辩证法逻辑的改造,通过"结构因果性"和"多元决定论"对社会存在的重述及其对历史决定论、经济决定论的驳斥,在很大程度上促进了空间理论的兴起。所以苏贾在《后现代地理学——重申批判社会理论中的空间》中,将"阿尔都塞对马

---

① [法]阿尔都塞、巴里巴尔:《读〈资本论〉》,李其庆、冯文光译,北京:中央编译出版社,2001年,第220页。

② Paul Ricoeur: *Althusser's Theory of Ideology*, *Althusser: A Critical Reader*, edited by Gregory Elliott, Oxford UK & Cambridge USA: Blackwell Publishers,1994, p.45.

克思进行了反历史决定论的重新解读"看成是法国理论空间化转向的主要前奏曲。① 因为空间理论的旨趣就在于突破时间逻辑的解释框架,从而以一种空间的逻辑来描述社会存在并对社会、空间和权力进行批判。阿尔都塞对社会存在的结构主义解读,解构了传统以经济原则解释社会的模式。在此意义上,阿尔都塞的结构主义为空间理论思考社会关系的建构提供了认识论的前提。"结构主义的'解读'对马克思主义地理学具有超乎寻常的吸引力,原因在于它为透过事物的表面现象(空间结果),揭示存在于业已构建和正在构建的社会关系中的解释性根源,提供了极其严格而明显的认识论的理性化。"②当代空间理论的兴起便是得益于阿尔都塞的这种理论表述,同时这种影响还在于阿尔都塞的结构主义方法和意识形态批判的结合,更是空间理论得以展开的重要理论资源。③

晚期阿尔都塞提出偶然唯物论,其实是在为新政治逻辑与话语寻求哲学基础。而这与阿尔都塞对马克思主义哲学的基本判断有关,阿尔都塞认为马克思主义理论分为两个部分:作为科学的历史唯物主义和作为哲学的辩证唯物主义。而作为哲学的辩证唯物主义的任务就在于推进历史唯物主义的进步,所以阿尔都塞指出:"马克思主义哲学必须有助于历史唯物主义内部科学的进步。当今,历史唯物主义的发展依赖于重大理论问题的解决,既有科学的也有哲学的问题,这些问题的提出和解决只有依靠辩证唯物主义的帮助和介入才能实现。"④当然,辩证唯物主义的功能在于其理论实践,也就是说,辩证唯物主义只有通过理论实践或理论生产,为历史唯物主义提供新的理论概念(认识概念)和理论对象(认识对象),才能促进历史唯物主义的发展。所以,阿尔都塞说:"因此,在其特殊性

---

① 详见苏贾:《后现代地理学》,王文斌译,北京:商务印书馆,2007年,第63页。
② [美]爱德华·W·苏贾:《后现代地理学》,王文斌译,北京:商务印书馆,2007年,第81—82页。
③ 详见本书第三章的相关论述。
④ Louis Althusser: *The Humanist Controversy and Other Writings*, translated by G. M. Goshgarian, London: Verso, 2003, p.83.

上来理解马克思的哲学就是理解生产出对马克思哲学的认识借以完成的运动本身的本质,也就是说把认识理解为**生产**。"①在阿尔都塞看来,这种认识生产同时为历史唯物主义提供认识工具(概念)和认识对象。由此可见,阿尔都塞视域中的辩证唯物主义便是一种理论实践或者认识生产理论,而这与传统的辩证唯物主义形成了巨大的差别。莱文指出:"通过辩证唯物主义这个术语,阿尔都塞指出马克思主义的认识论层面,或者说对知识如何产生作出马克思主义的解释。在这个方面,他与斯大林主义或者说辩证唯物主义彻底断裂。"②而这种"断裂"为阿尔都塞重建辩证唯物主义提供了理论空间,这种重建的意义在于通过将辩证唯物主义定位为理论实践或认识生产理论,从而为历史唯物主义提供概念支持,为丰富和发展辩证唯物主义谱系提供了更加开放的范围。同时,辩证唯物主义还承担的另外一项重要任务是为历史唯物主义辩护,阿尔都塞认为历史唯物主义一直受到各种意识形态的侵蚀,而这只能通过辩证唯物主义的帮助和介入才能有效地对抗各种侵蚀。阿隆认为:"阿尔都塞利用辩证唯物主义来为历史唯物主义提供基础;或者他仅仅阐述了辩证唯物主义中对正确地理解历史唯物主义所必需的诸因素。"③正确地理解历史唯物主义并不是一件一劳永逸的事情,其暗示着历史唯物主义对社会现实的理解是随着时代变化而变化的。而这就需要辩证唯物主义的理论实践来为历史唯物主义理解新对象提供理论和概念的支持,以确保历史唯物主义的科学话语权,"在阿尔都塞的理解中,辩证唯物主义的唯一目的是证明历史唯物主义的科学性"④。

阿尔都塞通过重新定义和界定辩证唯物主义及其功能,为其晚

---

① [法]阿尔都塞、巴里巴尔:《读〈资本论〉》,李其庆、冯文光译,北京:中央编译出版社,2001年,第29页。
② [美]诺曼·莱文:《不同的路径》,臧峰宇译,北京:北京师范大学出版社,2009年,第53—54页。
③ [法]雷蒙·阿隆:《想象的马克思主义》,姜志辉译,上海:上海译文出版社,2007年,第104页。
④ 同上书,第112页。

期的偶然唯物主义的提出埋下了理论的伏笔。因为如果辩证唯物主义的定义是理论实践或者认识生产及其功能是为历史唯物主义提供新的概念工具的话,那么偶然唯物主义作为马克思主义理论实践的成果以及为历史唯物主义理解当代社会提供新的概念工具而言,其仍然能够视为辩证唯物主义的谱系之一。① 阿隆说:"在某种程度上,阿尔都塞的著作都属于他自己叫做辩证唯物主义的东西,也就是属于所有实践,尤其是科学实践的哲学(或理论)。"② 而偶然唯物主义对虚空、偶遇、事件、形势等的关注,既是阿尔都塞所寻求的新政治逻辑与话语的重要内容,同时也是当代激进政治所关注的核心主题。

阿尔都塞晚期的偶然唯物主义是在理论层面为新政治逻辑与话语提供哲学的论证,其矛头直指传统哲学对世界存在及其逻辑所做的本质主义、观念论的解读。阿尔都塞用虚空、偶遇、事件、形势等来对抗起源、本质、必然性等范畴,这种理论上的解构同时也带来了政治实践的开放。阿尔都塞之所以要提出偶然唯物主义,其直接的对象便是第二国际的马克思主义理论以及以卢卡奇为代表的早期西方马克思主义。第二国际的经济决定论认为,只要经济能够持续发展,社会主义便会在这种变化中来临,而不需要通过剧烈革命的方式。正是在此基础上,第二国际的改良主义才甚嚣尘上,而这种改良主义的主张本身是不符合马克思主义政治实践的基本原则的。但是,以卢卡奇为代表的早期西方马克思主义,尤其是在《历史与阶级意识》中,卢卡奇仍然是在"起源与历史之间的逻辑必然性","思想规定的起源和现实生成的历史的统一"中来论述无产阶级的社会存在及其走向革命的途径。③ 我们当然不能否认卢卡奇在理论上取得的成功,但在阿尔都塞的视域中,这种沾满了资产阶级

---

① 关于偶然唯物主义是辩证唯物主义谱系的论证,详见本书第四章。
② [法]雷蒙·阿隆:《想象的马克思主义》,姜志辉译,上海:上海译文出版社,2007年,第104页。
③ [匈]卢卡奇:《历史与阶级意识》,杜章智等译,北京:商务印书馆,2004年,第224、227页。

意识形态色彩的概念和论述并不能在政治实践中有效地发挥作用,甚至有时还弱化了无产阶级革命的激进性。

偶然唯物主义的提出,是晚期阿尔都塞试图超越西方主流哲学传统,使马克思主义免受各种资产阶级意识形态侵蚀,而做出的理论激进化的结果。阿尔都塞将偶然唯物主义追溯到伊壁鸠鲁,因为其理论有两点启示:第一,"在世界成形之前,无物存在";第二,"在世界成形之前,不存在'意义',既没有原因,也没有结果,既没有理性,也没有非理性化"。① 这意味着,对世界起源所做的历史哲学、本质主义和神学的解释都宣告无效和破产,这同时也意味着建基于这些解释之上的社会政治理论、哲学、意识形态等都不再有解释的合法性。也正是在此基础上,阿尔都塞所追求的新政治逻辑与话语才能在新的理论空间中得以展开。在此,由于偶然相遇所催生的形势改变和事件的出现,成为新政治逻辑与话语的起点,而不再像经典马克思主义那样,以经济—阶级利益的分析为基础。当然,这种偶遇、形势和事件的产生并不是空穴来风,就一种现象而言,事件的出现是一个偶然现象,因为其是作为现有普遍性的异质性存在,但作为一种结果,其本身又是必然的。所以阿尔都塞指出,我们应该将此视为"正在成为必然性的偶然"。因为,偶遇、形势、事件等是现有秩序不平衡发展的产物,其本身是由结构的内部不平衡所催生的,也就是说,如果结构本身是自洽的,那么所谓的偶遇、形势与事件便无从谈起。因此,这是对社会存在分析的结果,而不是一种机会主义的选择。因为"一事件的考究要弄清楚事件发生之前的众多原因,而不是一个普遍的原因,而这些因素的结合才能是事件的真正缘由",而"事件的环境及其所有复杂情况都影响着'偶然'的发生"。② 可见,相遇与事件的发生仍然是整个社会存在的内在组成部分,其只是作为一种征候而出现,预示着社会结构本身内在的各

---

① Louis Althusser: *Philosophy of the Encounter*, edited by François Matheron and Oliver Corpet, London; New York: Verso, 2006, pp. 168 - 169.
② Mikko Lahtinen: *Politics and Philosophy: Niccolò Machiavelli and Louis Althusser's Aleatory Materialism*, Leiden · Boston: Brill, 2009, pp. 145, 151 - 152.

种因素之间的矛盾与冲突。无产阶级的政治实践应该敏锐地从这种"征候"中读出社会内部的对抗,并借助"事件"的出现,促使这种内在的矛盾在社会结构内部实现"内爆",从而为无产阶级的革命运动制造机遇。

在对"相遇"与"事件"的关注上,阿尔都塞无疑具有开创性和前瞻性,其后的当代激进政治理论家都是在此基础上推进了相关的论述。而对此的关注,乃是由于这个时代是一个革命主题渐行渐远的时代特征所决定的。如何在这个时代重新唤起马克思主义的理论身份和革命主题,是当代激进政治理论家迫切需要解决的问题。在相关理论论述中,巴迪欧在《世界的逻辑》以及《存在与事件》中的论述显得尤为明显。巴迪欧以一种数学的方式在元本体论的层面论述了"事件"之于世界、存在的意义。

依据巴迪欧的论述,世界的逻辑即作为真理的逻辑是涵盖了整个世界的解释原理或存在方式,其包含了世界或存在的任何样态。前者以数学中的"集合"的形式出现,后者以数学中的"项"的形式出现。然而,由于偶然事件的出现,导致了理论的真空,即现在的世界逻辑(集合)并不能对其进行有效的解释(涵盖)。在这种形势中,世界表现为一种断裂,真理的匮乏随之出现,这就是我们面对的世界。基于事件(项)在新形势中的状态,新的解释框架必须重新结构化这个"断裂"的世界,而这种重构则是新的世界逻辑的获得即新集合原则的制定。巴迪欧认为,列宁和毛泽东的革命运动都是这种"世界逻辑"的体现。而拉克劳和墨菲在《霸权与社会主义策略》一书中亦依此逻辑展开对"霸权"的论述,"霸权的逻辑从一开始就将自己表现为一种补充和偶然的行为,并且在进化范式的本质和形态学有效性不受质疑时引进事态的不平衡(本书的中心任务之一是为了确定这种偶然性的独特逻辑)"[①]。

可见,由阿尔都塞所开启的新政治逻辑一直延续到了当代激进

---

① Ernesto Laclau and Chantal Mouffe: *Hegemony and Socialist Strategy*, London · New York: Verso, 2001, p. 3.

政治话语中,而阿尔都塞与当代激进政治的关系问题更是本书中"阿尔都塞的理论遗产"所要着重阐发的。这里涉及两大主题:第一是阿尔都塞与后马克思主义的关系问题;第二是阿尔都塞与当代激进政治理论的关系问题。

后马克思主义与阿尔都塞的关系问题是一个关系复杂且隐晦的话题。这当然与阿尔都塞本人的思想有关,纵观阿尔都塞的理论,我们显然能够清楚地看到其前后期思想的不同,这样一种转变发生在1968年"五月风暴"之后。从整体取向来看,阿尔都塞前期的理论旨趣是与后马克思主义的整体规划不相符合的,但从细节上来看,墨菲作为阿尔都塞的学生,其受阿尔都塞思想的影响是显而易见的,而拉克劳于1979年出版的《马克思理论中的政治与意识形态》也是在阿尔都塞意识形态理论的启发下完成的。按照西蒙·托米和朱尔斯·汤申德在《从批判理论到后马克思主义的主要思想家》中的说法,拉墨在20世纪70年代后期的著作是"新马克思主义,而不是'后'马克思主义",因为"在理论上,他们在阿尔都塞和普兰查斯的结构主义关于建构一种'马克思主义'的意识形态和政治的科学中,寻求解决问题的方法"。① 后马克思主义早期在初入马克思主义理论领域时,都受到阿尔都塞对马克思思想振聋发聩式解读的影响,但作为经历1968年"五月风暴"之后的后马克思主义,由于法共软弱无力及其和平议会路线,使得马克思主义理论本身的合法性受到质疑。加之1968年"五月风暴"所催生的各种新社会运动倡导对性别、身体、生态等问题的关注,日益成为批判资本主义最切近的方式。在这种背景中,马克思主义所信奉的那套通过分析资本主义生产方式的模式则被斥责为经济主义、历史决定论而遭到抛弃。而阿尔都塞作为马克思主义的忠实追随者也被这般洪流所掩埋。

在这种时代背景中,阿尔都塞的思想遭到了后马克思主义的唾弃。在此,需要探讨的问题在于,一方面后马克思主义确实在对政

---

① Simon Tormey and Jules Townshend: *Key Thinkers from Critical Theory to Post-Marxism*, London: Sage Publications, 2006, p. 88.

治和意识形态的描述中受到了阿尔都塞的影响,因为阿尔都塞在经历了1968年"五月风暴"之后,已经逐渐开始意识到政治与意识形态的重要性并撰写了具有开创性的关于马克思主义的意识形态理论;但另一方面,后马克思主义并没有正视阿尔都塞对马克思主义理论进行重释的努力及其创新,而是笼统地将阿尔都塞扔进了历史垃圾堆里。阿尔都塞的努力与创新所得出的理论结果即对历史决定论的批判、多元决定、无主体的过程、偶然唯物论都在以理论清场及理论背景的角色影响着后马克思主义对主体的匮乏、反历史决定论、霸权与偶然性逻辑的论述。尤其是阿尔都塞晚期思想与德勒兹、福柯以及德里达的后结构主义思想相互交织在一起,而这些思想家也是后马克思主义所倚重的理论资源。

阿尔都塞通过论述意识形态理论、多元决定论以及偶然唯物主义及其所催生的新政治逻辑无疑是影响了后马克思主义对社会主义策略的思考,其所提出的"霸权"理论就是在经典马克思主义关于经济—阶级利益模式之外,寻求构建后马克思主义的理论领域,其主要是指政治领域。后马克思主义寄希望于经济—阶级利益必然性链条的断裂处寻求霸权链接实践的可能性,这些实践都是在政治和社会范围内开展新的社会运动,而阿尔都塞的理论工作无疑为政治、社会权力实践的凸显做了大量的理论清场工作。在此意义上,由阿尔都塞所开启的新政治逻辑在后马克思主义的范畴中得到了相应的延续,其差别在于,阿尔都塞仍然以忠于马克思主义的方式并在其内部为新政治逻辑提供理论上的依据,而后马克思主义则是在一种相对后现代的立场上寻求一种碎片化的政治逻辑。

至于阿尔都塞与当今激进政治之间关系,更是理论界热衷的话题。

作为巴黎高师几代激进知识分子的精神导师,阿尔都塞的思想以不同的方式对当代激进理论产生了深远的影响。这些"不同的方式"包括直接的继承、坦诚的对话以及公开的批评,但这些都毫无疑问构成了阿尔都塞与当代激进政治理论关系图式的基本框架。当代激进政治理论所借助的多种思想资源都是通过中介阿尔都塞思想才得以完成的,这表现在阿尔都塞对马克思、列宁和毛泽东思想的解读、对拉康精神分析方法、结构主义方法甚至后结构主义方法的引入以及对斯宾诺莎的关注,所有这些都成为当代激进政治的理论起点。虽然当代激进政治理论在某些理论判断上与阿尔都塞思想有重合、有出入甚至是反对,但这并不妨碍阿尔都塞对当代激进政治的影响,德里达在阿尔都塞葬礼上的致辞就在表达这种意向:"路易·阿尔都塞穿越了那么多生活——我们的生活,首先是穿越了那么多个人的、历史的、哲学的和政治的冒险,以他的思想和他的生存方式、言说方式、教学方式所具有的辐射力和挑战力,改变和影响了那么多话语、行动和存在,给它们打上了印记,以至于就连最形形色色和最矛盾的见证也永远不可能穷竭它们的这个源泉。事实上我们每个人都与路易·阿尔都塞有着不同的关系(我说的不光是哲学或政治)……事实上,无论在当代还是在别的时代,在学术圈内还圈外,在尤里姆街还是法国的其他地方,在共产党和其他党派内还是超越于所有党派,在欧洲还是欧洲以外,路易对于他人而言都是完全不同的。"①而且,在后来的一次访谈中,德里达还说:"实际上,《马克思的幽灵》可以被看作是为悼念路易·阿尔都塞而写的,虽然是间接的致意,但是充满了友情、怀念以及略微的伤感。"②阿尔都塞思想的这种棱镜效应在于其思想本身所具有的多重维度,这并不是说其思想的无原则性,而是表明阿尔都塞正是以一种开放、对话的方式推进其理论实践。这同时意味着阿尔都塞时代的思想特征,这样的思想特征与马克思主义的历史命运、后工业时代资本主义社会的现状是密不可分的。正是在这个意义上,阿尔都塞思想作为一种渗透到历史现实中的思想资源而与当代激进政治理论有着千丝万缕的关系。

阿尔都塞的思想与后结构主义相遇的契机在于马克思主义。

---

① [法]阿尔都塞、巴里巴尔:《读〈资本论〉》,李其庆、冯文光译,北京:中央编译出版社,2001年,第510页。

② [法]德里达、卢迪内斯库:《明天会怎样》,苏旭译,北京:中信出版社,2002年,第132页。

后结构主义的诸多代表(利奥塔、福柯、德里达、德勒兹)都经由马克思主义走向了后结构主义,因为两者有着共同的敌人黑格尔。后结构主义的这些代表早年都试图在马克思主义哲学中寻找到对黑格尔哲学的批判,但法国独有的马克思主义传统却使得马克思主义与黑格尔哲学日趋合流。正是在日趋合流的时代里,阿尔都塞作为独自将马克思主义与黑格尔主义决裂的思想家,其理论实践正好契合了后结构主义的理论规划。于是,阿尔都塞与后结构主义相遇了。正是在此意义上,阿尔都塞成为了"规定马克思与后结构主义之间遭遇的问题式框架的先驱者"①。后结构主义的代表人物(利奥塔、福柯、德里达、德勒兹)中,阿尔都塞与德里达和福柯是亦师亦友的关系,德里达和福柯都切身聆听了阿尔都塞对马克思的重新解读,并在这种重读中寻求马克思与黑格尔断裂的主要方式。在此问题上,福柯说:"我所希望的不是修正、不是回复到一个真正的马克思,而是通过有把握的阐述一举解放马克思,以便破除被党派如此长期地封闭、贩运和挥舞着马克思的教条。"②而摆脱教条化的马克思主义亦是阿尔都塞重读马克思的一个重要目标之一。而德勒兹则与阿尔都塞保持着书信来往。也就是说,正是通过中介阿尔都塞对马克思与黑格尔关系的重新定位,早期后结构主义才得以寻得批判黑格尔哲学的框架,从而展开后结构主义的基本论述。

而阿尔都塞对斯宾诺莎身体理论的阐发也是当代激进政治关于身体理论的一项重要资源。阿尔都塞在自传《来日方长》中提到:"最使我感到吃惊的是斯宾诺莎的身体理论,而心灵(被错误地翻译为灵魂和精神)是指观念,它自身被这个术语错误地表达。虽然我们忽视了太多的身体潜能,斯宾诺莎认为,身体作为一种潜能,其既是一种力量,也是一件对世界开放的、公正的礼物……正是斯宾诺莎在一个例子中惊人地认为:恐惧就是希望……身体与灵魂

---

① 复旦大学当代国外马克思主义研究中心编:《国外马克思主义研究报告 2011》,北京:人民出版社,2011 年,第 426 页。
② [法]米歇尔·福柯:《结构主义与后结构主义·福柯集》,钱翰译,上海:上海远东出版社,1998 年,第 513 页。

的关系是唇齿之间关系。"①阿尔都塞试图通过斯宾诺莎的身体理论来提升身体的地位,并实现与观念、心灵的平行存在,这也是阿尔都塞晚期寻求批判观念论的一条路径。阿尔都塞对观念论的批判,目的在于削弱思维或者精神对于身体的优势地位,这是自古希腊以降的传统观念,即认为身体是灵魂的监狱。阿尔都塞认为其对斯宾诺莎的理论债务在于身体观念,并且指出斯宾诺莎所述的身体概念"具有'不为我们所知的'力量,当我们的身体发展了其倾向的活动性、它的美德(virtus)或力量时,心灵将会变得更加自由。因此,斯宾诺莎为我提供了一种身体的思想概念,或者说用身体思考的概念,或者更好地表达为身体自己的思想"②。在此,阿尔都塞显然是借助斯宾诺莎的思想来将身体与思维或心灵视为一体,相互不再是直接的单一决定关系。斯宾诺莎在《伦理学》中明确提到,"心灵与身体是同一个体,不过一时由思想这个属性、一时由广延这个属性去认识罢了"③。阿尔都塞将心灵与身体的平行存在比作类似于伊壁鸠鲁的原子平行论,任何一方都不决定对方。斯宾诺莎的观点也表达了同样的内涵,"斯宾诺莎最著名的理论性论断之一就被称为平行论;它不仅在于否定心灵与身体之间有任何真实的因果关系,而且也不承认任何一方高于另一方"④。正是在这个意义上,身体从心灵、思维中解放出来并且展现其无限可能性。阿尔都塞认为,身体的内涵并不为我们所知晓,"因为我们仅仅知道两种属性,即广延与思维,所以我们并不知道身体的全部力量,正如当它开始思考时,我们并不知道欲望的这种未曾料到的力量。其他的属性涵盖了可能性与不可能性的全部范围。事实是存在着无数的属性,并且它们不为我们所知,并且为它们的存在打开了道路,为它们的偶然属

---

① Althusser: *The Future Lasts A Long Time and The Facts*, London: Chatto & Windus, 1993, p.218.
② Ibid., p.241.
③ [荷兰]斯宾诺莎,《伦理学》,贺麟译,北京:商务印书馆,1997年,第67页。
④ [法]德勒兹:《斯宾诺莎的实践哲学》,冯炳昆译,北京:商务印书馆,2005年,第21页。

性提供了一种开放的状态"①。正是基于斯宾诺莎的身体理论的启示,阿尔都塞逐渐意识到欲望、潜意识等对于人的重要性,所以他在自传中说:"我在这种相同的理论中,惊人地发现了弗洛伊德利比多概念的先声。"②这种对身体欲望的生产能力的描述则在后来德勒兹的《反俄狄浦斯》中表现得淋漓尽致,德勒兹将生产与欲望等视为一个内在的原则关系,使其成为唯物主义精神病理学的主要对象。

阿尔都塞借助于斯宾诺莎的身体模式思考的并不是身体的各种功能形式,而是要指明身体本身所具有的无限属性,而这些属性是与思维、心灵等平行存在的。这就意味着思维、心灵对身体的贬低是无效的,而一切以心灵、思维、理性来描述、定义人类存在及其历史的图式都是片面的。这个意义上,身体也应成为塑造历史的重要因素,而福柯的《规训与惩罚》就是在此种意义上展开的。

由阿尔都塞与当代激进政治理论的关系可见,当代激进政治理论对身体、空间、事件、偶然性的关注,反映出社会各领域在社会存在中扮演了重要的角色,它们同时构成批判当代社会的独特视角。阿尔都塞在新政治逻辑中只是提纲挈领地涉及了这些问题,但这表明阿尔都塞对如何在马克思主义理论内部回应当代理论诉求做出了有益的尝试。这为我们如何思考马克思主义与当代激进政治之间的关系提供了有益的理论框架。阿尔都塞之所以将马克思主义哲学即辩证唯物主义定义为理论实践或认识生产理论,其目的就在于如何将马克思主义理论与社会实践(这当然包括当代激进政治所追求的实践在内)结合起来,而这也需要理论的创造力。在广泛的意义上,阿尔都塞对马克思主义哲学即辩证唯物主义的重新定义,为历史唯物主义开拓研究领域提供了更加宽泛的理论框架,而不是教条主义地坚持马克思主义。从这个意义上讲,历史唯物主义对空间、身体、事件等问题的论述,例如哈维的"历史—地理唯物主义"

---

① Louis Althusser: *Philosophy of the Encounter*, edited by François Matheron and Oliver Corpet, London · New York: Verso, 2006, p.177.
② Althusser: *The Future Lasts A Long Time and The Facts*, London: Chatto & Windus, 1993, p.218.

等,都可以在阿尔都塞的意义上,被理解为马克思主义哲学即辩证唯物主义所规定的范畴体系中,只是这种理解不应在与马克思主义理论相关的纯洁度上去规定,而是要在社会存在的层面来规定。马克思在《〈政治经济学批判〉序言》中所说的"人们的社会存在决定人们的意识"[①]仍然是当今理解历史唯物主义内涵的最佳表述。只有从社会存在出发,在马克思主义哲学即辩证唯物主义的理论实践所提供的理论概念的协助下,历史唯物主义才能不断地为理解当代社会提供有益的理论。在经历共产主义运动的厄运和1968年"五月风暴"之后,阿尔都塞对社会存在的新理解促使其思考无产阶级政治实践的新逻辑与话语,在此意义上,意识形态理论、虚空政治学、辩证法内部结构、偶然唯物主义等都是在理论层面建构新政治逻辑与话语。而且,就笔者比较阿尔都塞新政治逻辑与当代激进政治理论而言,阿尔都塞所开启的思路与话语一直延伸到了当代激进政治对社会存在的思考。这表明阿尔都塞所呈现出来的马克思主义哲学即辩证唯物主义的新轮廓及其所催生的新政治逻辑与话语,对于我们今天来思考马克思主义的理论定位及其与当代激进政治的关系问题,都具有重大的理论价值和启发意义。

  阿尔都塞对意识形态理论、辩证法、偶然唯物主义的论述,目的在于为马克思主义寻求一种新的政治逻辑与话语。1968年五月运动的失败,意味着人道主义的逻辑即主体原则的失败,这反过来促进了阿尔都塞结构主义的马克思主义的盛行。经历了1968年五月运动之后,"左派"知识分子逐渐意识到分析资本主义社会结构的重要性,正是在此背景中,阿尔都塞的《意识形态与意识形态国家机器》为剖析资本主义社会的权力结构和实践提供了独特的理论视角。1968年五月运动的经验教训告诉我们,仅仅通过申诉个体权利的口号是无济于事的,必须回到个体生活于其中的社会存在中。而经典马克思主义通过经济—阶级利益分析模式日益显示其范围

[①] 马克思、恩格斯:《马克思恩格斯选集》(第二卷),北京:人民出版社,1995年,第32页。

的封闭性,这就要求在此之外开拓研究社会存在的多重视角。而阿尔都塞对意识形态理论的建构,为马克思主义研究当代资本主义社会提供了理论保障,而且阿尔都塞对教会、学校等剖析,使得意识形态由原来的简单话语走向了具体的意识形态实践。而这种"具体的意识形态实践"便与其政治功能联系在一起,而这是阿尔都塞新政治逻辑与话语的主要组成部分,这意味着无产阶级的政治实践不仅仅表现为经济领域的阶级斗争,同时也表现为意识形态领域的霸权争夺。后马克思主义对霸权链接实践的论述就是在经济—阶级利益分析模式之外寻求新的可能性,而这也日益成为当代激进政治所关注的话题。

1968年五月运动促使阿尔都塞思考当代资本主义的另一方面在于通过什么样的方法来思考社会存在。在阿尔都塞看来,马克思主义仍然是我们通达社会存在的有效途径,但问题在于是怎样的马克思主义理论？第二国际的经济决定论、斯大林主义以及早期的西方马克思主义,在阿尔都塞看来都没有寻得理解社会存在之门,因为其仍然是在资产阶级意识形态及其变种中理解社会存在。在此背景中,阿尔都塞认为必须在方法论和存在论上改变这种言说方式及其哲学基础。而阿尔都塞所提出的辩证法结构的转换以及偶然唯物主义,正是在此意义上为理解社会存在提供了方法论和存在论上的保障,这同时也是为阿尔都塞新政治逻辑与话语提供理论上的支持。阿尔都塞借助于结构主义和斯宾诺莎主义,将马克思主义辩证法与黑格尔辩证法区别开来,通过"结构因果性"和"多元决定论"来反对经济决定论并且提升了政治、意识形态等社会存在维度在理解社会存在中的作用和地位,而这是阿尔都塞新政治逻辑与话语得以展开的新领域。而阿尔都塞晚期的偶然唯物主义更是在存在论层面反对对社会存在所做的本质主义、历史主义和观念论的解读,而这种本质主义、历史主义和观念论正是第二国际经济决定论、人道主义的马克思主义理论的理论源泉。阿尔都塞在存在论上对此的驳斥,更是确保其新政治逻辑与话语能够为理解社会存在扫清理论障碍,而后马克思主义与当代激进政治理论都在不同程度上分享了阿尔都塞的理论清场工作并继承了其所开启的新政治逻辑与话语。

第一章 1968年"五月风暴"与
阿尔都塞的思想转变

在第二次世界大战后资本主义迅速发展、两大阵营对抗日趋结构化的20世纪60年代,"五月风暴"的爆发无疑唤起了人们对巴黎公社的模糊记忆和对共产主义幽灵的无意识,并且激起了人们对革命的向往和对未来美好社会的憧憬。然而,这场运动的惨淡落幕,事实上证明了这只是一场乌托邦的地火,共产主义革命仍然停留在人们视线的最远端,难以靠近。

在这场运动中,整整一代知识分子扮演了不同的角色,有的大肆赞扬,成为扛大旗的急先锋、有的大肆贬损,对运动置若罔闻。在这些知识分子中,最悲壮的当属路易·阿尔都塞。因为在阿尔都塞身上展示了这场运动的内在矛盾,一方面他"对马克思主义所做的最为警觉和最为现代的再阐释"使他成为激进知识分子的精神导师,阿尔都塞的思想激发了人们对马克思主义及其革命主题的追求,使得诸多青年知识分子纷纷走向街头,参与这场运动;另一方面,运动的主题却是与阿尔都塞的思想逻辑渐行渐远,阿尔都塞在"伟大事件"前夜对马克思思想科学性的重释以及对理论人道主义的批驳,仍然没有使这场运动脱离自由主义意识形态和无政府主义思潮的厄运。马克思主义再次错过了重大的历史时刻,"伟大事件"终究没有到来,但对"五月风暴"的反思却成了阿尔都塞思考的主题。

众所周知,在1968年"五月风暴"之前,阿尔都塞敏锐地意识到重释马克思思想的重要意义。一方面是借此重新回到马克思的文本,进一步明确和阐释马克思主义哲学的本质特征和理论旨趣,当然,这种阐释已经融入其时代视野;另一方面,由于斯大林模式、苏共"二十大"以及法共的教条主义,使得马克思主义理论内部出现了一些理论"偏离",这主要表现在经济主义、人道主义、实证主义等的泛滥,阿尔都塞回归马克思的文本亦是对这些理论"偏离"的回应。在这些重释中,最显著的论点是"认识论断裂"、"理论的反人道主义"以及结构主义的马克思主义的形成。我们从这些论断中可以看到,其中都关涉到对主体意识哲学及其背后的历史哲学的拒斥。阿尔都塞认为,正是资产阶级的意识形态即主体意识哲学及其历史哲学使得马克思主义哲学逐渐走向经济决定论、历史决定论。阿尔都塞原本借此重释来打破人道主义对马克思主义的误解,但是,从1968年"五月风暴"的口号及其诉求中可见一斑,资产阶级的意识形态理念重新占领了思想的舞台。也正是在这个意义上,"五月风暴"在某种程度上是重述资产阶级的意识形态,从运动的结局来看,这无疑强化了资产阶级的意识形态理念。这场运动的悖反之处就在于此,阿尔都塞看出了其中的秘密所在,即对马克思主义哲学的言说应该如何严格地与资产阶级的话语区别开来。只有在意识形态话语的区分及其所承载的哲学思想的区分中,才能真正地领悟到马克思主义哲学的独特性质。在此,追求一套真实表达马克思主义哲学的理论话语便成为阿尔都塞理论实践的主题。

阿尔都塞对马克思主义哲学的反思,在很大程度上受益于对"五月风暴"的反思,因为这其中涉及马克思主义哲学的基本内容和理论诉求,并且同时开启了阿尔都塞理解和重塑马克思主义哲学的新路径。

在阿尔都塞看来,"五月风暴"制造了一种"革命"假象,仿佛"革命"正在以一种摧枯拉朽之势汹涌而来,而事实上,革命远未到来!阿尔都塞认为,就经典马克思主义论述而言,如果革命能够顺利展开的话,那么其必须符合如下三个条件:革命主体的形成、革命政党的组织、革命纲领的指导,三者缺一不可。本节将从这三个方面来剖析"五月风暴"对"革命"概念的滥用以及由此引发的阿尔都塞对这些问题的思考。

第一节 革命主体的整体缺席

众所周知,1968年"五月风暴"肇始于巴黎的南泰尔大学,然后席卷了巴黎的其他大学,这场运动的主体是学生。雷蒙·阿隆在《阿隆回忆录:五十年政治反思》中谈到"五月风暴"时说,"学生运动与工人运动不曾合流,没有成为革命。"①按照经典马克思主义的理解,共产主义革命实践的主体必须是"无产阶级",这是由资本主义的生产方式、社会结构和无产阶级的阶级属性决定的。早在《黑格尔法哲学批判导言》中,马克思就详细论述了无产阶级作为革命主体的本质规定:

>……就在于形成一个被戴上彻底的锁链的阶级,一个并非市民社会阶级的市民社会阶级,形成一个表明一切等级解体的等级,形成一个由于自己遭受普遍苦难而具有普遍性质的领域,这个领域不要求享有任何特殊的权利,因为威胁着这个领域的不是特殊的不公正,而是一般的不公正,它不能再求助于历史的权利,而只能求助于人的权利,它不是同德国国家制度的后果处于片面的对立,而是同这种制度的前提处于全面的对立,最后,在于形成一个若不从其他一切社会领域解放出来从而解放其他一切社会领域就不能解放自己的领域,总之,形成这样一个领域,它表明人的完全丧失,并因而只有通过人的完全回复才能回复自己本身。社会解体的这个结果,就是无产阶级这个特殊等级……无产阶级宣告迄今为止的世界制度的解体,只不过是揭示自己本身的存在的秘密,因为它就是这个世界制度的实际解体。无产阶级要求否定私有财产,只不过是把社会已经提升为无产阶级的原则的东西,把未经无产阶级的协助就已作为社会的否定结果而体现在它身上的东西提升为社

---

① [法]雷蒙·阿隆:《雷蒙·阿隆回忆录:五十年的政治反思》,杨祖功等译,北京:新星出版社,2006年,第420页。

会的原则。①

马克思对无产阶级的论述是与对资本主义社会的分析联系在一起的,通过这种方式,马克思将无产阶级坐实为资本主义社会的掘墓人,因为无产阶级只有通过消灭私有财产进而推翻资本主义社会,才能使得其自身的原则提升为一种"社会原则"。无产阶级作为革命主体,而具有普遍性和彻底性。所以,马克思在《共产党宣言》中说:"在当前同资产阶级对立的一切阶级中,只有无产阶级是真正革命的阶级。"②无产阶级的这种革命主体性,在后期马克思对政治经济学批判研究中得到了进一步的确认,这种确认一方面表现在无产阶级遭受苦难的根本原因在于资本主义私有制,无产阶级只有消灭作为资本主义社会基础的私有制,才能重新建立社会的新原则,这是一种原则上的对抗;另一方面表现在无产阶级作为资本主义生产方式的主体,其自身代表了先进的生产力和先进的组织形式,借此无产阶级能够获得统一的阶级和组织认同。可见,无产阶级作为革命主体,是被坐实在资本主义生产方式和无产阶级的属性特征中。

然而,反观"五月风暴",我们可以得知,无产阶级本身并未直接参与到这场运动中去,按照阿尔都塞的说法,"五月风暴"只是"一场由法国大学生和小资产阶级知识分子深刻的、意识形态的暴动为'前景'和'伴随'的'罢工'"③。这场运动的主体仍然是法国大学生和小资产阶级知识分子。因为他们本身并不是社会现实苦难的承担者,而只是这个社会治理结构日益僵化、官僚化的反叛者,其目的也不是推翻资本主义的私有制及其制度,而只是表达了一种纯粹无调式的释放,只是对这个压抑社会的一种"补偿"。因为"被绥靖的'病态平静'的社会突然从平庸变成了狂热,在乌托邦风暴

---

① 马克思、恩格斯:《马克思恩格斯选集》(第一卷),北京:人民出版社,1995年,第14—15页。
② 同上书,第282页。
③ [法]阿尔都塞:《自我批评论文集》,杜章智、沈起予译,台北:远流出版社,1990年,第48页。

爆发的时刻,原有的社会组织的刚性、社会空间的等级性和其制度的匿名性都得到了补偿。孤独的人群被兄弟情谊的共同体所取代,上下级从属关系被神话般的平等所取代,习得的行为习惯被创造性的自发行为所取代:这是一场游戏、一个节日、一次欢乐的释放"①。由此,展现在我们眼前的景象并不是一种阶级对抗的冲突,并非表现为经济利益的对抗,而是表现在对个体性权力的保存和认同,并以此对抗日趋僵化和压制的社会。在此意义上,他们所诉诸的问题是文化与个体认同的问题,即他们在这种虚假的共同体和运动中,寻得关于文化和自身的个体认同。这也是"五月风暴"之后,关于文化、性别、身体等方面的讨论日趋盛行的原因所在,因为这场运动归根结底不是阶级对抗,不是经济对抗,而是身份认同问题。由此看来,"'五月风暴'似乎是一场梦想和造反运动,它提供了这样一种可能:表明与日常生活的决裂,在田园诗的幻想之中超越年龄、出身和能力的差异,在兄弟情谊的欢庆之中超越等级和隔阂,总之,解放想象力、放逐理性。它是一段乌托邦插曲,是'生命和自由强力'的一场爆发"②。他们打着革命的幌子,却行着个人之事,这注定要惨淡落幕,因为其缺乏原则一致、诉求彻底的主题。在这个意义上,"'五月风暴'的主要行动者不是工人阶级,而是可以被称为自由职业者的人群整体"③。而在阿尔都塞看来,无产阶级在这场运动中的整体缺席,使得运动的性质已经远离了革命。正是在此意义上,福柯将五月运动称之为"日常生活革命",因为运动的主题大多是围绕主体权利(诸如教育、性别歧视等)展开,其并非是传统意义上的社会政治革命,而是对日常生活的一场集体反叛。正是在此点上,阿尔都塞认为 1968 年五月运动仍然是在资产阶级意识形态的主体范畴体系中。而 1968 年五月运动的落幕,同时反证了阿尔都塞所说的"主体已死",这使得"结构"又重回到分析资本主义社

---

① 汪民安编:《生产(第六辑):五月风暴四十年反思》,南宁:广西师范大学出版社,2008 年,第 56 页。
② 同上书,第 59 页。
③ 同上书,第 69 页。

会的理论舞台中心。

按照一般理论家的理解,法国共产党应该能与1968年"五月风暴"产生天然的联盟并实质地参与到运动中去。虽然"五月风暴"肇始于校园,但只要法共能积极主动地号召工人阶级参与的话,运动的性质也许能够借此而转向一场革命运动。然而,这是一厢情愿的臆想,法共并非像马克思在《共产党宣言》中所论述的那样,具有鲜明的彻底性。在这场运动面前,法共现实地上演了一次"叶公好龙"。

首先,让我们来看看马克思是如何论述共产党人,以及这种描述如何表征了共产党人的历史使命。

> 共产党人不是同其他工人政党相对立的特殊政党。
> 他们没有任何同整个无产阶级的利益不同的利益。
> 他们不提出任何特殊的原则,用以塑造无产阶级的运动。
> 共产党人同其他无产阶级政党不同的地方只是:一方面,在无产者不同的民族的斗争中,共产党人强调和坚持整个无产阶级共同的不分民族的利益;另一方面,在无产阶级和资产阶级的斗争所经历的各个发展阶段上,共产党人始终代表了整个运动的利益。
> 因此,在实践方面,共产党人是各国工人政党中最坚决的、始终起推动作用的部分;在理论方面,他们胜过其余无产阶级群众的地方在于他们了解无产阶级运动的条件、进程和一般结果。
> 共产党人的最近目的是和其他一切无产阶级政党的最近目的一样的,使无产阶级形成阶级,推翻资产阶级的统治,由无产阶级夺取政权。①

---

① 马克思、恩格斯:《马克思恩格斯选集》(第一卷),北京:人民出版社,1995年,第285页。

从上面的论述中我们可以看到，马克思论述了共产党是从普遍性出发，其表现在利益、实践及其目的上。因为共产党人的使命是推翻现存世界一切固定的东西，从而在根本上建立起一个新世界，而且其方式是直接和鲜明的即武装夺权。所有这些都可以看出，共产党人作为无产阶级的先进分子，在革命爆发之前，必须在理论和实践上论述革命的可能及推进事态向革命的方向发展，在革命运动中则是贯彻自身的真理，不具有任何的特殊性原则。

现在让我们回过头来看看法共在1968年"五月风暴"中的表现。

"法共希望运动能够坐下来协商一种和平的经济的解决方案……出于对大众和失控的恐惧，法共的所为都是为了分裂群众运动并且将其导向经济的协商谈判。此种行为，毫无疑问是为了同时尊重苏联的担忧，作为全球战略的一部分，苏联更加倾向于由戴高乐提出的保守的安全（conservative security），而不是群众革命运动不可预测的性质。而苏联担心的是，这种运动将会被美国视为政治甚至是军事干预的借口，而这是苏联无法面对的挑战。"[1]从阿尔都塞在自传的回忆中可见，法共在一开始面对"五月风暴"时，其态度就不是革命的，而是改良的，所以安德森说："六十年代西方共产主义明显的温和主义，实际上已在法共'先进的民主'的党纲中得到了最显著的表达。"[2]当然，这里面涉及苏共二十大之后国际共产主义的理论策略。一方面，赫鲁晓夫治下的苏共被谴责为犯了修正主义的错误；另一方面，法共自身缺乏正确的理论和形势判断，犯了教条主义的错误。两种"主义"的叠加，使得法共无法积极主动地去面对"五月风暴"，从而表现为一种自相矛盾式的"叶公好龙"。而苏共的问题在于："随着赫鲁晓夫发起的去斯大林主义的计划升级，中国人民谴责苏联犯了修正主义的错误，背离了无产阶级专政，苏

---

[1] Althusser: *The Future Lasts a Long Time and the Facts*, London: Chatto & Windus, 1993, p. 230.
[2] [英]佩里·安德森：《西方马克思主义探讨》，高铦、文贯中、魏章玲译，北京：人民出版社，1981年，第53页。

联开始与西方和平共处,开展自我批评的能力也有所削弱,苏联已经被反斯大林主义的'人道主义'维度所迷惑,而最严重的是,因为没有处理好劳资分配问题,资本主义重新出现在苏维埃内部。"①这也是阿尔都塞在1968年之前撰写《保卫马克思》的主要原因所在,特别是"人道主义"的盛行让阿尔都塞感受到修正主义对马克思主义理论的侵蚀的严重性,并且导致复杂的政治形势。但遗憾的是,阿尔都塞对马克思主义所做的最具警世意义的解读并未唤起法共内部的共鸣。这也是由于法共内部的理论贫困造成的,"这种理论贫困的特点,一方面是斯大林的经济主义或者'背离',这低估了持续的阶级斗争和意识形态的重要性;另一方面,1956年后,党的理论家的人道主义,代表人物有罗杰·加罗蒂和路易斯·阿拉贡,而他们正是受莫斯科赫鲁晓夫的领导"②。在理论和政治环境的双重影响下,法共不但没有正确地判断形势,反而以一种改良主义的方式去引导运动走向经济协商,在这个意义上,法共非但没有成为革命的领导者,反而成为社会的"避震器",成为名副其实的"秩序党"。因为"法共曾经拒绝称那种形势是'革命'形势,在危机的最初阶段,它明显保持着温和态度。国民议会解散之后,法共全面地参与到选战之中,尽管最后落到一个惨败的结果……但可以得出一个更合理的结论,即1968年法共'在客观上'有助于保卫第五共和国的政权……"③这也从另一方面佐证了法共所执行的改良主义路线即典型的议会斗争路线,同时,这也注定"五月风暴"是一场无产阶级及其政党集体缺席的动乱而已。因为,在这场运动中,"法共表现为需要克服的问题的一部分,而不是成为革命政治的火花或者催化剂"④。而"五月风暴"的落幕,给予马克思主义理论家特别是阿

---

① 汪民安编:《生产(第六辑):五月风暴四十年反思》,南宁:广西师范大学出版社,2008年,第173页。

② 同上书,第179页。

③ 同上书,第48页。

④ Simon Tormey and Jules Townshend: *Key Thinkers from Critical Theory to Post-Marxism*, London: Sage Publications, 2006, p. 3.

尔都塞以沉重的打击。一方面,戴高乐政权把"法国1968年事件说成是'极权主义阴谋',借以唤起共产主义的幽灵……"①这是政治手腕;另一方面,无产阶级及其政党对形势的误判,以及苏共的修正主义,使得无产阶级的革命主题渐行渐远,这种激进的革命形势伴随着"五月风暴"的落幕,也随之变成了历史的尘埃。"在这些大环境下,所谓革命的守护神其实不过是革命这个**理念**的守护神,然而他们所处的世界是一个着不了火的世界。虽然在想法上是要革命,但这整个想当革命火种守护神的做法却是保守入髓。"②当然,这种状况是与法共的历史传统密切相关的。20世纪20年代以前,法国马克思主义并不是以马克思本人的学说为主要思想,因为它有法国空想社会主义的历史传统以及蒲鲁东主义的传统。在此意义上,"对于法国而言,马克思主义是一个后来者"③。这意味着马克思的经典思想还并没有真正进入法国知识界和工人运动中,"其他的名字——布朗基,蒲鲁东,索列尔——统治着法国的工人运动,并且法国的知识分子倾向于以一种敌意和轻蔑的态度来看待马克思主义哲学"④。而之后马克思主义在法国的真正传播又跟黑格尔主义联系在一起,这使得整个法国马克思主义的传统开始向右转。这样一项工作首先得益于科耶夫与依波利特在法国传播黑格尔哲学,使得法国知识界掀起了一股黑格尔哲学热,这无疑会影响到法国的马克思主义理论家。在这股风潮的影响下,"列斐伏尔、戈德曼、萨特以及梅洛-庞蒂都以自己不同的方式推进了主体性的、人道主义的、黑格尔主义的马克思主义"⑤。而这正是阿尔都塞所要竭力批判的。

---

① Simon Tormey and Jules Townshend: *Key Thinkers from Critical Theory to Post-Marxism*, London: Sage Publications, 2006, p. 48.
② [法]安琪楼·夸特罗其、汤姆·奈仁:《法国1968:终结的开始》,赵刚译,北京:三联书店,2001年,第159页。
③ Simon Choat: *Marx Through Post-Structuralism*, London: Continuum, 2010, p. 10.
④ Ibid.
⑤ Ibid.

第二节　政治的虚空：政治浪漫主义和自由主义的泛滥

无产阶级、无产阶级政党在整个运动中的缺席导致运动性质远离革命，除了工人阶级作为革命主体的社会存在层面的原因以外，更重要的在于承载革命指导思想的缺席，使得这场运动缺乏统一的思想纲领。"五月风暴外表看起来波澜壮阔，像是一场大革命，但细细考察，无论是学生还是工人，都没有夺取政权的纲领。"[1]福柯对这场运动与马克思主义之间的关系问题做了一个精辟的论述："法国在1968年发生的事件——我想在其他国家也一样——都既有趣又暧昧，而且因为有趣才暧昧。这场运动一方面以马克思主义作为重要的参照，却同时又激烈地批判在政党和制度上的教条的马克思主义。于是，这种在某种非马克思主义的形式与马克思主义的参照之间的游戏形成了一个空间，大学生运动便是在这个空间中发展，它有时极度地夸张地运用马克思主义的革命话语，有时又被强烈地反对这类话语的反教条主义所激动。"[2]这表明这场运动在思想纲领上是极其不严密的。这也是阿尔都塞崇尚列宁在《怎么办？》中的著名论述"没有革命理论，就没有革命运动"的原因所在。革命理论表征了运动的属性，因为革命理论集中论述了革命运动的合法性及其战略。阿尔都塞在《马克思主义哲学的历史任务》中就指出，"只有马克思主义的**理论**才能使工人运动转化成客观上的革命运动，因为只有这种理论能使工人运动摆脱'自发的'的无政府主义—改良主义意识形态所产生的理论和实践的影响"[3]。理论对于革命运动的意义，一方面在于论述资本主义生产方式的秘密及其推

---

[1] 刘北成编著：《福柯思想肖像》，上海：上海人民出版社，2001年，第212页。

[2] [法]米歇尔·福柯：《结构主义与后结构主义·福柯集》，钱翰译，上海：上海远东出版社，1998年，第513、486页。

[3] Louis Althusser: *The Humanist Controversy and Other Writings*, translated by G. M. Goshgarian. London: Verso, 2003, p. 160.

翻整个制度的必然性;另一方面在于为运动主体提供一套统一的思想观念,即塑造统一的阶级意识,这也是阿尔都塞后来如此重视意识形态理论所具有的话语霸权的原因所在。马克思、恩格斯本人所从事的哲学的、政治经济学批判的研究,都是在理论上为无产阶级的革命运动提供理论依据,它能保证革命运动不会产生任何性质上的偏离。这是革命运动的根本保证。

阿尔都塞正是在革命理论的层面上批判"五月风暴"的伪革命性。之前已经提到,阿尔都塞视这场运动为大学生与小资产阶级的"意识形态"暴动,而这也是阿尔都塞在关于马克思的"认识论断裂"中所要加以澄清和拒斥的东西。依据阿尔都塞的看法,马克思的著作以1845年的《德意志意识形态》为分界点,以前的论述处于意识形态阶段,以后的论述属于科学的阶段。虽然阿尔都塞后期在《自我批评论文集》中批判了这种科学主义的划分犯了理论主义的错误,但对马克思思想断裂的这个基本判断,阿尔都塞始终没有放弃过。而作为意识形态阶段的马克思,其诉求仍在资产阶级的意识形态范围之内,即仍然囿于理性、自由等资本主义的意识形态概念之中。正是在这个意义上,阿尔都塞反对这种意识形态观念背后的主体哲学和人道主义。面对"五月风暴"所提倡的口号,阿隆认为"1968年的意识形态来自自由主义思潮,在学生群体中引起强烈共鸣"①。从学生在"五月风暴"中的表现可见一斑,所有诉求都旨在表现一种对个体自由、平等、民主等的追求,而其方式是无调式的嬉戏与狂欢。"革命的教义坍塌了,取代它的是曾经被革命者狠狠地践踏的伦理学和生存美学。"②按照经典马克思主义观点,"伦理学"和"生存美学"是承担着规训功能的意识形态范畴,其本身并不是社会对抗的关键点。相反,它们有时还承担着整个社会避震器的功能,所有诉诸"伦理学"和"生存美学"而改变社会的行为和思想,

---

① [法]雷蒙·阿隆:《雷蒙·阿隆回忆录:五十年的政治反思》,杨祖功等译,北京:新星出版社,2006年,第418页。
② [法]让-皮埃尔·勒·戈夫:《1968年5月,无奈的遗产》,胡尧步等译,北京:中国青年出版社,2007年,第350页。

无疑都是在资本主义社会内部做一个结构上的补偿,而不是像"革命的教义"那样旨在推翻这个结构本身。而阿尔都塞认为,所谓的"伦理学"和"生存美学",无异于对"异化"的一种控诉,他们试图寻求建立一种个体自由、自主的生活方式。而这建立在早期马克思的思想之上,"与同时代法共内部大多数知识分子不同的是,路易·阿图塞认为人们狂热信奉的是马克思主义的右倾版本,它只是建立在年轻马克思的论著基础上"[①]。阿尔都塞清醒地认识到,裹挟着虚假普遍性的"右倾版本"(典型的是理论的人道主义)正在侵蚀和歪曲着无产阶级的思想观念和对马克思主义理论的内部解读。

"五月风暴"在意识形态层面的虚假性,使得阿尔都塞一方面进一步发展和丰富马克思主义的意识形态理论,一方面将理论与政治实践结合起来,通过对具体形势的分析,不断地丰富和发展作为马克思主义哲学的辩证唯物主义,以此来对抗旧意识形态的侵蚀和攻击,捍卫历史唯物主义的科学性。而阿尔都塞对意识形态理论的论述及将其与政治实践、社会权力运作联系起来,使得无产阶级的革命不再仅关注经济—阶级利益,而且同样要在革命实践中关注意识形态和政治领域,而这是阿尔都塞新政治逻辑与话语的一种重要领域。

与此同时,"新左派"在1968年的"五月风暴"中也扮演了重要的角色,正是在这种关联的意义上,"五月风暴"亦被视为"一场新社会运动的兴衰"。新左派的"新"在于其对马克思主义学说的"再阐释":"新左派回到马克思的早期著作,强调异化问题而不是剥削问题。它试图将马克思主义和存在主义与精神分析结合起来,从而打开理论阐释的空间,使马克思主义学说摆脱僵化,使之不再等于体制化的马克思主义。"[②]当然,新左派摆脱体制化与僵化的马克思主义是把握到了当时马克思主义理论内部的问题所在,但其诉诸的理论资源不是对马克思主义理论的新发展,而是回到马克思早期关

---

① [法]让-皮埃尔·勒·戈夫:《1968年5月,无奈的遗产》,胡尧步等译,北京:中国青年出版社,2007年,第372页。
② 汪民安编:《生产(第六辑):五月风暴四十年反思》,南宁:广西师范大学出版社,2008年,第86页。

于"异化"问题的讨论。"异化"问题的论述当然是直接揭示了工人阶级生存状况,如果不将"异化"这种伦理问题深化到资本主义生产方式及其剥削的层面的话,这种理论的论述便只是一种对现实苦难的隔空叫骂。也正是在这种"叫骂"中,"伦理学"和"生存美学"才应运而生,但这些都没有直接解决"异化"问题的根本原则所在即对私有制及其剥削的消除。这在马克思看来是一种理所当然的推进,即只有在资本主义生产方式及其所有制的社会结构之中,"异化"问题才具有与工人阶级革命实践的本质关联。脱离了这种社会本质的分析,"异化"问题便是一个一切时代中都会存在的人的生存状况的扭曲,它无法直指现存社会的秘密,同时也无助于现存社会的改造。阿尔都塞亦是从此出发提出了"认识论断裂",这种提法的首要旨趣不在于将马克思的思想严格区分开来,因为在后期的《自我批评论文集》中,阿尔都塞明确指出了马克思本人在此问题上不会犯理论主义的错误,而是在于为"异化"问题的分析和解决提供一条不同于资产阶级意识形态的马克思主义的解决途径。因为马克思在《巴黎手稿》之后,便逐渐地走向了政治经济学批判。而那些只是一味地解读马克思早期著作,特别是只关注"异化"而丢弃"剥削"的理论家们,在阿尔都塞看来,便是犯了理论主义的错误,进而走进了资产阶级意识形态的怀抱。在此基础上,新左派所提倡的与其说是"解放",不如说是一种人道主义的"粉饰",因为它切断了争取解放的斗争与无产阶级革命之间的联系纽带。

当然,关注"异化"问题并没有错,但是错在并未深入社会存在的本质维度,也就是说,他们并没有为"异化"问题的解决提供一种彻底的解决方案。所以,"新左派这次失败的原因不在于它所秉持的价值,而在于它拒绝为这些价值赋予一个持久的行动结构和制度基础"[①]。在马克思主义的视域中,这种"持久的行动结构"是对资本主义社会的政治经济学批判以及无产阶级的革命解放运动,而

---

① 汪民安编:《生产》(第六辑):五月风暴四十年反思》,南宁:广西师范大学出版社,2008年,第101页。

"制度基础"则是建构新的生存方式及共产主义制度而非对资本主义的改良。

"五月风暴"在意识形态层面上,不仅表现了马克思主义的"右倾版本"、新左派,更加直接的则是表现在对自由主义和无政府主义的理论和行为诉求中。《1968年5月,无奈的遗产》一书则明确地强调"1968年五月运动的享乐主义和自由等方面,这是与革命的理论向矛盾的,促使腐蚀集体责任的现代个人主义的发展"①。"享乐主义"和"自由"在原则上仍然是市民社会的根本原则,其基础仍然是自私自利的个人,所以无集体责任的"现代个人主义"就是其最终归宿。而这种"个人主义"无疑是资本主义本身追求市民社会基本原则的彻底化。

而自由主义、享乐主义以及无政府主义,其指向的并不是资本主义社会基础的私有制,而是指向压抑个人主体的资本主义社会、政治结构的官僚化。"如果说68极端分子没有彻底地实践他们宣称的观念,那也是因为他们的主观愿望与宣称的革命模式有矛盾……1968年五月运动和反抗的一代都拒绝为此付出代价:他们很现实地实践战斗主义精神,从而导致了模式的崩溃……至于那些积极参加极左派的年轻人,他们从来没有真正放弃极端自由主义。"②运动的参与者秉持自由主义的观念,假借革命之名,却拒绝为此付出行动和代价。毫无疑问,革命必然伴随着流血冲突,而他们却不愿意用颈中鲜血祭奠革命的大旗。这只能表明其本身缺乏坚定的革命信念,也反映出五月风暴只是对"革命"概念的滥用而已。

第三节 理论与实践的无休辩证

1968年"五月风暴"的落幕,在一定的意义上宣告了西方马克

---

① [法]让-皮埃尔·勒·戈夫:《1968年5月,无奈的遗产》,胡尧步等译,北京:中国青年出版社,2007年,第407页。
② 同上书,第358页。

思主义在理论与实践上的失败,之前被西方马克思主义大加推崇的黑格尔因素、康德因素等都集体失声了。在此意义上,西方马克思主义理论自身亦面临着自我批评的命运,这当然有时代的原因,但理论本身的解释力也是一个不可回避的问题。在前文已经提到,对"革命"形势的误判,不仅有现实复杂的政治环境(包括苏共和法共内部的双重影响),而且还有理论转换的问题。按照对马克思的理解以及卢卡奇等人的经典论述,"革命"形势必将到来,因为这是建立在对资本主义生产方式秘密的揭示的基础上,说到底,这种分析是建立在对资本主义生产方式所做的历史和现状分析的基础上,即在一种时间逻辑的支配下期待着革命运动的到来。在对马克思主义理论做此解释的基础上,对"革命"形势的理解同时就变得保守起来。当然,这个保守只是指在对形势的判断及积极促成的意义上。所以,当面对1968年"五月风暴"的时候,在马克思主义理论家眼中,其本身并不"具备革命的条件"从而放弃了应有的努力。

在这种背景中,理论反思便成为西方马克思主义的主题之一,因为新生的革命行动需要新的理论支持。以这场运动的特征为批判对象,阿尔都塞开始放弃之前的对马克思经典文本的解读,并开始思考无产阶级革命实践的现实问题,也即对上述关于革命主体、革命指导思想以及革命政党(领导权或者霸权)问题的讨论。这种讨论主要依傍俄国革命实践中列宁的政治实践与哲学的关系问题、意识形态与领导权、霸权问题,对辩证法逻辑的重构问题等,这在阿尔都塞看来,都可以归结为辩证唯物主义的问题。这些问题将在随后的章节中得到具体展开。

"西方社会新生的革命行动要求而且需要同时发展新生的理论。和以往的革命运动一般,它还是要依赖实践和理论之间的辩证。在五月革命的光束下,整个关于革命理念和马克思主义理念的'修正'问题,有了完全不一样的意义:了无新意的关于所谓教条派想法和所谓'学院的'修正派想法之间的冲突,现在率皆成为明日黄花。"①经过"五月风暴"的理论和实践的涤荡之后,任何旧的外在于社会现实的理论争论都是徒劳无益的,而真正的出路仍然在于理论与实践之间的辩证发展。理论与实践之间的辩证发展是通达社会现实的有效途径,这也是马克思主义理论自身能够得到不断发展与丰富的首要条件。毫无疑问,"五月风暴"的落幕在于缺乏有效的理论去把握和促成现实向革命方向的转变。在前文已经提到,苏共的改良主义,特别受到去斯大林主义的人道主义的影响以及法共内部的教条主义,使得不仅共产党和工人阶级远离运动的前线,而且还促成事情向协商的层面演进,而其目的却在于六月的大选。在这种"理论"与"实践"的指导下,其结果是可想而知的。

而在阿尔都塞看来,理论与实践的统一问题,不仅仅在于如何在当今时代重新解读马克思主义的经典文本,并在这种重读中,获得当今时代所需要的理论资源,而且还在于如何结合马克思主义的基本理论、结合时代特征,发展出能够言说和把握当下时代的新理论概念,并在此基础上指导现实实践。对此问题,阿尔都塞早在《马克思主义哲学的历史任务》中就已经进行了详细的论述,这里涉及两个问题。第一,如何将经典的马克思主义理论与工人阶级革命运动相结合。这里主要涉及的问题是,在马克思之前,欧洲已经出现了工人运动,但阿尔都塞认为这是自发运动,只要当马克思主义理论与工人运动结合时,这些工人运动才能转化为工人阶级的革命运动。第二,这里的问题涉及对辩证唯物主义的理解及其发展。阿尔都塞认为,理论与实践的统一问题,关涉到不断地发展辩证唯物主义。也就是说,要通过不断的理论实践来发展辩证唯物主义,生产出新的哲学概念来,比如列宁的"帝国主义"概念、中国的"毛主义"等。因为阿尔都塞指出,作为哲学的辩证唯物主义,在马克思、恩格斯的经典文献中缺乏完整的论述,只是一些意识形态争论的片段。

---

① [法]安琪楼·夸特罗其、汤姆·奈仁:《法国1968:终结的开始》,赵刚译,北京:三联书店,2001年,第134页。

这使辩证唯物主义在理论发展上落后于作为科学的历史唯物主义，这同时就使得历史唯物主义在面对各种理论歪曲时便无力应对，从而产生了各种对历史唯物主义偏离的"历史决定论"、"经济决定论"、"人道主义"、"改良主义"等，这使得历史唯物主义理论本身亦是深陷危机之中。在此意义上，阿尔都塞认为，造成这种理论困境的根本原因在于辩证唯物主义在理论发展形态上落后于历史唯物主义，这种理论的"脱节"导致马克思主义理论的危机。这就要求必须在理论实践和社会实践的结合中，发展辩证唯物主义，生产出新的哲学概念，来应对对马克思主义的各种挑战，从而确保历史唯物主义对"历史大陆"的科学话语权。

在谈到辩证唯物主义的理解和发展上，阿尔都塞主张在发展辩证唯物主义谱系的意义上，不断地增强辩证唯物主义的解释力。通观阿尔都塞的思想，我们可以看到，阿尔都塞在理论实践、辩证法及其偶然唯物论三个方面进行了有益的尝试，这将在后面的章节中进行详细论述。

上述关于革命主体、革命指导思想、革命政党及其理论与实践的关系问题，都是在经历了1968年"五月风暴"之后，阿尔都塞认真加以反思的问题，特别在此基础上形成的被冠名为"结构主义的马克思主义"，都预示着西方马克思主义在"五月风暴"之后的理论转换。

"五月风暴"无疑是引发西方马克思主义研究范式转换的关键因素。"从1918年到1968年这半个世纪里，这两者（理论与实践）在西欧却越来越脱离。"①不容置疑的是，马克思、恩格斯本人在积极参与国际工人运动的同时，仍然时常为了理解现实问题而退回到书斋里去进行理论创作，以重新考虑和丰富自己的革命思想和策略。而第二代的马克思主义者则更是在理论与实践高度结合下指导革命，例如列宁、卢森堡、考茨基等，他们要么是革命领袖，要么是

---

① ［英］佩里·安德森：《西方马克思主义探讨》，高铦、文贯中、魏章玲译，北京：人民出版社，1981年，第41页。

政党的领袖。第二代马克思主义者的理论创作都有着明确的现实指向,他们无疑是现实地践行了理论与实践的统一。而之后的西方马克思主义者们的工作却愈益退回到理论中去。当然,这个时代的理论与实践的脱节,主要有内外两种因素。首先,革命运动处于低潮。虽然列宁率领无产阶级在苏联建立起了社会主义国家,但由于西方势力的包围,苏联本身亦是如同累卵,更不要说展开对国际共产主义的实质性的介入。其次,列宁逝世后,斯大林主义盛行,官僚主义和教条主义占据了理论的舞台。这加剧了西欧工人阶级与苏共之间的隔阂,使得理论创新的环境越来越受到约束。再次,法西斯主义的上台,在很大程度上强行打压了工人阶级及其政党组织,例如意大利的情况就是如此。"这样,在两次世界大战之间的时期里,以如此不同的方式侵袭欧洲工人阶级运动的两大悲剧:法西斯主义和斯大林主义,就这样联系起来瓦解和破坏了与西方无产阶级群众性实践相结合的土生土长的马克思主义理论的潜在力量。"①在这样的环境中,我们不难理解,为什么第一代西方马克思主义者都开始远离实践,不再是职业的革命家,而且大多都是大学的教授。另一方面,他们也开始远离与现实直接相连的经济学、政治学,而是重回哲学的论述,例如卢卡奇、科尔施等,这正是倒转了马克思的思想历程,同时也反映了这一代理论家的无奈。所有以上因素,都在一定程度上促成了无产阶级革命理论与实践的分离,从而使得工人阶级的革命运动跌入低潮。这是国际工人运动的整体现状及其历史原因,但回到1968年五月的法国,其还有着独特的因素。

"自从第二国际时代以来,法国的工人运动(它在十九世纪早期曾经在欧洲大陆的政治战斗性和文化创造性方面居领导地位)这时已经在理论上远远落后于东欧和中欧甚至意大利的工人运动。马克思主义从未深入到法国社会党或劳动总同盟中去。在第二共和国时期,这种文化的落后实质上具有双重原因:一方面,是因为

---

① [英]佩里·安德森:《西方马克思主义探讨》,高铦、文贯中、魏章玲译,北京:人民出版社,1981年,第44页。

无产阶级本身具有朴素的前马克思主义的传统力量(蒲鲁东主义、布朗基主义、无政府工团主义),另一方面,是因为(晚期雅各宾派类型的)资产阶级激进主义仍然具有活力,仍然将当地的知识分子与他们自己的阶级紧紧地捆在一起。"①这是法国工人阶级及其政党在理论和实践上落后的原因,也正是在此意义上,阿尔都塞一方面要重新解读马克思,不断地阐发新意,其次开始重点强调列宁的哲学与政治的关系,进一步推进理论与实践的重要关联。这种转变发生在俄国十月革命成功之后,"这种戏剧性的影响仅仅发生在1917年布尔什维克革命胜利之后,一大批法国社会主义者才转向列宁的领导,并且加入第三国际"②。另一方面,阿尔都塞提出"理论实践"、"哲学是理论中的阶级斗争"等观点,都旨在更深层面上阐释理论与实践的统一问题。

1968年"五月风暴"对于西方马克思主义而言,无疑具有启示录式的警示作用。早期西方马克思主义者通过回到康德、回到黑格尔的努力仅仅在于对马克思主义的"理念"上的守护,而这种守护使得马克思主义的理论形式开始转向资产阶级的文化,因为它们缺乏无产阶级实践的维度。"这种长期的隔阂,形成了西方马克思主义的理论形式,同时对它还有另一种显著的普遍影响。因为发生的所有事情似乎都说明:马克思主义理论同群众实践之间的政治统一的破裂,造成了两者之间应有的联系纽带不可抗拒地转向另一个轴心。由于缺乏一个革命的阶级运动的磁极,整个西方马克思主义传统的指针就不断摆向当代的资产阶级文化。马克思主义理论同无产阶级实践之间原有的关系,却微妙而持续地被马克思主义理论同资产阶级理论之间的一种新的关系所取代。"③当然,这里面也有

---

① [英]佩里·安德森:《西方马克思主义探讨》,高铦、文贯中、魏章玲译,北京:人民出版社,1981年,第48页。
② Margaret A. Majumdar: *Althusser and the End of Leninism*, London: Pluto Press, 1995, p.4.
③ [英]佩里·安德森:《西方马克思主义探讨》,高铦、文贯中、魏章玲译,北京:人民出版社,1981年,第72页。

西方马克思主义理论自身的原因。早期西方马克思主义对马克思早期文本的关注,使得人道主义的马克思主义盛行。在阿尔都塞看来,人道主义盛行的背后恰恰就是资产阶级的意识形态。阿尔都塞正是在此意义上开始了其理论的反人道主义,他认为人道主义关于人的论述都是抽象的,而马克思主义的人则是现实的。阿尔都塞指出:"我们不能从人开始,因为那就会是从一种关于'人'的资产阶级观念开始,因为从人开始的观念,即一种绝对出发点(一种'本质')的观念,是属于资产阶级的哲学。这种把'人'作为起点即绝对出发点的观念,是一切资产阶级意识形态的基础。"①而现实的人在阿尔都塞看来就是"一种从现存生产方式的社会关系,从阶级关系和从阶级斗争出发的分析的终点"。而资产阶级的理论,比如实证主义、人道主义等,对马克思主义的侵蚀是这个时代的显著表现,这是阿尔都塞所要极力加以揭示和反对的。所以,"阿尔都塞将马克思与欧洲哲学传统的区分完全不同于被我们所熟知的西方马克思主义。因为这个传统将马克思看成是欧洲哲学的必要组成部分,而阿尔都塞的工作则代表了一种完全不同的路径"②。可见,阿尔都塞对马克思的解读完全不同于资产阶级的哲学,也与资产阶级的文化不相容。

"不管愿意不愿意,对于五月造反的诠释已经成为影响左翼策略和行动的关键问题。"③首先,从"五月风暴"开始到结束,我们可以看到,整场运动的口号基本上是追求人道主义的主题,其仍然是资产阶级意识形态的核心范畴。在此意义上,"五月风暴"的启示在于,对于意识形态霸权的获得仍然是激进左翼需要加以认识和反思的问题。其次,"五月风暴"作为大事件,其本身具有迈向革命的

---

① [法]阿尔都塞:《自我批评论文集》,杜章智、沈起予译,台北:远流出版社,1990年,第64页。
② Margaret A. Majumdar: *Althusser and the End of Leninism*, London: Pluto Press, 1995, p.13.
③ [法]安琪楼·夸特罗其、汤姆·奈仁:《法国1968:终结的开始》,赵刚译,北京:三联书店,2001年,第135页。

潜质,但由于无产阶级政党的不作为,使得无产阶级及其思想与五月风暴擦肩而过。对事件的关注及其向革命的转化,也是当代激进左翼必须加以认真对待的主题。而在革命运动日渐远离的时代背景中,事件政治学愈发显得重要而急迫。最后,经过"五月风暴"的宣传,对文化、生存美学、教育、媒介、身体等的关注,在日后实质地影响了一大批哲学家,诸如福柯、布迪厄等,也影响了当代社会对身体、空间等问题的兴起和探讨。可见,"五月运动的幽灵继续在社会想象力中游荡着,整整一代知识分子和以前的活动分子还有点舍不得为它送葬"①。阿尔都塞正是在这种时代背景中,开始了对马克思主义理论的重新理解和阐释,其显著特征就是在对政治实践的思考中,不断地在意识形态理论、辩证法、偶然唯物论即辩证唯物主义的论域中推进马克思主义的理论,并在对当代世界的思考中,实质地影响了当代激进政治理论的主题与策略。

阿尔都塞对意识形态理论、辩证法、偶然唯物主义的论述,目的在于为马克思主义寻求一种新的政治逻辑与话语。1968年五月运动的失败,意味着人道主义的逻辑即主体原则的失败,这反过来促进了阿尔都塞结构主义马克思主义的盛行。经历了1968年五月运动之后,左派知识分子逐渐意识到分析资本主义社会结构的重要性,正是在此背景中,阿尔都塞的《意识形态与意识形态国家机器》为剖析资本主义社会的权力结构和权力实践提供了独特的理论视角。1968年五月运动的经验教训在于,仅仅通过申诉主体权利的口号是无济于事的,必须回归到个体生活于其中的社会存在中。而经典马克思主义通过经济—阶级利益的分析模式日益显示其范围的封闭性,这就要求在此之外开拓研究社会存在的多重视角。而阿尔都塞对意识形态理论的建构,为马克思主义研究当代资本主义社会提供了理论保障,同时阿尔都塞对教会、学校等的具体分析,使得意识形态由原来的简单话语走向具体的意识形态实践。而这种"具

---

① [法]让-皮埃尔·勒·戈夫:《1968年5月,无奈的遗产》,胡尧步等译,北京:中国青年出版社,2007年,第8页。

体的意识形态实践"是与政治功能联系在一起,这也构成阿尔都塞新政治逻辑与话语的重要组成部分,这意味着无产阶级的政治实践不仅仅表现为经济领域的阶级斗争,同时也表现为意识形态领域的霸权争夺。后马克思主义对霸权链接实践的论述就是在经济—阶级利益分析模式之外寻求其可能性,而这也日益成为当代激进政治所关注的主题。

1968年五月运动促使阿尔都塞思考当代资本主义社会的另一方面在于通过怎样的方法来思考社会存在。在阿尔都塞看来,马克思主义仍然是我们通达社会存在的有效途径,但问题在于是怎样的马克思主义理论?显然,第二国际的经济决定论、斯大林主义以及西方马克思主义,在阿尔都塞看来都没有寻得理解社会存在之门,因为其仍然是在资产阶级意识形态及其变种中来理解社会存在。在此背景中,阿尔都塞认为必须在方法论和存在论上改变这种言说方式及其哲学基础。而阿尔都塞所提出的辩证法结构的转换以及偶然唯物主义,正是在此意义上为理解社会存在提供了方法论和存在论上的保障,这同时也为阿尔都塞的新政治逻辑与话语提供了理论上的支持。阿尔都塞借助于结构主义和斯宾诺莎主义,将马克思主义的辩证法与黑格尔的辩证法区别开来,通过"结构因果性"和"多元决定论"来反对经济决定论并且提升了政治、意识形态等社会存在维度在理解社会存在中的作用和地位,这正是阿尔都塞新政治逻辑与话语得以展开的新领域。[①] 阿尔都塞晚期的偶然唯物主义更是在存在论层面反对对社会存在所做的本质主义、历史主义和观念论的解读,而这种本质主义、历史主义和观念论正是第二国际经济决定论、人道主义马克思主义理论的根本源泉。阿尔都塞在存在论上对此的驳斥,也是为新政治逻辑与话语理解社会存在而扫清理论障碍,而后马克思主义与当代激进政治都在不同程度上分享了阿尔都塞的理论清场工作并继承了其所开启的新政治逻辑与话语。

---

① 详见本书第三章。

第二章 新政治逻辑的开启

新政治逻辑与话语的开启,意在表明无产阶级应该以何种方式来进行政治实践。经典马克思主义传统将无产阶级的政治实践做实在对资本主义社会经济生产领域和社会结构(资产阶级与无产阶级的对立)的分析中,笔者将此称之为经济—阶级利益分析模式。在这种分析模式中,无产阶级的政治实践依傍着资本主义社会经济领域所不可调和的矛盾和危机而展开,通过革命主体无产阶级对此的认识及其阶级意识的觉醒,无产阶级的革命将会推翻现存的资本主义社会从而建立社会主义新世界。但共产主义运动在经历了俄国十月革命、斯大林主义以及中国的革命之后,我们逐渐发现,传统的以经济—阶级利益分析模式并没有现实地发挥作用,甚至斯大林主义还将这种模式退化为经济决定论而走向改良主义,而这与经济—阶级利益分析模式所要求达到的激进革命则是南辕北辙。特别是在经历了 1968 年"五月风暴"之后,阿尔都塞对无产阶级的政治实践有了新的认识,而首要任务就是在经济—阶级利益分析模式之外,寻求新的政治逻辑与话语。阿尔都塞的意识形态理论就是在对此分析模式的补充,这突出地表现在《意识形态与意识形态国家机器》的论述之中。在这篇论文中,阿尔都塞借助有别于经济—阶级利益分析模式的意识形态理论,详细而切实地分析了当代资本主义社会的运行规则,重申了意识形态领域(包括政治领域)对于无产阶级分析资本主义社会和政治实践的重要性。阿尔都塞在马克思主义理论内部所做的调整,提升了意识形态与政治分析在政治实践中的地位,开启了马克思主义理论分析资本主义的新视角。当代激进政治(包括后马克思主义)对微观政治学、权力批判、霸权理论以及政治自主性的论述都在不同程度上受到了阿尔都塞新政治逻辑与话语的影响。

第一节　意识形态理论[①]

在经典马克思主义理论看来,意识形态表达一种虚假意识,其自身不具有独立性,也没有历史,说到底是一种为他的存在。这意味着意识形态只是一种附属物且随物质生产和交往而变化,马克思在《德意志意识形态》中明确指出:"道德、宗教、形而上学和其他意识形态,以及与它们相适应的意识形式便不再保留独立性的外观了。它们没有历史,没有发展,而发展着自己的物质生产和物质交往的人们,在改变自己的这个现实的同时也改变着自己的思维和思维的产物。"[②]马克思在此要说明的问题不仅仅在于澄清意识形态的这种为他性,更在于表明意识形态本身的虚假性,从而将其排除在阶级斗争的范畴之外。因为马克思认为阶级斗争的领域主要表现在经济领域即物质生产和物质交往领域,只要经济领域的斗争实现了,意识形态的变化便会自动表现出来。当然,马克思本人并未直接清除意识形态的存在,而是将其归于上层建筑之中,按照阿尔都塞的说法,这表明马克思对意识形态的存在是持认可的态度,只是未加深究。而后来的马克思主义理论便在经济基础与上层建筑的机械决定关系中,将意识形态做实为一种纯粹虚假而应该抛弃的对象。而阿尔都塞就是在对此的批判中将意识形态拉回到社会现实的范畴中,从而提升意识形态在社会存在以及无产阶级革命实践中的地位和作用,并为无产阶级的革命实践提供一种新的政治逻辑与话语。

为了摆脱传统马克思主义对意识形态的偏见,阿尔都塞的首要

[①] 国内学者俞吾金老师的《意识形态论》在国内开创性地系统研究了意识形态理论问题,并在"从意识形态到科学"一节中对阿尔都塞的意识形态理论进行了详细论述。

[②] 马克思、恩格斯:《马克思恩格斯选集》(第一卷),北京:人民出版社,1995年,第73页。

工作便是为意识形态正名。为此,阿尔都塞区分了作为社会现实的意识形态和作为虚假意识的"社会存在"。阿尔都塞指出:"我决不是要谴责作为社会现实的意识形态,正像马克思说的,人们正是通过意识形态'意识到'他们的阶级冲突并且'决一雌雄'的;在宗教、伦理、法律和政治等形式中意识形态是一种客观的社会现实;意识形态的斗争是阶级斗争的有机组成部分。另一方面,我批评意识形态**在理论上**的作用,因为它们总是科学认识的威胁或障碍。"①就意识形态作为社会现实的一部分而言,阿尔都塞认为其主要表现在上层建筑中、扎根在阶级斗争中,这意味着阶级斗争不仅仅表现在经济领域的斗争,而且还表现为意识形态领域的斗争,而这是传统马克思主义所否弃的。就阿尔都塞而言,意识形态的斗争不仅表现为对阶级斗争的有益补充,甚至还表现为阶级斗争的核心领域即引领斗争的方向。这就是后来在激进政治理论中所讨论的所谓"霸权"问题,而此就直接表现为意识形态和政治实践领域中的阶级斗争。而意识形态在理论上对科学知识的威胁或障碍,马克思在《德意志意识形态》早已做出过批判,"关于意识的空话将终止,它们一定会被真正的知识所代替"②,并且认为其只是具有历史编纂学的意义。这类意识形态当然是要批判和清除的,因为马克思和阿尔都塞都将这种意识形态指认为具有虚假性和欺骗性的资产阶级意识形态。

阿尔都塞为意识形态正名,为其论述意识形态的功能扫清了理论障碍。在阿尔都塞看来,这不仅是在哲学上即辩证唯物主义的维度上澄清了一个理论问题,更是在无产阶级的革命实践的维度中拓宽了实践的空间,为无产阶级思考革命实践问题提供了一套新的政治逻辑与话语。而这首先表现在如何理解资本主义社会现实上。传统的马克思主义只在经济——阶级利益模式中分析资本主义社会,诸如社会日益分裂为两大对立阶级、资本主义生产平均利润率下降

---

① [法]阿尔都塞:《致我的英语读者》,《马列主义研究资料》,莫立知译,北京:人民出版社,1983年5月,第154页。
② 马克思、恩格斯:《马克思恩格斯选集(第一卷)》,北京:人民出版社,1995年,第73页。

导致经济危机等,通过这种分析来为无产阶级的革命实践提供理论保障和现实的合法性与必然性。这当然是历史唯物主义分析资本主义社会的重要环节,但问题在于对于社会存在的理解,不应停留在粗俗唯物主义的层面,而应将意识形态、政治等各社会存在维度都纳入到对资本主义社会的整体分析之中。就阿尔都塞的判断而言,资本主义的意识形态功能恰好是维持资本主义社会的有效手段。这不仅表现在对资本主义社会的合法性论证上,更重要的在于通过意识形态的各种载体(学校、教会等)而不断地化解资本主义内部的矛盾并且通过再生产的功能确保资本主义社会的延续。这就是阿尔都塞称之为意识形态国家机器所具有的再生产功能,而这是理解资本主义社会存在与发展的关键环节,当代意识形态理论家(伊格尔顿、詹姆逊、齐泽克等)对资本主义社会的理解都以不同程度继承或受启发于阿尔都塞的意识形态理论。阿尔都塞对资本主义社会所进行的意识形态分析,尤其是将其与权力实践联系在一起,为无产阶级理解资本主义社会并实质地参与到与资产阶级的全面斗争中做出了重大的理论贡献,特别是在后工业时代和福利国家的背景中,无产阶级如何理解社会现实和开展政治实践,阿尔都塞的意识形态理论及其所开启的新政治逻辑与话语同样具有重要的理论价值。

一、阿尔都塞意识形态概念的思想渊源①

在《德意志意识形态》中,马克思以历史唯物主义的方式所阐述的意识形态,只是在一般的意义上论述了意识形态的发生史,其目的在于批判意识形态的虚假性及其依附性。在此意义上,《德意志意识形态》对意识形态的基本判断是否定的,因为生产—经济领域是整个社会存在及其变革的基础。但到了《政治经济学批判》序

---

① 国内学者张一兵老师在《问题式、症候阅读与意识形态》一书中论述了阿尔都塞意识形态说的支撑背景,主要是围绕"马克思的历史性话题"和"曼海姆的意识形态讨论域"展开了论述。

言中,马克思则同时考虑了生产—经济领域与意识形态领域在社会变革中的作用,"在考察这些变革[社会革命]时,必须时刻把下面两者区别开来:一种是生产的经济条件方面所发生的、物质的、可以用自然科学的精确性指明的变革,一种是人们借以意识到这种冲突并力求把它克服的那些法律的、政治的、宗教的、艺术的或哲学的,简言之,意识形态形式"①。在此,马克思已经意识到了意识形态领域在社会变革中的作用,虽然其仍然与生产—经济领域相区别。这是阿尔都塞在后期的自我批评中所说的,马克思在意识形态理论上不会犯理论主义错误的原因,因为马克思在对意识形态理论进行了历史唯物主义的阐释之后,转而就进入了政治经济学批判工作。前者作为对一般社会形态发展史所做的意识形态解读,还并没有将其放到具体的历史现实中去,其还只是发生学意义上的描述;而后者则是在资本主义的具体现实背景中来剖析资本主义生产方式及其社会形态。在此背景中,意识形态诸形式的内容便嵌入了具体的社会变革中,甚至是直接进入阶级斗争的领域中。所以,阿尔都塞针对"认识论断裂"所犯的理论主义错误,其自我批评的内容中就包含了阶级斗争的维度。

所以,就马克思而言,意识形态的内容大致包含两个方面:第一,作为依附于生产—经济领域的诸种意识形态形式,在很大意义上,其具有虚假性和欺骗性;第二,作为社会现实的一部分,意识形态具有科学的内容,其表现形式是上层建筑,其场所是阶级斗争领域。在这点上,阿尔都塞一针见血地指出:"一种意识形态总是存在于某种机器当中,存在于这种机器的实践和各种实践中。"②可见,意识形态从来就没有单独作为一种纯粹的观念而起作用,其必须依附在各种社会规制及其实践中,而各种社会规制也必须通过意识形态的运作才能现实地发挥作用,在此意义上,意识形态与社会实践

---

① 马克思、恩格斯:《马克思恩格斯选集》(第二卷),北京:人民出版社,1995年,第33页。
② 陈越编:《哲学与政治:阿尔都塞读本》,长春:吉林人民出版社,2003年,第356页。

两者是相互依存的。

其次是来自斯宾诺莎的知识论。阿尔都塞在《自我批评论文集》中说:"在《伦理学》第一卷的附录里和在《神学政治论文集》里,我们可以找得到实际上无疑是曾经为人所想出来的有关意识形态的最早的一种理论。这种理论所讲的意识形态,具有三种性质:(1)它虚构的'现实';(2)它内在的颠倒;(3)它的'核心':关于主体的幻想。可以说,它是一种关于意识形态的抽象理论。"① 同时,斯宾诺莎认为,知识有三种形式:经验与想象、理性的推理、直观的真观念。在阿尔都塞看来,意识形态属于第一种形式即"经验与想象",所以阿尔都塞将意识形态定义为:"意识形态是个人与其实在生存条件的想象关系的'表述'。"② 第一,意识形态描述的是"个人及其实在生产条件"的关系,这是在经验的层面上展示出来的,也是人类日常生活实践的最初、也是最直接的方式。第二,意识形态描述的这层"关系"不是真实的经验关系,而是这种"关系"的想象性表述。也就是说,这是一种"想象性"建构,当然,这也是意识形态之所以能够存在的基本条件之一。如果人类日常生活实践只有真实的关系,那么意识形态的功能便无从开展。"正是在想象对真实和真实对想象的这种多元决定中,意识形态具有能动的本质,它在想象的关系中加强或改变人类对其生产条件的依附关系。"③ 这也是马克思意义上的"它不用想象某种现实的东西就能**现实地**想象某种东西"。④ 也正是在这个意义上,意识形态才具有阶级斗争的意义,因为无产阶级革命所针对的资本主义生产关系,其牢固性不仅在于其自身的生命力,而且还在于建基于资本主义生产关系之上的各种意识形态形式,它们履行着宣扬资本主义生产关系

---

① [法]阿尔都塞:《自我批评论文集》,杜章智、沈起予译,台北:远流出版社,1990年,第153页。
② 陈越编:《哲学与政治:阿尔都塞读本》,长春:吉林人民出版社,2003年,第352页。
③ [法]阿尔都塞:《保卫马克思》,顾良译,北京:商务印书馆,2006年,第230页。
④ 马克思、恩格斯:《马克思恩格斯选集》(第一卷),北京:人民出版社,1995年,第82页。

的天然性和永恒性的使命,其作用是直指人心。毋宁说在阶级斗争和意识形态斗争的白热化时期,即使在和平时期的今天,福山的《历史的终结及最后的人》以及亨廷顿的《文明的冲突与世界秩序的重建》,都是在以意识形态的形式灌输某种代表着资本主义生产关系的正确性和永恒性。遗憾的是,处于这个时代的人们却还在相信这种早就被马克思及其追随者所否定了的假命题。也许,正是在此意义上,后马克思主义者们一方面热衷于对斯宾诺莎的解读,另一方面仍然在强调意识形态的重要性,只是他们羞答答地将意识形态概念转换成霸权或者领导权概念。霸权或者领导权概念,其实质内容便是意识形态,无非是形成一种具有说服力的话语体系,乃至是政治纲领。而拉克劳、墨菲的代表作《霸权与社会主义策略》,其内容就是如何在社会斗争运动中实现斗争的策略,其主要手段就是霸权的建构。生产—经济领域是当代激进政治故意回避的议题,其主要议题在于如何在生产—经济领域之外(尤其是政治领域)寻求霸权链接实践的可能性。而阿尔都塞的新政治逻辑与话语对意识形态和政治领域的提升,在一定的意义上为后马克思主义展开相应的论述开辟了理论道路。

这是由于斯宾诺莎的三种知识形式所引申出来的意识形态内涵。在晚年的自传《来日方长》中,阿尔都塞还指出意识形态理论来源于斯宾诺莎的另外一个因素。"我内心充满了钦佩,被斯宾诺莎如下的概念所折服,宗教意识形态与犹太人之间的关系的概念,宗教意识形态在寺庙、教堂、牧师、祭品、仪式等中的物质存在……这些使得我更加肯定地坚持意识形态的物质存在,不仅是其存在的物质条件(这个观点在马克思的思想中被发现,以及一系列其他的著作者的文献中),而且是其存在本身的物质性。"[1]阿尔都塞在斯宾诺莎论述宗教活动、场所、仪式的思想中,发现了意识形态具有物质性。毫无疑问,宗教的内容指向上帝、指向信仰,但其形式却必须

---

[1] Althusser: *The Future Lasts A Long Time and The Facts*, London: Chatto & Windus, 1993, p.217.

落在人间,落在信徒的日常行为实践中,这种内容与形式的相互交织,造就了意识形态的独特结构与性质。所以,阿尔都塞说:"我在斯宾诺莎思想中发现的内容是关于宗教意识形态的理论,一种'思想的机器'。"① 由此,结合马克思关于上层建筑理论,阿尔都塞便将意识形态的一种重要属性定义为"意识形态具有一种物质的存在"②。

同时,阿尔都塞对斯宾诺莎的关注,引发了当代激进政治理论所谓的"斯宾诺莎转向",笔者认为大致有如下几方面的原因。第一,斯宾诺莎的《神学政治论》《伦理学》引发了一场神学的革命,斯宾诺莎通过将上帝与自然概念相联系,打破了传统神学中的崇拜或者专一信仰,这样一种激进行为无疑是具有革命意义的。而当代激进政治对其借鉴主要在于由此而展开的自因论、内在性思想。正是借助于自因论和内心性思想,当代激进政治理论展开了对目的论叙事的批判,从而为分析社会结构与历史提供了新的视角。在此意义上,路德当年也实现了这种转变,但诚如马克思所批判的,"的确,路德战胜了虔信造成的奴役制,是因为他用信念造成的奴役制代替了它。他破除了对权威的信仰,是因为他恢复了信仰的权威,他把僧侣变成了世俗人,是因为他把世俗人变成了僧侣。他把人从外在的宗教笃诚解放出来,是因为他把宗教笃诚变成了人的内在世界。他把肉体从锁链中解放出来,是因为他给人的心灵套上了锁链"③。而斯宾诺莎的内在性思想,也成为阿尔都塞论述结构因果性的重要思想资源。但斯宾诺莎的贡献可能更为激进,因为他彻底抛弃了信仰权威造成的奴役。在这个意义上,斯宾诺莎为当代激进政治所推崇。

第二,斯宾诺莎的实体哲学将身体与思维置于平行的地位,使

---

① Althusser: *The Future Lasts A Long Time and The Facts*, London: Chatto & Windus, 1993, p.216.
② 陈越编:《哲学与政治:阿尔都塞读本》,长春:吉林人民出版社,2003 年,第 356 页。
③ 同上书,第 10 页。

得身体从思维的压制中解放出来,而当代激进政治对身体问题的关注便将其理论渊源追溯至斯宾诺莎的思想之中。正是在此意义上,斯宾诺莎的身体理论为当代激进政治思考身体问题开辟了道路。①

第三是来自弗洛伊德的无意识概念。阿尔都塞借用弗洛伊德的无意识概念是通过拉康实现的。②首先,拉康认为,世界分为三个层面:想象、真实、象征。而其中的"想象"层面与阿尔都塞的意识形态中关于"个人与实在生存条件"的想象关系是一致的,并且最重要的在于弗洛伊德的"无意识"概念的一种主要属性是"无历史"。阿尔都塞认为:"意识形态的特殊性在于,它被赋予了一种结构和功能,以至于变成了一种非历史的现实,即**在历史上无所不在的现实**……我可以说,我们的命题(意识形态没有历史)能够而且也应该与弗洛伊德的命题(无意识是永恒的,即它没有历史)结合在一起……如果'永恒的'并不意味着对全部(暂存的)历史的超越,而是意味着无处不在、无时不在,因而在整个历史范围内具有永远不变的形式,那么,我们情愿一字不变地采用弗洛伊德的表达方式:意识形态是永恒的,恰好就像无意识一样。我还要补充说,我发现这种比较在理论上被证明是合理的:因为事实上,无意识的永恒性与意识形态一般的永恒性不是没有关系的。"③阿尔都塞借助于弗洛伊德的"无意识"概念的永恒性来言说意识形态的无历史性,其目的在于说明,正如无意识是人类意识的组成部分一样,意识形态也是人类社会生活的组成部分,是社会实践的内在结构。所以利科说:"正如我们将看到的,一般的意识形态没有历史的原因在于它是一种永恒的结构。"④

---

① 关于斯宾诺莎的身体理论,详见第五章第二节中"阿尔都塞的身体理论:身体、权力与意识形态"。

② 国内学者张一兵老师在《问题式、症候阅读与意识形态》一书的"意识形态理论与拉康式的精神分析"中详细了讨论了两者的关系。

③ 陈越编:《哲学与政治:阿尔都塞读本》,长春:吉林人民出版社,2003年,第351—352页。

④ Paul Ricoeur: *Althusser's Theory of Ideology*, *Althusser: A Critical Reader*, edited by Gregory Elliott, Oxford UK & Cambridge USA: Blackwell Publishers,1994, p.48.

第四，阿尔都塞认为，古典意识形态理论应追溯到康德哲学。康德提出了"应该式的"统一体，而这是一种缺乏现实的"统一的概念"。这在阿尔都塞看来便是一种反思的统一，而不是始源性的统一。"康德没有能力去阐释那种他无力思考、可又确实存在的始源性的现实，这种无能被转化为一种对终极统一体的实现，康德以应该的形式对这种统一体进行了思考，可它却是不存在的和无法实现的。"①在此意义上，阿尔都塞看到了古典意识形态的起源，即无现实性的概念与虚空性是意识形态的一般本质。"应该式"的统一体确实是意识形态理论的重要内容，意识形态建构中所诉诸的"加强或改变人类对其生存条件的依附关系"就是在"应该式"的语调中形成。因为意识形态要发挥作用，其必须借助于科学的判断和伦理的说教才能赢得其正确性的外表，这是一切意识形态的惯用伎俩。

以上是阿尔都塞意识形态理论的思想渊源，在此基础上，我们来看看阿尔都塞为意识形态给出的定义。在阿尔都塞的文献中，最明显地讨论意识形态理论的文献是《保卫马克思》中的"马克思主义和人道主义"和《意识形态与意识形态国家机器》。

在《马克思主义和人道主义》一文中，阿尔都塞为了证明人道主义是一种意识形态，特意论述了意识形态的一般内容。阿尔都塞指出："意识形态是具有独特逻辑和独特结构的表象（形象、神话、观念或概念）体系，它在特定的社会中历史地存在，并作为历史而起作用……作为表象体系的意识形态之所以不同于科学，是因为在意识形态中，实践的和社会的职能压倒理论的职能（或认识的职能）。"②在此，阿尔都塞还是在"实践的和社会职能"的角度出发论述意识形态，是在一个社会整体层面，而不是与个体的关系层面展开论述。而在《论再生产》中，阿尔都塞则在意识形态一般的意义

---

① ［法］阿尔都塞：《黑格尔的幽灵》，唐正东、吴静译，南京：南京大学出版社，2005年，第60页，注释①。
② ［法］阿尔都塞：《保卫马克思》，顾良译，北京：商务印书馆，2006年，第227—228页。

上将其论述为"意识形态是个人与其实在生存条件的想象关系的'表述'"①。在此,意识形态则将人与社会生活联系在一起,虽然按照阿尔都塞的说法,这种联系是一种想象性扭曲。而在前者的定义中,意识形态是一种"表象体系",但未涉及所谓的"想象"表述。而作为表象体系则是与意识相关的,阿尔都塞为了与当时盛行的"现象学"关于"意识"的概念相区别,指出"意识形态是一个表象体系,但这些表象在大多数情况下和'意识'毫无关系;它们在多数情况下是形象,有时是概念。它们首先作为结构而强加于绝大多数人,因而不通过人们的'意识'。它们作为被感知、被接受和被忍受的文化客体,通过一个为人们所不知道的过程而作用于人……意识形态根本不是意识的一种形式,而是人类'世界'的一个客体,是人类世界本身"②。也就是说,阿尔都塞在存在形式层面将意识形态与意识区别开来,并且指明意识形态作为一个结构,不是意识类型的一种,而是人类社会生活本身。在这个意义上,阿尔都塞已经将意识形态带向了人类生活实践中。而在《论再生产》中,阿尔都塞仿效马克思区分劳动和劳动一般,提出了意识形态一般的概念,在此基础上展开了对意识形态的基本论述。

在给出了"意识形态是个人与其实在生存条件的想象关系的'表述'"的定义之后,阿尔都塞给出了两个论点:

论点1:意识形态表述了个人与其实在生存条件的想象关系。③

论点2:意识形态具有一种物质的存在。④

从字面上来讲,意思已经非常明显。论点1为了表明意识形态内容的想象性关系,这在前面已经提及过,正是有了这种"想象关

---

① 陈越编:《哲学与政治:阿尔都塞读本》,长春:吉林人民出版社,2003年,第352页。
② [法]阿尔都塞:《保卫马克思》,顾良译,北京:商务印书馆,2006年,第229页。
③ 陈越编:《哲学与政治:阿尔都塞读本》,长春:吉林人民出版社,2003年,第353页。
④ 同上书,第356页。

系",意识形态才能成为加以利用的对象。因为其可以按照不同的意愿被不同的组织用来为自己制造理论气氛。这也是意识形态作为斗争策略的必要前提条件。论点 2 则是为了说明意识形态从来都不作为一种纯粹观念体系而发挥作用,其必须落实到各种意识形态国家机器当中去。这样看来,其仍然还只是一种抽象性描述,只有借助于阶级斗争和国家理论,意识形态的功能才能具体起来。在这种具体展开中,阿尔都塞所建构的新政治逻辑也将随之开启,这将在后面详细论述。

二、意识形态的运行机制

首先,就个人而言,意识形态要发挥作用还必须经由另外一个过程,即个人向主体转换的过程。阿尔都塞开宗明义地指出:"没有不借助于主体并为主体而存在的意识形态。"[①]在此意义上,主体与意识形态是相互依存的。一方面,主体只有在一定的意识形态建构中才能表现为主体,它必须被意识形态建构为具体的法律主体、道德主体等;另一方面,意识形态只有通过主体才能发挥功能,只有当主体把具体的意识形态内容践行到自己的具体实践中去时,意识形态的功能才算完成了一个完整的循环。就个体而言,参与意识形态就是实现自我,在某种意义上,这也是主体自我实现的过程,不管这种"实现"本身是否是真实的,但在具体的社会背景中,它必须表现为真实的。就意识形态而言,个体向主体的转变,意味着意识形态本身的再生产,同时也意味着意识形态自身的继续和巩固。所以,阿尔都塞补充说:"主体之所以是构成所有意识形态的基本范畴,只是因为所有意识形态的功能(这种功能定义了意识形态本身)就在于把具体的个人'构成'为主体。在这双重构成的交互作用中存在着所有意识形态的功能;意识形态无非就是它以这种功能的物质存在形式发挥的功能。"[②]所以,从结构上来说,主体与意识形态在存

---

① 陈越编:《哲学与政治:阿尔都塞读本》,长春:吉林人民出版社,2003 年,第 361 页。
② 同上。

在形式上是互构的。这也印证了意识形态作为阶级斗争的重要场所,因为只有主体与意识形态达到了相互生成的状况,才能形成统一的阶级、统一的阶级意识。因此,"每一个被赋予了意识的主体,会信仰由这种'意识'所激发出来的、自由接受的'观念',同时,这个主体一定会'**按照他的观念行动**',因而也一定会把自己作为一个自由主体的观念纳入他的物质实践的行为"①。通过主体的生成及其物质实践的行为,意识形态便被嵌入日常社会实践中。

其次,就社会而言,这里便涉及各种意识形态国家机器。阿尔都塞说:"我所说的意识形态国家机器是这样一些现实,它们以一些各具特点、专门化机构的形式呈现在临近的观察者面前。"②譬如,宗教的意识形态国家机器(教会等)、教育的意识形态国家机器(学校)、传播的意识形态国家等,通过这些意识形态国家机器,一方面意识形态获得了具体的物质存在形式,另一方面,意识形态通过这些意识形态国家机器实现意识形态本身的再生产、社会生产关系的再生产。在此意义上,它承担着整个社会再生产的重大使命。由此可见,在阶级斗争的时代,对意识形态国家机器的分析是尤为重要的,特别是国家理论。而这在马克思以及马克思主义的经典作家那里,大多都集中论述作为暴力机器的国家。而阿尔都塞在意识形态的背景中来论述阶级斗争和国家理论,正是其新政治逻辑的建构过程。

马克思、恩格斯对国家理论并没有形成系统的论述,这大致有两个方面的原因:第一,马克思认为国家是阶级统治的工具,是应当消灭的对象,而国家作为上层建筑,其消灭仍依赖于经济基础的变革,说到底就是消灭私有制、消灭国家;第二,共产主义在马克思、恩格斯的时代,仍然是有待去争取的社会类型,其本身也并未面临国家管理问题。所以当列宁领导俄国革命胜利之时,列宁并没有从

---

① 陈越编:《哲学与政治:阿尔都塞读本》,长春:吉林人民出版社,2003年,第335页。
② 同上。

马克思、恩格斯那里寻得相关理论,而《国家与革命》便应现实需要而产生了。

列宁的《国家与革命》给国家的定义是:国家是阶级矛盾不可调和的产物、国家是剥削被压迫阶级的工具。这也是被我们所接受的广义的马克思主义的国家学说。这个判断基本没错,但其还是具有时代的片面性,其只看到了国家的镇压性功能。而阿尔都塞认为,首先必须区分国家政权(保持政权或夺取政权)与国家机器,前者是把政治性阶级斗争作为目标。①"全部政治性的阶级斗争都是围绕着国家展开的。我的意思是指,它是围绕着由某个阶级、由阶级或阶级的某些部分之间的联盟占有(即夺取并保持)国家政权的过程展开的。"②在此意义上,国家政权是以阶级斗争为第一要务,而且其形式往往是直接诉诸武力斗争或者镇压。这也是国家在日常社会生活中扮演暴力机器的表现,在此意义上,其只是履行具有否定性的功能,而且是粗陋和赤裸裸的。而作为阶级统治工具的国家、在以消灭阶级剥削为己任的马克思主义者看来,这是必须加以消灭的东西。由于其设想共产主义社会是一个无阶级、无国家的社会,所以在国家理论的正面建构方面,马克思是缺乏实质内容的。列宁虽然在十月革命之后的俄国建立了社会主义国家,但由于复杂的国际和国内形势,列宁治下的苏联仍然是在相对粗陋的国家理论的指导下维持国家运作,其理论仍然囿于镇压性的国家政权和国家机器。正是在此背景中,阿尔都塞强调作为镇压性的国家机器和作为再生产方式的意识形态国家机器。"为了说明再生产概念,阿尔都塞不得不严格地改进马克思主义关于国家的概念,而这是由列宁引起的。"③在此,意识形态国家机器承担着如下两个方面的任务:第一,现存生产关系的再生产;第二,从意识形态一般向具体的意识

---

① 详见陈越编:《哲学与政治:阿尔都塞读本》,长春:吉林人民出版社,2003年,第332页。

② 同上。

③ Paul Ricoeur: *Althusser's Theory of Ideology*, *Althusser: A Critical Reader*, edited by Gregory Elliott, Oxford UK & Cambridge USA: Blackwell Publishers,1994, p.51.

形态的转换。阿尔都塞对国家功能的区分,使得马克思主义的国家理论跳出了列宁的国家理论(阶级统治工具),所以利科认为,"列宁的'国家'概念就只看到了强制和统治的功能,而没有看到其他的功能,这是正统的马克思主义所秉持的,而阿尔都塞则有所突破"①。阿尔都塞的这种理论突破,为无产阶级理解资本主义社会提供了一个新的视角,同时也为政治实践开辟了新的空间。

意识形态国家机器作为现存生产关系的再生产,其必须落实在阶级斗争中才是具体的。"生产关系的再生产只可能是一项阶级的事业。它是通过统治阶级与被剥削阶级相抗衡的阶级斗争来实现的。因此,只要不采取这种阶级斗争的观点,实现生产关系的再生产的**全过程**就仍然是抽象的。因此,采取再生产的观点,归根结底也就是采取阶级斗争的观点。"②可见,意识形态国家机器的再生产功能并非只是如马克思所说的上层建筑的思想领域,而是落实在阶级斗争的实践中。同时,意识形态国家机器只有落实到具体的阶级斗争中才能发挥功能,而不只是陷于抽象的描述。在资本主义发展史上,资产阶级在意识形态国家机器的运用上,先后发挥作用的是教会和学校。

在早期启蒙时代的思想家中,霍布斯的理论是国家理论的雏形,其关键内容就在于契约和转让。霍布斯以一种意识形态的方式建构了一个所谓的"自然状态",并以此形成了"一切人反对一切人的斗争"的恐惧形势来实现人民权力意志的契约与转让,但其目的却是在于为了共同的利益,这是古典的意识形态套路。"霍布斯的天才在于,他通过关于作为一种普遍状态的战争状态的理论,以其无情的严格性提出了政治的难题,而且认为,奠定了公民社会基础的那个契约并不是接受**双方**付出和得到的交易契约。霍布斯的契约同样有赖于一种全部转让,这是个人在相互间达成的有利于**第三**

---

① Paul Ricoeur: *Althusser's Theory of Ideology*, *Althusser: A Critical Reader*, edited by Gregory Elliott, Oxford UK & Cambridge USA: Blackwell Publishers,1994, p.70.
② 陈越编:《哲学与政治:阿尔都塞读本》,长春:吉林人民出版社,2003 年,第 373 页。

方的全部转让；而这个第三方虽在他**得到一切**（绝对权力）的意义上是一个接受者，却又外在于**契约**并在其中无所付出，因而并不是**对**契约本身而言的接受方。这个第三方也是由契约构造的，但他却被构造成了外在于契约及其**接受方**的一种后果。存在于外在性中，并对一个被**契约**构造为绝对君主的、外在的**第三方**做出的全部转让，这就是霍布斯。"①在这种自然的、天然的推理中，作为外在于所有契约者的第三方便成了一个绝对的权力主体，而这个权力主体便成了凌驾于所有个体之上的社会或者国家。当然，霍布斯基本上还是处在对国家理论的发生学意义上的论述，但其中却包含了意识形态及意识形态国家机器的全部萌芽。在阿尔都塞看来，霍布斯还是在政治科学的立场来论述政治的产生及其原则。而在卢梭那里，这个第三方不再是一个实际的个人，"这里的关键不在于一个实际的个人（作为君主的某个人或某个集体），而在于一种道德上的总体，一种经所有个人的转让而构成的道德人格"②。阿尔都塞认为，卢梭不同于霍布斯的地方在于卢梭诉诸的是转让的内在性，它不再仅仅是外在的政治实体，而且还加上了内在的价值、道德、法律等内容。在这个意义上，意识形态国家机器便初具雏形，而且其形象也不再是作为镇压性的外在国家暴力机器，而是开始走向生产关系再生产的阶段。资本主义的生产方式正是通过这些基本的资本主义价值形式而得到了不断的推进和延伸。

就阿尔都塞对霍布斯、卢梭和马基雅维利关于意识形态及国家理论的论述，在其晚年的自传中也有提及："我从霍布斯到卢梭的理论中发现了关于冲突世界的观念，在这个冲突世界中，人们及其所有物毫无争论地得到了保护，而这都源于国家的绝对权威（霍布斯），也正是这种权威使得一切人反对所有人的战争能够终结。当然，这也预示了阶级斗争和国家的角色，马克思声称他并没有发现，

---

① 陈越编：《哲学与政治：阿尔都塞读本》，长春：吉林人民出版社，2003年，第293页。
② 同上书，第294页。

而只是从他的前辈尤其是法国的复辟的历史主义者处借来的概念和思想……卢梭,他认为在'发达的'自然状态中仍然存在类似的社会冲突,而他对此的解决方案是国家的消除,而被一种'契约'的直接民主所取代,这种'契约'表述着一个'不死的'意志;这些都是足以让你想象共产主义总有一天会实现。……同时,卢梭的'非法契约'即富人通过契约的形式来审判穷人。这被视为是另外一种意识形态,但其是与它的社会角色和社会起因,即它在阶级斗争中的霸权功能联系在一起。因此,我视卢梭为继马基雅维利之后的第一个霸权理论家。"①

其次,表现得最为典型的当属韦伯的《新教伦理与资本主义精神》。韦伯通过对新教伦理的宣扬,将资本主义的生产方式与宗教伦理联系在一起,通过一种宗教道德的规制来为资本主义生产方式、特别是资本积累注入了不断的精神力量。这也是韦伯与马克思的区别所在,在资本主义生产关系的起源问题上,两者存在着本质的差别,这也是马克思对意识形态具有再生产功能缺乏重视的原因所在。

再次,在成熟的资本主义社会,教育(大学)成为占主导地位的意识形态国家机器。"我认为,经过同旧的、占统治地位的意识形态国家机器进行了激烈的政治的、意识形态的阶级斗争之后,在成熟的资本主义社会形态中占**统治**地位的意识形态国家机器,是**教育的意识形态机器。**"②教育(学校)不仅仅是教会学习知识、获得真理,其还承担着诸多以"科学"、"知识"的名义出现的说教功能。这也毋庸置疑,每一种教育体系的背后都有着自身独特的价值导向,说到底是统治阶级的导向。因为学校(教育)培养的主体是整个社会发展的后续力量,其必须在现存环境中接受能够适应现存环境的知识,也就是说,他们学习的内容即是为现存生产关系服务的。阿尔

---

① Althusser: *The Future Lasts A Long Time and The Facts*, London: Chatto & Windus, 1993, p. 219.
② 陈越编:《哲学与政治:阿尔都塞读本》,长春:吉林人民出版社,2003年,第343页。

阿尔都塞用一段论述学校(教育)对个人的完整的规训作用：

> 学校接纳了各个阶级的学龄儿童,在以后的若干年里(这是儿童在家庭国家机器和教育的国家机器的双重挤压下最"易受伤害"的几年),它无论使用新方法还是旧方法,都在反复向他们灌输一定量的、用占统治地位的意识形态包裹着的"本领"(法文、算术、自然史、科学、文学),或者干脆就是纯粹状态的占统治地位的意识形态(伦理学、公民教育和哲学)。到大约16岁时,大批孩子被赶"到生产中来",成为工人和小农。另一部分经过学校筛选的年轻人继续学业,好歹多学几年,直到中途落伍,充当中小技术员、白领工人、中小行政人员以及形形色色的小资产者。最后一部分达到顶点,或者成为半雇佣型的知识分子,或者作为"集体劳动者的知识分子",充当剥削的当事人(资本家、经理)和镇压的实施者(军人、警察、政客、行政官员等等)以及职业的意识形态家(各式各样的僧侣、可以确信其中大多数都是"俗人")。①

当然,学校似乎拥有中立性质的外貌,其实也是得益于意识形态的功劳：一方面宣扬学校是价值中立、学术自由的地方,另一方面却又是暗自地、悄悄地将统治阶级的意识观念灌输到每位学生的脑中。也正是在这个意义上,统治阶级的生产关系才被不断地生产出来。同时,阿尔都塞对学校的论述,表明阿尔都塞对意识形态的论述开始由理论走向具体实践,"阿尔都塞鼓励人们研究学校制度。这意味着要把研究的重点从作为简单话语的意识形态引向了实践的意识形态"②。对当代大学教育所做的意识形态分析最典型的便是布迪厄,这个从1968年学生运动中走出来的思想家深谙大学教育的意识形态功能。布迪厄在《国家精英》中认为,不同等级的学

---

① 陈越编：《哲学与政治：阿尔都塞读本》,长春：吉林人民出版社,2003年,第345—346页。
② [法]弗朗索瓦·多斯：《从结构到解构：法国20世纪思想主潮》(下卷),季广茂译,北京：中央编译出版社,2004年,第226页。

校通过各自等级的特性来培养学生,使学生获得一种"习性"。而这种"习性"便是意识形态发挥功能的经验形式,每个人按照自己的"习性"来开展社会实践活动,其实就是按照主流意识形态来开展社会实践。在此意义上,安德森认为:"阿尔都塞关于意识形态的主要补充论述,是由同一时期先进资本主义世界的高等教育体制中出现的反抗浪潮所直接激发的。"①

以上都是在社会形态的存在样式中来谈论意识形态国家机器所具有的社会规制作用,如果仅以此来谈论此问题的话,按照阿尔都塞的说法,还只是描述性理论,在一定的程度上是抽象的。所以必须回归到阶级斗争的视域中来谈论意识形态国家机器。

在此,让我们首先来区别阶级社会和非阶级社会中的意识形态:

> 无阶级社会正是在意识形态中体验社会对世界的关系的适应或不适应,它在意识形态中并依靠意识形态去改造人们的"意识",即人们的态度和行为,使之适应人们的任务和生存条件。②

> 在无阶级社会中,意识形态是所有人根据自己的利益体验人类对其生存条件的依赖关系所必须的接力棒和跑道。③

> 我们说意识形态具有阶级功能,就是说,占统治地位的意识形态是统治阶级的意识形态,它不仅帮助统治阶级统治被剥削阶级,并且使统治阶级把它对世界所体验的依附关系作为真实的和合理的关系而接受,从而构成统治阶级本身。④

由上述论述可见,在阶级社会与非阶级社会中,一方面意识形态的差别在于主体的不同,另一方面其所涉及的内容亦不同,个人

---

① [英]佩里·安德森:《西方马克思主义探讨》,高铦、文贯中、魏章玲译,北京:人民出版社,1981年,第112页。
② [法]阿尔都塞:《保卫马克思》,顾良译,北京:商务印书馆,2006年,第232页。
③ 同上书,第233页。
④ 同上书,第232页。

作为主体的非阶级社会意识形态,其利益是原子化个人的利益,其策略亦是按照个人来调整,最重要的是,个人对意识形态的调整的受众只是其自身。在这个意义上,意识形态不具有剥削的功能,而只具有调节功能。当然,这也不能算是典型的意识形态,只能说是一种观念的转换而已,但其仍然包含现实内容的随之转换。而阶级社会中的意识形态功能,一方面是直接为统治阶级服务从而采取直截了当的行为方式,包括赤裸裸的统治关系;另一方面是作为统治阶级的意识形态粉饰或者装扮成与个体同世界的体验关系相适应的形式,并强化这种内容的合理性,从而本身就成为一种统治结构。而这是与意识形态作为"想象性关系"是密不可分的,"表述的想象性扭曲取决于他们与自身存在条件的想象关系,换句话说,归根到底取决于他们与生产关系和阶级关系的想象关系"①。也就是说,意识形态的诸种形式并非是一种纯粹观念的建构,而是来自社会中各阶级博弈的结果,来自个阶级自身的社会实践、社会生存条件及其利益诉求。只有在阶级斗争的维度中,意识形态国家机器才能获得现实的内容和真实的意义。这也是阿尔都塞晚期重新思考"认识论断裂"的重要切入点。

就意识形态国家机器的功效而言,在微观政治领域,福柯则进行了详细的解读。在《规训与惩罚》中,福柯详细地论证了社会规制发生作用的机制及其在现代社会中的运用,其目的在于说明权力所建构的社会是一个透明的社会,现代社会即是监狱化的社会。相较于阿尔都塞对宏观的意识形态国家机器所做的论述,福柯则注重于个体在社会规制(意识形态形式之一)中存在状态,但其目的都在于揭示个体与社会(国家)、意识形态之间的扭曲关系。

然而,就意识形态国家机器在阶级斗争中的重要作用而言,相较于经典马克思主义、列宁的国家理论而言,阿尔都塞对意识形态的研究无疑是进一步推进了马克思主义的国家理论,同时也为无产

---

① 陈越编:《哲学与政治:阿尔都塞读本》,长春:吉林人民出版社,2003年,第357页。

阶级的阶级斗争策略问题提供了一种新的政治逻辑。这种新政治逻辑对意识形态在阶级斗争中的策略性运用,阿尔都塞是通过重新解读马基雅维利和列宁而实现的,其主要内容是论述意识形态与无产阶级政治实践的关系问题,这将在下一节中详细展开。

阿尔都塞早期的"认识论断裂"涉及对"意识形态"的理解问题,而这对于我们理解意识形态对于无产阶级的政治实践的意义重大的,它涉及意识形态所具有的科学内容。

三、"认识论断裂"的再思考

众所周知,阿尔都塞在《保卫马克思》中指出了马克思思想分期的"认识论断裂",即早期的意识形态阶段和成熟时期的科学阶段。阿尔都塞认为,1845 年之前,青年马克思的思想还停留在黑格尔和费尔巴哈的总问题中,即在一种人本学或"旧人道主义"①意义上来谈论现实问题,纯属抽象和幻想,因为它不曾研究真正的社会现实,而是在幻想的对象中,以一种抽象和思辨的方式展开其虚假的论述,追求的是一个"非实在的目标,它包含的对象不是实在的对象"②,属于意识形态阶段。直到 1845 年《德意志意识形态》时,马克思才真正跟黑格尔和费尔巴哈告别,抛弃了旧哲学的范畴,使用生产方式、经济基础、上层建筑、生产力及生产关系等范畴,寻求一整套把捉社会现实的新概念,走向了历史唯物主义,进入"科学阶段"。从"意识形态阶段"到"科学阶段",即阿尔都塞关于马克思思想的"认识论断裂"。但是,晚期的阿尔都塞对此却有新的阐释,并对这种"意识形态与科学"对立的模式进行了深刻的自我批评,他称自己关于认识论断裂的判断是陷入了知性思维方式,且犯了"思辨理论主义"错误,"按照把科学和意识形态之间进行思辨上区分

---

① 阿尔都塞在《关于"真正人道主义"的补记》中区别了旧人道主义和新人道主义(真正的人道主义)。他指出新人道主义,"就词义而言,它与真正的人道主义,与理想的、抽象的、思辨的以及诸如此类的人道主义相对立",后者就是指旧人道主义。
② [法]阿尔都塞:《保卫马克思》,顾良译,北京:商务印书馆,2006 年,第 240 页。

的方式,按照简单的和一般的方式,把真理和谬误对立了起来"①。在晚期阿尔都塞看来,这本身就不是一种历史唯物主义的描述方式,他原想通过"认识论断裂"来言明和保护马克思的思想免受资产阶级意识形态的侵蚀,但在这种思辨理论主义的倾向中,"最后还是按照科学和非科学的理性主义思想方法来思考这一'断裂'和定界这一'断裂'"②。

本小节拟在后期阿尔都塞自我批评的基础上,借助于整个晚期阿尔都塞的思想资源,澄清阿尔都塞在晚期进行自我批评的学理缘由。以此为基础,我们将进一步在历史唯物主义的背景中来论述阿尔都塞在"认识论断裂"上的自我突破,而这种突破为后期阿尔都塞论述马克思的哲学革命提供了思想背景。通过上述两方面的论述,我们力图以后期阿尔都塞的思想为视角,重新开启马克思哲学的当代性即激进政治传统的复兴。

1. "认识论断裂"自我突破的理论视域

依据阿尔都塞在《自我批评论文集》和后期著作中的自我反思,笔者认为,基于如下三方面工作,晚期阿尔都塞得以把自己的错误定位为"思辨理论主义":首先是为意识形态概念正名,并澄清了哲学和意识形态概念之间的混淆;其次是引入斯宾诺莎的思想;再次是其基于当时阶段斗争的理论与现实需要所彰显出的政治立场。

阿尔都塞认为,出现于《德意志意识形态》中的"意识形态"一词,在马克思当时的思想中扮演着两个角色。"一方面指的是哲学的范畴(幻觉、荒谬),另一方面指的是科学的概念(上层建筑的形态),即**意识形态**的概念。"③在《德意志意识形态》中,这种"哲学的范畴(幻觉、荒谬)"主要是指青年和老年黑格尔派。马克思认为无论这两派的观点有何不同,但归根结底都带有神秘主义的倾向,"德国的批判,直到它的最后的挣扎,都没有离开过哲学的基地。这个

---

① [法]阿尔都塞:《自我批评论文集》,杜章智、沈起予译,台北:远流出版社,1990年,第128页。
② 同上书,第138页。
③ 同上书,第139页。

批判虽然没有研究过它的一般哲学前提,但是它谈到的全部问题终究是在一定的哲学体系,即黑格尔体系的基地上产生的。不仅它的回答,而且连它所提出的问题本身,都包含着神秘主义"①。马克思认为这个"哲学的基地"的出发点是"现实的宗教和真正的神学"。他们不曾考虑"德国的哲学和德国现实之间的联系问题",也不关注"他们所作的批判和他们自身的物质环境之间的联系问题"。在这个意义上,这种"哲学"本身就是一种脱离社会现实的幻觉和玄想,它们不曾把握到整个社会的现实与苦难。基于此,马克思竭力宣扬消灭哲学,因为它就是一种幻觉、一种荒谬,它只是在哲学概念的体系中,以一种思辨的方式展开对世界的冒险。在这个意义上,晚期阿尔都塞认为,意识形态只是马克思主义式的"谬误"的代名词而已。

而作为科学的意识形态概念,在马克思看来,与现实发生着切实的联系。马克思在《德意志意识形态》中,以一种历史唯物主义的描述方式,完整地演绎了意识的产生及其本质属性。"思想、观念、意识的生产最初是直接与人们的物质活动,与人们的物质交往,与现实的语言交织在一起的。观念、思维、人们的精神交往在这里还是人们物质关系的直接产物。表现在某一民族的政治、法律、道德、宗教、形而上学等的语言中精神生产也是这样。"②可见,首先,意识形态有着现实的基础,其成形形式就表现为社会的上层建筑。马克思认为,上层建筑本身承担着社会功能,它为生产关系的再生产发挥着极其重要的作用,并且承担着阶级斗争的重大使命。所以,在晚期阿尔都塞看来,"意识形态不是纯粹的幻觉(荒谬),它是存在制度设施和实践里头的一套说明:它们是出现在上层建筑里,而且扎根在阶级斗争中。"③在这个意义上,意识形态作为一种科学

---

① 马克思、恩格斯:《马克思恩格斯选集》(第一卷),北京:人民出版社,1995年,第22页。
② 同上书,第30页。
③ [法]阿尔都塞:《自我批评论文集》,杜章智、沈起予译,台北:远流出版社,1990年,第184页。

的概念就与意识形态作为哲学概念区别开来。

阿尔都塞之所以认为之前的"认识论断裂"犯了思辨理论主义的错误,在于他将马克思主义科学及其意识形态史前时期的断裂简单地归结为一般的科学和一般的意识形态的差别。按照晚期阿尔都塞的看法,这种按照科学与谬误的对立的方式来看待问题的思路是思辨理论主义的。阿尔都塞坦白地将这种错误归咎于他自己而不是马克思,他认为"虽然《德意志意识形态》促成了这种混淆,但是马克思毕竟把它克服了,因此让我们比较不会掉到这一陷阱里"①。马克思之所以能克服这种混淆,在于马克思已经开始脱离黑格尔哲学和费尔巴哈的哲学,不再从理性主义和人本学的维度来谈论意识形态,而是从社会现实出发,以历史唯物主义为视角,通过演绎人类生产方式的变化和人的意识的产生和变化来论述意识形态在人类社会中的作用。马克思在这一过程中,第一次赋予意识形态以科学的内容,意识形态不是一种幻觉和谬误,而是存在于现实的社会制度和实践中,在上层建筑中得到实现。

正是由于清晰地界定了哲学和意识形态概念在《德意志意识形态》中所扮演的理论角色,使得晚期阿尔都塞能够突破早期的理论主义错误,从而重新反思"认识论断裂"。

晚期阿尔都塞能够反思"认识论断裂"所犯的理论主义错误,另一个重要的原因在于斯宾诺莎思想因素的引入。在阿尔都塞看来,斯宾诺莎的思想对于马克思对近代思想的批判有重要的启示作用。在对"科学与意识形态"对立的批判中,晚期阿尔都塞借助于斯宾诺莎,实现了对其所谓的"理论主义的倾向"错误的纠正。

首先,阿尔都塞声称,在斯宾诺莎的思想中,找到了最早的关于意识形态的理论。"这种理论所讲的意识形态,具有三种性质:(1)它**虚构**的'现实';(2)它内在的颠倒;(3)它的'核心':关于

---

① [法]阿尔都塞:《自我批评论文集》,杜章智、沈起予译,台北:远流出版社,1990年,第139页。

主体的幻想。可以说,它是一种关于意识形态的抽象理论。"①但是斯宾诺莎并不是以一种"真理与谬误"的方式来反对意识形态,而是指明这种"意识形态理论"的现实基础。斯宾诺莎的理论一方面拒绝这种意识形态的幻想,另一方面这种理论也"拒绝把意识形态看作是一种单纯的谬误,或是坦率的无知,因为它是把这一虚构现象的体系的基础放在由人的身体的状况所'表现'的人跟世界的关系上面"②。在这个意义上,意识形态并不是一种纯粹的知性的否定,并不是一种脱离社会现实的虚假世界,而是从人与世界所处的关系出发的,虽然这种"表现关系"是一种"为他"的表述。这种将意识形态的科学性建基于它与现实世界的关系上的思想,在马克思的思想中亦是比比皆是。斯宾诺莎之所以能够清楚地看出这个问题,不仅仅是由于其思想所具有的历史唯物主义因素,在阿尔都塞看来,其关键在于斯宾诺莎的真理观上。

斯宾诺莎认为:"真理的东西就是本身和谬误的东西的记号。"③也就是说,谬误是真理的一部分。这个思想后来被黑格尔大肆阐发,而黑格尔的主要批判对象就是知性的思维方式。在这种知性的思维方式中,真理与谬误是一种毫无联系的纯粹对立。早期阿尔都塞在论述"科学与意识形态"的对立时就简单地将其还原为真理与谬误的对立,这就是"理论主义的倾向"。

"意识形态"本身也具有科学的内容,这在晚期阿尔都塞看来是理所当然的。在《意识形态与意识形态国家机器》中,阿尔都塞从不同层面探讨了意识形态的科学内容。

一方面是国家和社会层面。首先,就存在形式而言,意识形态具有物质的存在性。"一种意识形态总是存在于某种机器当中,存

---

① [法]阿尔都塞:《自我批评论文集》,杜章智、沈起予译,台北:远流出版社,1990年,第153页。
② 同上书,第154页。
③ 同上书,第155页。

在于这种机器的实践或各种实践当中。这种存在就是物质的存在。"①当然这种"物质"并非物理学意义上的物质,而是一种能发挥社会作用、指导社会实践的建制,主要表现为各种意识形态国际机器。这些意识形态国际机器是一种非实在的存在,它以其对社会的影响来展示其自身的存在方式。其次,就功能和结构而言,主要表现在生产关系的再生产上。阿尔都塞认为,社会关系的再生产主要是通过意识形态国家机器来实现,而意识形态国家机器又主要是通过意识形态来发挥功能。阿尔都塞指出,生产关系的再生产主要是通过家庭的、法律的、学校的、政治的和文化的等诸多意识形态国家机器来实现。它以一种规训的方式来充当整个社会的说教者,以一种潜移默化的形式来实现着社会秩序的维护,以及在此规训中获得一种主体的地位,实现着对生产关系的再生产。这在阿尔都塞看来,尤其在阶级斗争的年代里,这种意识形态所具有的政治和社会功能具有切实内容和现实意义。

另一方面是个体层面。这主要表现为个体的本质属性和行为方式。马克思说人是一切社会关系的总和,人的社会关系性是建构人的主要存在方式。而人本身就是依赖这些关系而具有社会存在。个体通过法律获得个人的权利与承认、通过道德获得个人的尊重,而这些法律、道德的意识形态为其提供基本的社会保障。借此,人在社会诸意识形态中建立起了自身的社会存在。人的社会实践亦是如此。人在社会中存在,其行为方式本是就嵌入到社会物质形式中,而这些社会物质形式主要是通过各种意识形态的国家机器建立起来的。自由的社会实践的背后其实是一种无意识的意识形态在支撑和控制着。

在国家、社会和个人的层面上,阿尔都塞都充分论证了意识形态所具有的科学内容。通过这种阐释,阿尔都塞破除了其早期关于"科学与意识形态"的简单对立,以历史唯物主义的描述方式克服

---

① 陈越编:《哲学与政治:阿尔都塞读本》,长春:吉林人民出版社,2003年,第356页。

了"理论主义倾向"。

在反思"理论主义倾向"时,阿尔都塞指出批评者对其在早期思想中并没有引入阶级斗争的理论的指责,使得他从另一个方面来重新审视"科学与意识形态"对立的简单化。在阿尔都塞看来,哲学是"理论中的阶级斗争","哲学被阶级斗争所规定和代表,并将诸意识形态统一到占统治地位的意识形态中,以此作为真理的保障"。① 作为一种政治立场,阿尔都塞认为,哲学抑或意识形态具有自身的真理性,其主要作用在于塑造一种统一的阶级意识,并在这种阶级意识的指导下,实现本阶级所奉行的真理。在这个意义上,科学与意识形态的对立就是一种理论主义的对立,它并没有进入现实的维度,并不曾在具体的政治斗争和唯物史观的角度来看待问题。晚期阿尔都塞的这种突破,得益于阶级斗争的介入,在更具体的意义上,就在于重新审视了哲学与政治的关系。

阿尔都塞认为,哲学就是一个战场,哲学就是对政治领域的一种理论干预。"哲学是政治在特定的领域、面对特定的现实、以特定的方式的延续。哲学,更确切地说,哲学**伴随科学**在理论领域表述政治,反之,哲学伴随从事阶级斗争的阶级,在政治中表述科学性。"② 由此可见,哲学的意义在于一种政治真理性的阐释,政治真理性就在于一种立场的确立。政治立场的意义在于一种本质的差异,而差异本身就是唤醒阶级意识的重要前提。阿尔都塞之所以能够在阶级斗争的政治视域中谈论哲学的真理意义,得益于列宁思想的影响。对于作为革命家的列宁来说,一切哲学的论述都要以政治实践为导向,否则便是一种虚妄。在范畴的论述上,哲学是理论的;在功能的论述上,哲学则是政治的。在列宁的启示下,晚期阿尔都塞将政治斗争的维度引入"科学与意识形态"关系的讨论中,从而突破了早期的"理论主义倾向"的错误。晚期阿尔都塞将"科学与

---

① Louis Althusser: *Philosophy of the Encounter*, edited by François Matheron and Oliver Corpet, London; New York: Verso, 2006, p.286.
② 陈越编:《哲学与政治:阿尔都塞读本》,长春:吉林人民出版社,2003 年,第 166—167 页。

意识形态"的对立置放于政治斗争的维度中,使得这种"对立"不再在一种知性理性的抽象思维中片面地发展和尖锐地对立,正是这种政治斗争维度的介入,使得这种"对立"获得了现实的内容。通过以政治斗争为中介,科学与意识形态发生了真实的联系,这种联系不再是一种真理与谬误的对立,而是具有现实内容的相互生成,在这个意义上,科学和意识形态便是一体的。

另一个由于阶级斗争的介入而澄清"科学与意识形态"关系的政治因素是对领导权问题的关注。"在阶级斗争及其矛盾中(在从过去继承下来的相互矛盾的意识形态要素的基础上),必须建立某种意识形态以超越所有那些矛盾;这种意识形态围绕着统治阶级的根本利益而被统一起来,其目的在于保障葛兰西所说的那种统治阶级的领导权。"[①]在晚期阿尔都塞看来,哲学的根本任务就是建立意识形态上的领导权,这是政治实践的本质需求。"除非与意识形态中阶级斗争的迫切要求相联系——换言之,与关于领导权、关于建立占统治地位的意识形态的中心问题相联系,人们就不可能理解哲学的那个归根到底起决定作用的任务。"[②]正是在这个意义上,西方马克思主义者才基本认可意识形态的合法存在及其积极作用。意识形态领导权的建立,对于阶级斗争而言是至关重要的,它担负起唤醒整个阶级人群的阶级斗争意识,从而使无产者能够作为一个阶级而走上历史的舞台。在阿尔都塞看来,并不是先有无产阶级,然后寻找共同的阶级意识,而毋宁是一种撬动现实的真实意识在寻求和制造着无产阶级。所以在这个意义上,意识形态一方面成就着共同的阶级诉求和利益,另一方面以真理的身份实现诉求和利益的普遍化。可见,意识形态在政治实践中以捍卫和实现阶级的普遍利益和真理为己任,以此获得凌驾于其他意识形态形式之上的领导权。

由此可见,晚期阿尔都塞通过中介政治实践,将"科学与意识形

---

① 陈越编:《哲学与政治:阿尔都塞读本》,长春:吉林人民出版社,2003 年,第 240 页。
② 同上书,第 241 页。

态"对立的"理论主义倾向"的错误展示出来,旨在唤起人们摆脱知性的思维方式,重新来审视马克思的思想。

2."认识论断裂"的自我突破与哲学革命关系的再思考

晚期阿尔都塞就"认识论断裂"所做的反思,指出了其早期所犯的"理论主义的倾向"错误。这种反思使得晚期阿尔都塞重新思考马克思的"认识论断裂"与哲学革命的关系问题。在晚期阿尔都塞看来,马克思之所以能够实现"认识论断裂",其原因在于马克思的哲学革命。从上述晚期阿尔都塞的反思中可以得知,阿尔都塞进行"认识论断裂"划分的本意在于使马克思哲学免受资产阶级意识形态哲学的影响,而正是这种在哲学上与资产阶级意识形态哲学的断裂即哲学革命才使得马克思哲学走向历史唯物主义。晚期阿尔都塞在澄清"认识论断裂"的"理性主义解释"之后,将"科学与意识形态"的简单对立具体化为马克思哲学与资产阶级意识形态哲学的对立,以一种还原的方式,在具体的历史语境中来论述马克思的哲学革命。

晚期阿尔都塞明确地指出:"我没有在所有的历史领域——社会、政治、意识形态的领域——解释这一**历史**事实,我把它归结为一个简单的**理论**事实,即在马克思一八四五后的著作中可以看到的认识论上的'断裂'。"①这是问题的关键所在,如果仅仅将马克思的"认识论断裂"理解为一种简单的理论事实,那么马克思的哲学革命便无从谈起。因为马克思的哲学革命在其本质意义上是一种去理论的过程,当然这个过程的主要任务就是摆脱资产阶级意识形态哲学的控制,从而以一种新的方式来把握现实。

从思想发生史的角度来看,马克思之所以能够以一种全新的方式来把握现实,在晚期阿尔都塞看来,政治立场的转变是马克思哲学革命的关键所在,即马克思在 1843 年至 1844 年期间转向革命共产主义。而这种转变的理论形式就是历史科学的建立,即马克思以

---

① [法]阿尔都塞:《自我批评论文集》,杜章智、沈起予译,台北:远流出版社,1990 年,第 128 页。

一种新的方式来阐述人的存在方式。

阿尔都塞认为"哲学归根结底是政治的**理论缩影**"①。如果我们仍然在一个理论或一个概念的转换的框架内来谈论马克思的哲学革命的话,那么马克思的哲学革命便只是用一种哲学取代另一种哲学而已,这本身不是哲学革命,充其量也就是一种哲学类型的转换。"马克思明显认为,把哲学当作'哲学'来生产是一种加入到对手的游戏中的做法。"②所以阿尔都塞一针见血地指出政治立场的转变是哲学革命的前提。"因为青年马克思'清算了'他以前的哲学信仰(一八四五年),彻底摒弃了他的自由资产阶级的和革命小资产阶级的理论立场,以便采取(即使只是在原则上,在他松开旧的缆绳的时刻)新的革命无产阶级的理论立场,就是因为这一切,他才能够奠定作为阶级斗争史的历史科学理论的基础。"③而政治立场的转变使得马克思开始有意识地与资产阶级的意识形态划清界限。在阿尔都塞看来,资产阶级的哲学在本质上是一种主体哲学,倡导的是一种理论的人道主义。马克思早期也是深陷在这种理论的泥淖之中,原以为理性加自由的模式能够解决现实的一切困难。在经历了一系列社会、政治的嬗变之后,马克思彻底地看清了这种理论本身的神秘性,即以一种抽象的、思辨的方式来塑造人,从而在一种缺乏历史和现实内容的论述中来虚假地倡导人的价值及其实现。阿尔都塞认为,当理论人道主义占领历史的舞台时,获胜的将是经济主义。阿尔都塞指出:"我们不能从人开始,因为那就会是从一种关于'人'的资产阶级观念开始,因为从人开始的观念,即一种绝对出发点(一种'本质')的观念,是属于资产阶级的哲学。这种把'人'作为起点即绝对出发点的观念,是一切资产阶级意识形态的

---

① [法] 阿尔都塞:《自我批评论文集》,杜章智、沈起予译,台北:远流出版社,1990 年,第 50 页。
② 陈越编:《哲学与政治:阿尔都塞读本》,长春:吉林人民出版社,2003 年,第 246 页。
③ [法] 阿尔都塞:《自我批评论文集》,杜章智、沈起予译,台北:远流出版社,1990 年,第 81 页。

基础；它是伟大的古典政治经济学本身的灵魂。"①因为理论人道主义倡导人的价值以及人的需求的第一性，在这个面具下，创造满足人的需求的一切社会和历史的运动都是合理的。在这个意义上，资本主义的生产方式便获得了一种天然的合法性。尤其重要和隐蔽的是，在资本主义生产方式获得合法性的同时，这种生产过程中再生产出来的法律、道德、政治的意识形态也获得了合法存在，而这是资本主义生产方式的秘密所在。这也是马克思批判国民经济学的关键所在，因为在这种生产方式中蕴涵了阶级的剥削与压迫。马克思在《巴黎手稿》中详细地分析了异化劳动的根源及其造成的社会苦难，但是仅仅揭露这种苦难的现实是不够的，关键是要在这种苦难的背后发现阶级对抗的存在。如果没有这种政治立场，那么这种苦难的事实仿佛可以在一种改良的方式中得到解决。马克思深谙其理，如果不将这种现实提高到阶级对抗的政治高度的话，他仍然会陷入资产阶级意识形态的陷阱中。在这个意义上，马克思不再以旧的哲学范畴来谈论现实，而是开始使用阶级、生产力、交往关系等新概念来把握现实。这个过程便是马克思完成哲学革命的过程，他不将哲学作为一种"哲学"来生产，而是将哲学置于阶级对抗的政治实践中，以一种社会政治理论的形式介入现实的运动，其典型形式就是历史唯物主义的诞生。马克思通过对现实加以历史唯物主义的论述，真实地再现了历史与现实的发展过程，清晰地指明了理论与现实的关系，这也是历史唯物主义作为一门科学的本质所在。

晚期阿尔都塞借助于列宁和葛兰西才读懂了马克思的哲学革命，在此之前，阿尔都塞认为马克思的哲学革命和"认识论断裂"是同时发生的一个理论事件。正是列宁关于政治实践和阶级斗争以及葛兰西关于意识形态的论述，使得晚期阿尔都塞重新来审视马克思的哲学革命。

晚期阿尔都塞认为，马克思的哲学革命中包含的一个重要内容

---

① [法]阿尔都塞：《自我批评论文集》，杜章智、沈起予译，台北：远流出版社，1990年，第64页。

是历史科学的建立。马克思明确指出唯一的科学就是人的科学即历史科学。在这个意义上,历史科学的主要内容是论述人及其社会的存在方式。相较于资产阶级哲学关于人的神话,马克思从现实的人出发,从处于一定社会经济时期的人出发来描述人的存在。

马克思哲学革命的重要途径是将人放置在历史与现实的进程中,旨在还原人的真实存在方式。在马克思的视域中,人的存在不是一种确定的存在,它是在人类社会与自然的相互生成中得到确立的,所以人的存在是一个历史过程。马克思明确地指出"人们的存在就是他们的实际生活过程"①,这个"实际生活过程"有别于黑格尔哲学关于人的存在过程。黑格尔将人揽入无人生的理性的怀抱,且只是作为绝对精神的一个中介环节,其本身是有待扬弃的。马克思以人类历史为背景,将人类历史视为人自身的生成史,他通过历史唯物主义的描述,将人类的现实存在、意识、政治、社会、经济等因素视为人类实现其存在的各种维度,从而还原了一个丰满而真实的人类存在。以此为契机,马克思便向我们打开历史科学的大门,从而不再在资产阶级意识形态这个封闭的哲学空间而是在人类自身的实践活动中来谈论人类的存在与发展。马克思认为"社会生活在本质上是实践的。凡是把理论导致神秘主义方面去的神秘东西,都能在人类的实践中以及对这个实践的理解中得到合理的解决"②。在这个意义上,人类生活的一切神秘性都被祛除了,人类生活本身成为人类历史的发源地和舞台。这就蕴涵了一种革命的理论,即生活本身成为孕育未来的母体,在这个意义上,革命的力量就在生活中成长起来。借此,马克思通过建立历史科学,为无产阶级的阶级斗争奠定了重要的理论基础。因为在历史科学的描述中,人类社会的一切矛盾和苦难都能在生活中呈现出来,而这是阶级斗争的原动力。在这个意义上,晚期阿尔都塞认为这种思想转变具有"空前"

---

① 马克思、恩格斯:《马克思恩格斯选集》(第一卷),北京:人民出版社,1995年,第30页。
② 同上书,第18页。

和"革命"的性质:"**空前的**,是因为马克思通过始于《德意志意识形态》、终于《资本论》的概念整合工作,已经为我们可以用最接近的说法称之为历史科学的东西奠定了基础。**革命的**,是因为这一科学发现为斗争中的无产阶级提供了武器,它引起了哲学内部的全面动乱:它不仅使哲学改写范畴,使这些范畴与新科学及其后果相一致,而且首要的是,它理解哲学与阶级斗争的现实关系,并把这一点作为工具提供给哲学,使哲学能够为自己的实践承担责任、对这种实践加以改造。"① 由此可见,在晚期阿尔都塞看来,政治立场的转变以及历史科学的建立是马克思实现哲学革命的前提和条件。

晚期阿尔都塞之所以在论述对"认识论断裂"的自我批评时强调马克思的哲学革命,其目的在于重申政治实践在马克思思想转变中所扮演的重要角色。而政治实践则是阿尔都塞晚期重新反思"认识论断裂"的关键因素,晚期阿尔都塞所面对的理论与现实问题是如何有效地开展政治实践活动,重新唤起马克思主义的革命主题。晚期阿尔都塞通过列宁与葛兰西的理论资源,将政治实践问题重新拉回到了现实的语境中来,从而展开政治实践中理论与实践的关系问题。这也是晚期阿尔都塞反思"认识论断裂"所给予我们的当代启示。

3. 认识论断裂自我突破的当代性

晚期阿尔都塞以一种自我批评的方式来挽救马克思主义被曲解的命运,通过晚期的自我突破,阿尔都塞重新审视马克思的"认识论断裂"及其与哲学革命的关系。在这个过程中,我们可以看到,阿尔都塞通过中介斯宾诺莎来澄清"科学与意识形态"的关系,进而在历史唯物主义的视域中重新阐释两者在现实生活和历史中所扮演的角色。不容置疑,政治立场的介入是阿尔都塞进行自我反省和重新思考马克思主义命运的楔子,借此,他以无产阶级的阶级斗争为理论的出发点,在政治实践中重新唤起马克思主义的革

---

① 陈越编:《哲学与政治:阿尔都塞读本》,长春:吉林人民出版社,2003年,第182页。

命性和科学性。在整个晚期的反思中,我们可以看到阿尔都塞作为一个马克思主义者所经历的思想历程,面对嬗变的现实和复杂的政治环境,阿尔都塞以一种凤凰涅槃的方式来维护马克思主义的真理。

然而,当我们今天再来反思晚期阿尔都塞的自我理论突破时,其理论意义不仅仅在于澄清晚期阿尔都塞自我的理论辩护,而且更在于晚期阿尔都塞面对"斯大林倾向"与1968年"五月风暴"所衍生的复杂的政治与现实环境时,为马克思主义所做的辩护。这种积极的理论介入,旨在恢复马克思主义的理论身份及其当代性。

毋庸置疑,晚期阿尔都塞对"认识论断裂"的自我批评,与苏共二十大以来的政治和理论气氛是息息相关的。在晚期阿尔都塞看来,"斯大林倾向"的特征可以用经济主义和人道主义的双重属性来描述,而这恰恰是资产阶级思想侵入马克思主义的理论结果。经济的发展,不仅是生产力要素的发展,而且还涉及上层建筑的作用,而经济主义本身就忽视了上层建筑的作用,也就是忽视了意识形态所具有的科学内容。而在阿尔都塞看来,意识形态作为阶级统治的工具,放弃对意识形态的思考就是放弃阶级斗争。而这种理论取向就表现在人道主义上,即一切的社会问题不是通过阶级斗争来得到解决。在此政治和理论气氛中,晚期阿尔都塞必须通过一种理论的介入才能重新为马克思主义正名,重提历史唯物主义。晚期阿尔都塞对历史唯物主义的再阐释,主要是通过重新审视马克思主义的经典著作开始的,文本解读仍然是晚期阿尔都塞对马克思主义进行思考的重要理论旨趣所在。在这种语境中,晚期阿尔都塞才对"认识论断裂"进行了深入的澄清与反思,并在此基础上提出了马克思的哲学革命。

1968年"五月风暴"始终是晚期阿尔都塞的理论纠结之所在,因为"1968年五月运动造成的充满矛盾的一个后果便是,阿尔都塞的观念一帆风顺,阿尔都塞派却步履维艰。其实几乎人人都知道,发生的事件与阿尔都塞观念的解释框架相冲突。他们必须把研究重新指向实践和具体现实,以便检测自身的潜力。所以阿尔都塞开始了一个漫长的整顿过程和自我批评过程"①。阿尔都塞由于身体健康状况,并没有参加1968年"五月风暴",之后也没有给予"五月风暴"过高的评价,甚至于指责其为"这是一场有法国大学生和小资产阶级知识分子深刻的、意识形态的暴动为'前景'和'伴随'的罢工"②。反观这场运动的兴起与发展,阿尔都塞愈发察觉到这场运动所具有的欺骗性,因为它偏离了阶级斗争的主轴,进而转向"文化革命"。而在阿尔都塞看来,这无疑在走入资产阶级意识形态的怀抱,走入理论的人道主义的怀抱。当"五月风暴"高举"民主"、"人权"大旗时,这场运动便离阿尔都塞的理论逻辑越来越远。"我们知道阿尔都塞是怎样被这场运动所利用。五月运动似乎要更好地例证这个青年马克思的论点,他同情人类的遭遇,因为它已经被异化。"③当青年马克思的思想重新占领运动的理论舞台时,"反思"便成了晚期阿尔都塞的主题。

要走出1968年"五月风暴"的理论障碍,晚期阿尔都塞必须另辟蹊径,重新思考"认识论断裂"问题以及马克思所实现的"哲学革命"。"五月风暴"所彰显出来的一个重要的现实问题就是"理论与实践"的关系问题。晚期阿尔都塞通过反思"认识论断裂"所犯的"理论主义"错误,从而重新思考意识形态所具有的科学内容,与此同时,晚期阿尔都塞重点提出了马克思的哲学革命,并且要赋予其优先于"认识论断裂"的理论地位。在晚期阿尔都塞看来,只有读懂了马克思的哲学革命,切实理解了马克思的历史唯物主义,才能给予"意识形态"以适当的地位,否则便会重蹈资产阶级哲学。在经历了"五月风暴"之后,阿尔都塞尤其强调阶级斗争中的"理论与实践"问题,他认为革命的主题只有在理论与实践之间无休止的辩

---

① [法]弗朗索瓦·多斯:《从结构到解构:法国20世纪思想主潮》(下卷),季广茂译,北京:中央编译出版社,2004年,第242页。
② [法]阿尔都塞:《自我批评论文集》,杜章智、沈起予译,台北:远流出版社,1990年,第48页。
③ [法]弗朗索瓦·多斯:《从结构到解构:法国20世纪思想主潮》(下卷),季广茂译,北京:中央编译出版社,2004年,第159页。

证运动才能得以展开。

当然,晚期阿尔都塞之所以要重新思索"认识论断裂"和马克思哲学革命问题,关键在于要重新回到马克思,重新挽回革命的主题。毋庸置疑,面对苏共二十大、法国共产党的教条主义和1968年"五月风暴"后的理论和政治遗产,激进政治的维度逐渐被文化革命、人道主义的逻辑所取代,马克思主义的理论身份问题便呈现出来。晚期阿尔都塞正是在这样的背景中,重新审视马克思主义,以一种理论介入的方式唤醒马克思主义理论的革命性。这种为激进政治的招魂,为后来的后马克思主义所继承,为当代激进政治提供了重要的理论基础。

对于晚期阿尔都塞来说,不论是源于1968年运动、苏共二十大还是法共修正主义,他对于自身的批评目的都在于重新回到马克思思想的语境中去,从而唤醒对政治实践与社会现实之间的关系的思考。晚期阿尔都塞反思"认识论断裂"所犯的"理论主义"的错误,并不仅仅是在于澄清自身的一个理论错误,更重要的在于借助于这个反思,重启理论与实践的关系问题。如前文所述,面对如此复杂的现实和政治环境,晚期阿尔都塞只有诉诸理论的介入,在剖析理论问题的同时,向我们展示理论思维与历史—社会语境之间的关系:"简言之,阿尔都塞的自我批评给我们提供了一种工具和观点,由此,我们将更可能将注意力投注于哲学思维方式与其历史—社会语境之间的关系上。"[1]晚期阿尔都塞认为,这是我们理解和重提马克思主义哲学的关键所在,面对斯大林模式的经济主义和人道主义、法共的教条主义以及1968年运动的惨痛教训,阿尔都塞的理论任务在于避免教条主义对马克思哲学的侵蚀,以理论联系实践的方式重新回到当下的社会处境,并以此为基点,重塑社会的革命主题。晚期阿尔都塞在重新反思科学与意识形态之间的"认识论断裂"时,旨在规避一种理论主义的思维方式,而这种方式正是在理论的

---

[1] Mikko Lahtinen: *Politics and Philosophy: Niccolò Machiavelli and Louis Althusser's Aleatory Materialism*, Leiden · Boston: Brill, 2009, p.82.

层面上来谈论两者的关系。经过一种"理论的迂回",阿尔都塞之所以指出意识形态具有科学的内容,是因为阿尔都塞将讨论两者关系的背景设置在现实社会中,尤其是阶级斗争的时代背景中。科学与意识形态的关系问题,在晚期阿尔都塞看来,如果以阶级斗争及社会领导权为纽带,那么这种关系就表现为理论与实践的关系问题。依据阿尔都塞的看法,青年马克思由于政治立场的改变而促使其自身实现理论的转换。在此,晚期阿尔都塞以一种重回马克思思想发生的语境,来重提理论与实践的关系问题。20 世纪中后期的思想和政治环境,预示着马克思思想传统正在经历着史无前例的巨大考验。在晚期阿尔都塞看来,要重新挽回马克思思想的时代性,无论是追溯马克思思想的康德因素还是黑格尔因素,这在阿尔都塞看来都是无济于事的。正如马克思所说,理论一经掌握群众,就能唤醒巨大的物质力量。只有在社会现实的层面来剖析理论所具有的生命力,才能使理论本身具有把捉和解决现实问题的能力。晚期阿尔都塞正是在理论与实践的关系问题上实现了对"认识论断裂"的自我突破,其意义不仅仅在于一种理论的澄清,更在于这种理论澄清的背后所昭示的迫切的现实问题即理论与实践的关系问题,而这关涉到马克思主义哲学的命运问题。

第二节　回到马基雅维利

阿尔都塞在《马基雅维利的孤独》的结尾处写道:"也许只有另外一个思想体系能够通过它的拒绝、它的立场,得以接近马基雅维利的思想,把他从孤独中拯救出来:这就是马克思和葛兰西的思想体系。"[1]阿尔都塞对马基雅维利思想的青睐就在于其思想与马克思思想体系的关联,当然,这种关联不在于理论之间的相似性,而在

---

[1] [法]阿尔都塞:《马基雅维利的孤独》,《现代君主论》,陈越译,上海:上海人民出版社,2006 年,第 121 页。

于这两种理论所揭示的关于政治实践(阶级斗争)的现实内容。所以阿尔都塞说这种关系不是直接的影响,更多的是重合。当诸多理论家还沉浸在甄别马基雅维利的政治立场(共和主义还是君主制)的时候,阿尔都塞却发现在马基雅维利的思想中的不可归类的思想,而这正是马基雅维利的孤独所在。因为他难以被真正揭示出来即"马基雅维利的**孤独**就产生于他的思想的非凡性"[①]。正是马基雅维利思想的"非凡性"为阿尔都塞理解无产阶级的政治实践提供了重要的理论启示,这种理论启示表现在如何以一种理论革命的形式来干预和推动政治实践的展开。而这种理论革命的方式就在于通过新的知识形式来重新配置社会空间,从而实现对社会空间的再造。正是在此意义上,阿尔都塞称马基雅维利的文本是一种宣言,而宣言的首要任务就在于直接嵌入当下的社会中去。所以,阿尔都塞说:"要让宣言真正成为政治的和现实主义的——唯物主义的——那么,它所陈述的理论就不仅需要宣言来陈述,而且还需要宣言把它定位在自身所干预和思考的社会空间中。"[②]那么,其首要任务是如何获得对社会空间的认识。马基雅维利对新君主的塑造也是首先源于这种认识,而这种认识首先表现为一种普遍的拒绝,"**新君主国**中的**新君主**:因为一个新君主在一个旧的君主国里不会有任何的成就——因为他只能沦为这个旧世界的囚徒。我相信关键就在于准确地把握这种拒绝的政治意义……"[③]就阿尔都塞而言,这种拒绝的政治意义就在于摒弃传统的意识形态,为政治实践寻求新的政治逻辑与话语。

马基雅维利所谓"拒绝"就是指"最终在某种程度上切断在旧世界占统治地位的那些自明的真理,摆脱它的意识形态,从而得以自由地去奠定一种新的理论……"[④]任何占统治地位的意识形态都

[①] [法]阿尔都塞:《马基雅维利的孤独》,《现代君主论》,陈越译,上海:上海人民出版社,2006年,第103页。
[②] 同上书,第118页。
[③] 同上书,第106页。
[④] 同上书,第110页。

是现存社会的合理化阐释并且同时掩盖了社会现实的真实内容。阿尔都塞竭力区分马克思与黑格尔的根本旨趣也在于为马克思寻求战役中理论的新起点,从而为无产阶级的政治实践提供科学的理论支持。在此,理论(包括理论实践)的作用被提高到了重要的地位,因为阿尔都塞认为:"既把理论看成是能够用来阐明在斗争中占统治地位的主要社会现实的东西,又把它看成是这场斗争的从属于环节,被写在这场斗争的某个地方。"①在此,理论本身成为构成社会现实的一部分,那么,理论实践则是重新认识社会现实的重要环节。而阿尔都塞意义上的理论干预和理论实践便是在马基雅维利的启示中得出的。这意味着理论实践也将成为阿尔都塞新政治逻辑与话语的重要组成部分。

同时,阿尔都塞在马基雅维利的思想中敏锐地发现了其关于形势的理论,这在晚期阿尔都塞的偶然唯物主义和当代激进政治理论中充当了重要角色。阿尔都塞在论述马基雅维利的宣言式的文本时指出:"一篇宣言如果是政治的,因而希望在历史上产生影响,那就必须写在一个与纯知识领域完全不同的地方:它必须写在它希望产生作用的政治形势当中,它完全从属于由那个形势和规定了形势的力量对比所引起的政治实践。"②在阿尔都塞的解读中可见,形势是政治实践的组成部分,这表现在政治实践当下所面临的状况,其不再是在一种历史主义和目的论的叙事中来讨论过程中的"环节",而是直面现实形势。阿尔都塞的后期思想与当代激进政治理论都致力于批判目的论叙事的历史理论,转而依傍"形势"概念,从而促使政治实践在形势的展开。

阿尔都塞对马基雅维利的关注最早可以追溯到 1962 年在巴黎高师开设的关于马基雅维利的课程,在此课程的基础上,阿尔都塞于 20 世纪 70 年代初进行了文本的写作,并在 1975 年左右进行了

---

① [法]阿尔都塞:《马基雅维利的孤独》,《现代君主论》,陈越译,上海:上海人民出版社,2006 年,第 121 页。
② 同上书,第 118 页。

修改和补充,形成了《马基雅维利和我们》这个文本。1986 年前后,阿尔都塞对此文本进行了再次的修改,但几乎都与其晚期提出的"偶遇的唯物主义"有关。1977 年,应法国政治科学学会邀请,发表了题为"马基雅维利的孤独"的演讲,1990 年发表了修订版。可见,马基雅维利是阿尔都塞思想的一个重要理论资源,因为阿尔都塞在马基雅维利的论述中发现了无产阶级政治实践的诸多策略性思考。这表现在理论实践中,通过马基雅维利的理论实践,阿尔都塞为自己的理论实践找到了重要的支持,"马基雅维利在政治实践的理论化表述中对阿尔都塞的影响表现在两个方面:不仅是马基雅维利的文本内容(即君主作为行动者的政治实践),而且也是马基雅维利的写作行为(文本作为一种'介入'或者行为者的'工作')"[1]。通过马基雅维利的文本《君主论》《论李维》,阿尔都塞详细阐释了"理论配置"及其产生的理论空间对于理论实践以及无产阶级所具有的重要借鉴和启示作用,而以理论、意识形态的方式建构政治拓扑学的空间,则为无产阶级的理论实践提供了重要的理论和策略。而借助于马基雅维利的写作行为,阿尔都塞更加明晰地论述理论干预或介入的重要作用,更加详细地阐述了"哲学是理论中的阶级斗争"。而《君主论》中关于"君主"的制造,其中关涉到与旧的意识形态的彻底断裂,以及新君主应该如何把握现实的政治形势,促成自身的成长,这些都使阿尔都塞在"新君主"身上看到了无产阶级革命实践以及创建新世界所需要的能力和品质。当然,这其中还有另外一个间接原因,那就是阿尔都塞为了分析列宁的理论而迂回到马基雅维利的思想中,"为了分析由列宁作为一个行动家和革命领导者所引发的问题,阿尔都塞试图从马基雅维利的著作的思想中寻求帮助"[2]。从阿尔都塞对马基雅维利的论述中也可以强烈地感受到列宁思想维度的存在。

---

[1] Mikko Lahtinen: *Politics and Philosophy: Niccolò Machiavelli and Louis Althusser's Aleatory Materialism*, Leiden·Boston: Brill, 2009, p.110.
[2] Ibid., p.108.

一、虚空政治学

无论在早期的《马基雅维利和我们》、中期的《马基雅维利的孤独》还是晚期的《唯物主义潜流》中,虚空概念都扮演着重要的角色。[①] 阿尔都塞通过马基雅维利的"拒绝"所指向的政治意义,阐述了虚空政治学对于无产阶级政治实践的意义。虚空政治学的主要旨趣在于如何在现存主流社会、政治体系中寻得政治实践的可能性,其主要方式就是在传统意识形态话语体系之外寻求新的话语体系,从而揭示一种为原来传统所掩盖的社会存在。而在传统意识形态话语体系中作为"虚空"的社会存在,却是无产阶级政治实践的起点。

"虚空"概念贯穿阿尔都塞哲学理论的始末,体现了其哲学的整体的理论实践特征。阿尔都塞借助于黑格尔对康德哲学的批判,揭示出启蒙逻辑的内在矛盾及其异化结果;进而通过把握意识形态生成的"空洞的深刻性"与"纯粹的形式主义",展开了其意识形态理论的建构;而虚空概念也是阿尔都塞所揭示的马基雅维利式的新君主的政治实践的原点。

阿尔都塞借助于黑格尔对康德哲学的批判,力图揭示启蒙逻辑的内在矛盾及其异化结果,即一种"空洞的深刻性"及其"纯粹的形式主义"[②]。而在这种"空洞的深刻性"和"纯粹的形式主义"中,阿尔都塞看到了古典意识形态理论的起源。他的意识形态理论正是通过洞察意识形态的这些属性,进而揭示了意识形态的本质及其运行机制。在阿尔都塞看来,现实政治的唯一出路是与传统的历史与政治意识形态实行彻底的决裂,并通过这种"决裂"制造出一种"虚空"[③],然后通过对这种"虚空"的重新填充来重塑政治实践。因此,

---

[①] 基于论文的整体结构,《唯物主义潜流》中的关于"虚空"的讨论,将在本书的第五章中详细展开。

[②] [法]阿尔都塞:《黑格尔的幽灵》,唐正东、吴静译,南京:南京大学出版社,2005年,第48页。

[③] "虚空"一词的法文为"vacuité",在英译本中常被译为"void"。日本学者今村仁司将其译为"真空",以说明阿尔都塞后期的"偶然唯物论"与古希腊伊壁鸠鲁哲学的关联,意在追溯唯物论的传统。也可译为"虚无",本书统一采用"虚空"译法,特此说明。

在阿尔都塞哲学中,"虚空"概念至为重要。笔者试从阿尔都塞对虚空与启蒙逻辑、虚空与意识形态理论两个方面的论述来揭示这一问题。

1. 虚空与启蒙逻辑

在阿尔都塞看来,黑格尔对康德的批判与其对启蒙运动的批判是一脉相承的,在康德哲学中显现出的思想的纯形式性反映了启蒙逻辑的内在矛盾:它一方面通过纯粹的形式达到了真理的自洽;另一方面却牺牲了作为内容的真理,而这正导致了启蒙运动的"虚空性",也促成了古典意识形态的起源。

阿尔都塞认为,黑格尔将18世纪晚期界定为一个虚空的时刻,"即一个没有内容和深度的世界",并在此基础上论述了启蒙运动的异化及其所导致真理问题的废除。而黑格尔对启蒙运动的这种"虚空性"的揭示,是通过对康德哲学的批判来实现的。黑格尔通过对康德的"自我"概念的批判以及康德本人对"自我"概念这种"无内容的空洞的统一性"的承认,来言说康德哲学中所呈现出来的"虚空"。"'我'是一种纯粹形式,正像黑格尔深刻指出的那样,'纯粹的统一性并非一种始源的统一性'。它不是一种前反思性的统一性,而只是对自我洁净自身,把不属于我的东西全部排除出去的行动的一种抽象,由此,正像康德自己承认的那样,这种孤立地设想出来的'我',是一种从其内容中抽象出来的空洞的统一性。"[①]换言之,在黑格尔看来,康德虽然发现了主观性因素,但通过将"先验的统觉形式与可感知的给予物"分离开来,却使得这个"自我"成为一个孤立的、抽象的自在,因此,自我与自在之物一样都是一种虚空。对此,日本学者今村仁司通过研究阿尔都塞也指出:"在黑格尔看来,康德的'物自体',只是空洞的主观产生出来的幻影。……两者同时是空虚、虚空,两者的对立也以单纯的对立而告终,不能构成

---

① [法]阿尔都塞:《黑格尔的幽灵》,唐正东、吴静译,南京:南京大学出版社,2005年,第53页。

思维就是世界,世界就是思维这样有活力的原理。"①黑格尔正是通过对康德的"反思的统一性"及其认识概念的批判,揭示了真理的虚假性。

在前述"先验的统觉形式与可感知的被给予物"之间,康德的态度是矛盾的,他一方面将两者分裂开来,另一方面又欲将两者联系起来思考。黑格尔认为,这种将两者结合起来的统一性,在康德那里不是始源的统一性,而是反思的统一性。"康德仅仅把这种联系理解为被反思性的,也就是,是从分离本身之中出发的。因此,这种重构出来的统一性决不会成为分裂由以产生出来的那种要素,这种统一性就是在分裂的要素中产生出来。"②对此,阿尔都塞认为,黑格尔对康德的"超验想象"概念的批判更能说明其中存在的问题。在黑格尔看来,"超验想象就是理性本身:它是那些相反的东西被安置在其始源性的状态中,这种始源性的状态是一个基始性的统一性,它通过一种内在性的分裂,裂变为主体与客体,这只是为了在一种审美性的和'有机性的'遭遇中,发现它在本质上就是和解"③。对于这种"分裂",康德欲通过"超验想象"概念来加以弥补,实现两者的和解,从而达致真理。但黑格尔认为,这却是枉然的,因为他"没能看出这一点,他把想象设想为一种普通的才能,一种被他置放在心理学领域之中的人类才能,在这里,想象不过是依赖于其终极概念的一个中间性概念,不过是在理解与感知之间的一个中间体,一种由虚空来对虚空进行的沉思"④。因而它不过是一个"无生气体系的真理"。借此,我们触及了黑格尔思想的关键。因为,在黑格尔那里,康德虽然努力建构主体与客体的那种始源性的统一性,但这却是"一种伪统一性",正因此,阿尔都塞认为:"康德必须与一

---

① [日]今村仁司:《阿尔都塞:认识论的断裂》,牛建科译,石家庄:河北教育出版社,2001年,第45—46页。
② [法]阿尔都塞:《黑格尔的幽灵》,唐正东、吴静译,南京:南京大学出版社,2005年,第56页。
③ 同上。
④ 同上书,第57页。

种悖论相斗争：他没有思考那种事实上存在着的统一体，而他所思考的那种统一性却并非是一种真实的统一性。这里所反映出的是应该及实践理性原理的真正含义：它们以一种尚不存在的统一体的形式，来阐述那种将要实现的统一体。"①由此指出："康德理论生产出其自身的真理，在应该以及公理的形式上，把自身构想为虚空：'这种规范性思想的最高努力，是对其自身的虚空性及应该的承认'。"②也是在此意义上，阿尔都塞认为他在康德身上看到了古典意识形态的起源。康德那里的真理是一种虚构的真理。黑格尔认为它不过是纯粹功利性的环节，其目的不在真理本身。"在其反思的每一次转折中，康德都会与真理顶撞。他会冷不防地假定它的存在，然后在不对它进行认知的前提下使之向前发展。康德在这样做的时候，只是反映了启蒙运动的异化，这种启蒙运动不能在已经转化为空洞的绝对存在的信仰内容中，认识精神发展的本质，这种精神已经使所有的现实都服从于纯粹的功利性的考虑。"③

阿尔都塞认为"康德凸显的是以思想的形式体现出来的启蒙运动的贫乏性，这种思想是虚空的"④。黑格尔通过对康德思想的历史性阐述，展现出了人类思想在此时的虚空性，以及其对内容本身和充盈的渴望。"在对令人满意的启蒙运动的认知中，黑格尔明确地认识到了对这种满足进行超越的需要，把这种满意当作满意本身来加以废除，并且从不满意中去获得它想要达到充盈所必须的真理——即真理的内容。从它所纠缠于其中的形式思维的虚空性中，黑格尔的精神引发了存在的充盈性；这种充盈性逗留在康德那里就像死亡状态一样，事实上，这种'逗留'是'一种能把否定性转换成存在性的神奇力量'。"⑤通过对康德的解读，黑格尔揭示了启蒙运

---

① [法]阿尔都塞：《黑格尔的幽灵》，唐正东、吴静译，南京：南京大学出版社，2005年，第59页。
② 同上书，第60页。
③ 同上书，第54页。
④ 同上书，第61页。
⑤ 同上书，第63页。

动本身所具有的虚空性、形式性和抽象性,它并未达致真理所需要的充盈的内容。而在黑格尔看来,这正是启蒙运动的异化所带来的恶果:思想的虚空,而他本人则力求一种作为内容的真理。

阿尔都塞认为,黑格尔通过对康德哲学的解读,展现了虚空向存在的转化。而他早在关于基督教的论述中(即从基督徒意识的内在分裂),就已阐述了作为虚空的意识,并在对这种"虚空的意识"的意识中,意识将自身作为了对象和内容。这种描述成就了《精神现象学》中"意识"向"自我意识"的转换:意识的本质即对虚空的填充,重新回复到"充盈"状态。在此意义上,虚空的肯定性便凸显出来,但要在最终的整体性中才能得到明证。在此转化过程中,"自身在这个层面上把自己揭示为'虚空的实体化'"。因为只有在整体性中,"只有在反思的时刻,我们能够看到这种虚空的存在性的凸显;只有在这个时候,在既定物中经过过来的那个始源性的虚空,才会把自身的内容赋予其自身"①。

2. 虚空与意识形态理论

意识形态理论是阿尔都塞的重要理论。阿尔都塞同样用虚空概念论述并深化了这一理论。阿尔都塞不仅承继了马克思关于意识形态的经典论述,而且还提出了他认为马克思本人没有详加叙述的意识形态的性质及其运用的机制。他认为这对于理解意识形态理论具有重要意义,在很大程度上能为西方马克思主义讨论工人运动及其策略提供重要的理论参考。

阿尔都塞认为,古典意识形态理论应追溯到康德哲学。康德提出了"应该式的"统一体,而这是一种缺乏现实的"统一的概念"。而这在阿尔都塞看来,是一种反思的统一,而不是始源性的统一。"康德没有能力去阐述那种他无力思考,可又确实存在的始源性的现实,这种无能被转型为一种对终极统一体的实现,康德在应该的

---

① [法]阿尔都塞:《黑格尔的幽灵》,唐正东、吴静译,南京:南京大学出版社,2005年,第76页。

形式下对这种统一体进行了思考,可它却是不存在的和无法实现的。"①在此意义上,阿尔都塞看到了古典意识形态的起源,即无现实性的概念与虚空性是意识形态的一般本质。

下面就结合阿尔都塞对意识形态概念及其功能的描述来具体展开。

首先,阿尔都塞认为,意识形态表现的是个人与其生存条件的想象性关系,而非实存的关系。"正是这种关系的想象性质才构成了我们在全部意识形态中可以看到的一切想象性歪曲的基础。"②阿尔都塞摒弃了传统的意识形态与科学的对立模式,而借助拉康将人类经验划分为三个维度的思想,在人类现实的经验直觉中来谈论意识形态与现实的关系,并在这种关系中来阐明意识形态本身。拉康将人类经验分为三个不可通约的维度:"实在界、象征界、想象界,其中象征界是指语言及其各种社会立场这个非个人的、集体性的王国,而想象界则是指个人的或二元的人类关系(所谓镜子阶段)的王国和自我的王国。"③借助拉康的这一思想,阿尔都塞认为"意识形态是把个人的自我(想象界)放在这个自我同包围着它的种种集体性和机构性现实的总体的关系中,放在它同这个复杂的并且实际上是无法表述的总体的关系中,来给这个自我定位的"④。因此,意识形态得以成行,首先得益于自我的想象与生存环境的勾连,其次得益于在语言的结构功能中,自我与这个重塑了的"现实"实现了本质同构。

通过将人自身与其所处的实在关系相对比,阿尔都塞旨在摒弃纯粹哲学的探讨方式。因为在他看来,意识形态本身作为再生产的一种手段,现实地参与生产关系的再生产,而在这种"再生产"的过

---

① [法]阿尔都塞:《黑格尔的幽灵》,唐正东、吴静译,南京:南京大学出版社,2005年,第60页,注①。
② 陈越编:《哲学与政治:阿尔都塞读本》,长春:吉林人民出版社,2003年,第354页。
③ 同上书,第525页。
④ 同上。

程中,为了切实的阶级利益或领导权的争夺,又必须进行一种重组性的"想象"。"所有意识形态在其必然做出的想象性歪曲中所表述的并不是现存的生产关系(及其派生出来的其他关系),而首先是个人与生产关系及其派生出来的那些关系的(想象)关系。因此,在意识形态中表述出来的东西就不是主宰着个人生存的实在关系的体系,而是这些个人同自己身处其中的实在关系所建立的想象关系。"① 在阿尔都塞看来,这种较之于实存关系的"想象关系"乃是一种虚空,它展示的是对虚假规范性的承认;这种"承认"本身是意识形态的最终后果。

其次,在阿尔都塞看来,意识形态没有历史。在马克思主义的意义上,意识形态没有历史是指没有独立的历史。这是因为任何一种意识形态的形成都依赖于物质生产水平和需要,并且为物质生产服务,而这在很大程度上是由阶级斗争决定的。意识形态自身没有独立自主的合法性存在。而在阿尔都塞看来,意识形态之所以没有历史,则是因为意识形态超越了时空限制,存在于一切时代与现实中,就像德里达所述的"幽灵"那样,它存而不现,但却无法把捉它;它是一种虚空,但却具有普遍性。意识形态一方面是"人类生活本身不可分割的一种功能";另一方面作为结果,它"将永远存在,无论人们能够想象出什么样的将来、什么样更完美的社会"②。

最后,阿尔都塞还将意识形态理论与其结构主义理论相结合,进一步阐述了意识形态功能的特殊性。"意识形态的特殊性在于,它被赋予了一种结构和功能,以至于变成为一种非历史的现实,即在历史上无所不在的现实,也就是说,这种结构和功能是永远不变的,它们以同样的形式出现在我们所谓历史的整个过程中,出现在《共产党宣言》所定义的阶级斗争的历史(即阶级社会)中。"③ 这种"意识形态的无历史性"是由弗洛伊德关于"无意识是永恒的"相形

---

① 陈越编:《哲学与政治:阿尔都塞读本》,长春:吉林人民出版社,2003年,第355页。
② 同上书,第525页。
③ 同上书,第351页。

而来,因而同时为阿尔都塞后来与精神分析结合提供了契机。

在阿尔都塞那里,意识形态得以发挥功能,是与其言说理论紧密联系在一起的。"所有言说都产生主观性的效果/结果。"①"即任何言说形式都毫无例外地作为相关者而具有主体,成为主体的。一开始就不是'被给予'的,而正好是结构功能的结果。不是被给予的,而是结构的,这是关键所在。"②在阿尔都塞看来,语言的结构功能是意识形态运行的主要框架。由此也印证了意识形态作为一种个人与生活的体验关系所具有的永恒性。借助于语言本身所具有的特性和结构主义的功能描述,阿尔都塞将意识形态的运行与语言和结构的"传唤"功能结合起来。"意识形态担负着指定具有承担者功能的主体(一般)的任务。为此,意识形态必须面向主体,提醒他是主体,并提供他承担这种功能的主体的理由。意识形态号召个体,把他构成主体(意识形态的主体,意识形态言说的主体),并提供主体应该承担被结构赋予的承担者机能(作为主体被号召的)主体的理由。"③

因此,在阿尔都塞看来,人并非起初就是一个主体,而毋宁是一个抽象的、不具有自我统一性自觉的存在物。他本质上就是一种虚空,没有任何规定性和具体内容。而这恰恰是阿尔都塞意识形态理论发挥功能的前提,即"结构必须有承担者。意识形态的言说为结构提供承担者。为了使个人担负起承担者的任务,要将个人向主体一方呼唤,结构的必要条件是空白的、抽象的、匿名的"④。也就是说,通过意识形态的"号召",个人由个体物转变为主体,并获得了自身的内容,取得了同一性的自觉。可见,"意识形态可以说是虚空,为了填充这种虚空,就要求生产'主体'。依靠呼唤作用的'主体'的生产,对主体来说是无意识的,一旦主体被主体构成,他就误

---

① [日]今村仁司:《阿尔都塞:认识论的断裂》,牛建科译,石家庄:河北教育出版社,2001年,第45—46、229页。
② 同上。
③ 同上书,第45—46、231页。
④ 同上书,第45—46、235页。

认为好像是自立,这就是保证作为主体之主体的同一性功能"①。当然,由个体向主体的转化,是从一种抽象的、无内容的直接的"我",向获得了自我同一性自觉的"我"的转化。但这种转化所呈现出来的"自我",即这个主体,仍然是具有无意识性:他自身只是在意识形态的功能框架中承担了主体的身份即只保证了"作为主体之主体的同一性功能",而不曾使自身实体化。在这个意义上,他们仍然是空无的。这便是意识形态的绝妙之处,它让身处其中的人丧失对意识形态控制和侵蚀的警觉,而完完全全地成为一个自认为非意识形态化的意识形态的主体。而这亦是意识形态发挥功能的全部过程。

虚空概念贯穿于阿尔都塞思想的始末,以虚空概念为切入口,可以看到阿尔都塞思想的整体连贯性。与其他思想家不同,阿尔都塞探讨虚空概念,并不是一种纯粹哲学的路向,而是具有其所谓的"理论实践"的意味。而这种"理论实践"本身亦是其所处时代的现实的政治实践、阶级斗争的产物。用他自己的话来说,即哲学"并不外在于这个世界,并不外在于历史的冲突与事件。它以其浓缩的、最抽象的形式——伟大哲学家著作的形式——与诸意识形态同类相从,成为意识形态领导权即建立占统治地位的意识形态这个基本政治难题以抽象形式在实验中得到改善的某种理论实验室"②。在阿尔都塞看来,马克思主义哲学应该摒弃任何的思辨倾向,而现实地与历史、现实状况关联起来。这也是他之所以拒绝被当作"哲学"来生产的哲学,而提倡一种"新的哲学实践"的原因。阿尔都塞将虚空与启蒙运动、意识形态、政治实践以及其后期的偶然唯物论联系起来,通过一种理论实践的方式向我们展现了启蒙运动本身由于其纯粹功利性的倾向而导致的现实(内容)在思想面前的缺失;展示了在领导权的争夺中,意识形态所发挥的作用及其前提条件;

---

① [日]今村仁司:《阿尔都塞:认识论的断裂》,牛建科译,石家庄:河北教育出版社,2001年,第45—46、235页。
② 陈越编:《哲学与政治:阿尔都塞读本》,长春:吉林人民出版社,2003年,第243页。

通过对马基雅维利的分析,为现实政治实践指明了一条现实的路径,即在一种极限思维的协助下,如何与历史和政治的意识形态传统实现决裂,从而在一种其所谓的"无开端"、"无主体"的政治实践过程中,开创一个新的世界,并呼应马克思主义阶级斗争理论。

二、理论配置与政治拓扑学空间

在阿尔都塞看来,理论配置与政治拓扑学空间是一个互构的过程。借助于马基雅维利的《君主论》和马克思的《共产党宣言》,阿尔都塞通过"宣言"的理论配置功能,建构出一种新的政治拓扑学空间及其社会的空间。因此,阿尔都塞说:"要让宣言真正成为政治的和现实主义的——唯物主义的——那么,它所陈述的理论就不仅需要宣言来陈述,而且还需要宣言把它定位在自身所干预和思考的社会空间中。"[1]说到底,政治拓扑学空间就是通过理论配置的方式来表现一种新的社会结构(阶级、政治、经济、意识形态等状况),而这种新的社会结构则是无产阶级政治实践开展的必然前提及其合法性基础,其最终目的在于达到对此社会空间的再造。也就是说,通过理论配置的功能实现对社会空间的再叙述、再定义和再分类,将理论认识的立场和策略转化为一种阶级、政治、经济以及意识形态等的权力和利益的分析,从而再造社会空间。按照布尔迪厄的说法,只有通过配置的方式,行动者才能真正理解其身处的世界,"只有求助于配置才可能真正理解行动者对世界的直接理解,而无需对行动的所有前因后果做出理性算计的不牢靠的假设,行动者把来自世界的历史和结构的认识形式用于世界来达到对世界的直接理解,他们把认识形式用于世界本身"[2]。也就是说,不是通过一种理性的算计,而是通过将世界的存在结构及其在行动者身上的体现,直接将世界本身的存在状况展示出来。马克思在《共产党宣言》中对

---

[1] [法]阿尔都塞:《马基雅维利的孤独》,《现代君主论》,陈越译,上海:上海世纪出版集团,2006年,第118页。

[2] [法]皮埃尔·布尔迪厄:《帕斯卡尔式的沉思》,刘晖译,北京:三联书店,2009年,第183页。

资本主义历史与现实的描述,便是通过理论配置的方式使无产阶级实现了对资本主义世界的理解。而这种行动者即无产阶级实践的基本的前提。

从上一节的论述中可见,在阿尔都塞看来,马基雅维利的目的不在于理论的纯粹形式建构,而在于具体的政治难题以及由此政治难题指向的具体政治实践。在此意义上,马基雅维利正是由于改变了言说政治理论的方式,从而由普遍的政治理论转向具体的政治实践。"马基雅维利的对象是关于历史或政治法则的知识;但同时又并不真是这样。因为他的对象并不是这个意义上的对象,而是指出一个具体的政治难题。"① 那么,这里涉及一个问题即如何实现理论转换,因为其对象不是"历史或政治法则的知识",而是以"具体的政治难题"为导向的理论配置。阿尔都塞正是在此意义上推崇葛兰西称马基雅维利的《君主论》为一种"宣言"。因为阿尔都塞认为,"宣言"是指向未来的,其起点便是同以往的所有社会形态和政治形势所做的最后告别,而表现在文本形式上便是同传统的意识形态修辞相区别。而这便是被阿尔都塞视为"理论配置"的环节,"最重要的是,毕竟有一种**理论配置**从这里暴露出来,它摒弃了经典修辞的习惯,在后者那里,总是普遍的东西支配着独特的东西"②。所以,布尔迪厄说,"配置就是暴露"③。这一方面表现在暴露传统意识形态式的描述的虚假性,另一方面表现在暴露出现实社会存在的真实内容。这也就是要求摒弃传统的意识形态,回到"事物的实际状况"。而这便将视域转向政治实践,以政治实践统摄政治理论。

这是阿尔都塞以文本表现方式向我们呈现理论性质的变化,在此论述过程中,阿尔都塞借用了马克思的《雾月十八日》来展示这种理论配置的转变:"19 世纪的社会革命不能从过去,而只能从未

---

① 陈越编:《哲学与政治:阿尔都塞读本》,长春:吉林人民出版社,2003 年,第 393 页。
② 同上。
③ [法] 皮埃尔·布尔迪厄:《帕斯卡尔式的沉思》,刘晖译,北京:三联书店,2009 年,第 164 页。

来汲取自己的诗情。它在破除一切对过去的事物的迷信以前,是不能开始实现自身的任务的。从前的革命需要回忆过去的世界历史事件,为的是向自己隐瞒自己的内容。"①马克思清楚地意识到,针对资本主义的社会变革只能在未来的向度中谋求规划,因为过去的意识形态都是资产阶级的护身符。这也是为什么马克思在《德意志意识形态》之后,开始以新的概念,如生产力与生产关系、经济基础与上层建筑等,来重新剖析资本主义社会,以此揭示资本主义社会的内在本质秘密。阿尔都塞指出,此种文本本身就在建构一种新的话语或理论空间,在新的空间中来重新思考和置放阶级立场和阶级分化。而这种被重新配置的理论及其所揭示的社会存在则不再指向过去。在这一点上,马克思有过精辟的论述,马克思指责国民经济学家的概念范畴都是指向过去的,并且指认这种过去的形态是现存社会存在的基础,是一种永恒和自然的,有关私有制的论述便是如此。因为,在一个结构本身已经分化的社会中,这些意识形态式的话语和范畴为这些既定利益者提供了一种对其所描述的社会所具有的近乎迷恋式的经验和想象。这也是马克思在《德意志意识形态》中为什么要将私有制与分工等同的原因,因为马克思通过对人的物质生产生活的历史唯物主义分析,发现由于分工的而出现才导致了私有制的出现。

在此意义上,理论就具有建构空间的能力,并在新的理论空间中确认新的论域。通过文本与政治实践的相互影响,来"确立它们的理论功能并使之发挥作用,包括相互作用、连接作用,从而开辟这个理论功能的确定领域"②。这就是理论在政治实践中的功能,它一方面设定政治实践的确定领域;另一方面又在政治实践中直接成为意识形态。在此,政治实践扮演着关键的作用。阿尔都塞认为,马基雅维利通过考察政治难题为我们指明了政治实践的重要性,

---

① 马克思、恩格斯:《马克思恩格斯选集》(第一卷),北京:人民出版社,1995年,第587页。
② 陈越编:《哲学与政治:阿尔都塞读本》,长春:吉林人民出版社,2003年,第424页。

"他[和所讨论的政治难题]的关系[不是理论关系,而是**政治**关系。我说的政治关系不是指政治理论的关系,而是指政治**实践**的关系。对于马基雅维利来说,政治实践关系本身必然包含政治理论的要素。但只有从**政治实践**的观点出发,才能确定与政治理论要素的关系的形态,才能确定政治理论要素本身的形态和配置]"①。可见,通过政治理论本身的建构,可以同时建构一个政治实践的空间,并且只有在这种政治实践的空间中,政治理论本身才是有效的,而同时又能避免乌托邦的玄想。

而被理论或文本建构起来的空间,阿尔都塞视其为政治拓扑学空间,即通过理论或文本的论述,建构一种新的政治空间,并使其成为主要的社会解释模式。阿尔都塞认为,政治拓扑学空间主要通过文本或理论的如下两个方面展现出来:第一,文本建构一个话语空间,为论述政治形势提供一个意识形态建构和斗争的平台;第二,文本建构一个政治拓扑学空间,将阶级的位置与分化、冲突与对抗呈现出来,并最终实现对空间的改造。

文本建构话语空间,其实是与意识形态的运作同时展开的,"马基雅维利利用他的文本阐发了一套为拯救意大利而提出**君主**支配的手段的理论,**同时,他反对也把自己的文本当作那些手段之一**,把它当作一种手段,为他所宣告和投身的那场斗争服务"②。也就是说,马基雅维利通过文本的方式为世人预设或描述了当时意大利的现实,这激起了人们对意大利现实的思考,而人们的思考活动本身却又是以马基雅维利的文本为起点,在此基础上,文本便就在自身建构的理论空间中激活了其自身作为意识形态功能的机制。也正是在此意义上,阿尔都塞认为马基雅维利的文本不是针对君主的,而是针对人民的。"他进言的对象,在君主的幌子下,其实是人民。这个宣言看上去把一个未来的个人,一个不存在的个人当成它唯一

---

① 陈越编:《哲学与政治:阿尔都塞读本》,长春:吉林人民出版社,2003年,第394页。
② 同上书,第402页。

的对话者,其实是在向大多数的普遍民众进言。宣言不是写给单个人的,尤其不会写给不存在的个人:它总是在向群众进言,以便把他们组织成革命的力量。"①这就是理论本身具有的生产能力。其实,在马克思文本中,这种理论的建构亦是随处可见。马克思通过文本的方式,详细分析了资本主义的生产方式及其矛盾以及共产主义社会的美好前景。在这些论述中,通过历史唯物主义的考察,马克思指出社会日益分化为两大对立阶级,重要的是两大对立阶级,一个是剥削阶级,一个是被剥削阶级。在马克思的文本中,一方面强调的正是资本主义生产方式的结构使得无产阶级成为被剥削、被压迫的异化人;另一方面又明确指出无产阶级作为变革社会的主体,承担着建设新世界的使命。那么,顺理成章的结论便是资本主义必然灭亡,而且掘墓人就是无产阶级,其头脑是马克思主义哲学。这便是马克思的完整的理论建构,也正是在此意义上,阿尔都塞认为与其说是先有阶级,然后再去寻找和整合阶级意识,不如说是先存在撬动资本主义社会的意识,然后再去"制造"无产阶级。

这就是文本对政治形势分析所催生的必然解释模式,在这种模式中,按照阿尔都塞的说法,就是要不断地制造"虚空"。因为只有"虚空"的存在,政治实践才是有意义的,因为"只有空的才能被填补,只有空的才能为个人或集体提供用武之地,才能让他们占领那里,以便重新结合和形成各种力量,完成历史指定的任务——空,是为了将来"②。文本对"虚空"的解释,一方面指出了这个社会存在的矛盾与对抗,因为虚空作为一种断裂,是社会矛盾和冲突的征候;另一方面又指出了整合各种力量,以期对其实行占有的可能性,这在很大程度上是在制造主体或者阶级。在这些功能运作上,文本直接就成为意识形态,"文本在文献(或意识形态)中的位置无非代表了把政治实践的位置转移、转变成另一个要素,即意识形态"③。这

---

① 陈越编:《哲学与政治:阿尔都塞读本》,长春:吉林人民出版社,2003年,第404—405页。
② 同上书,第398页。
③ 同上书,第402页。

种由文本解释学或书写解释学所撑开的意识形态运作模式,进一步强化了理论实践与理论干预的重要性,同时也强化了意识形态对于政治实践的建构意义。在此意义上,我们便能理解列宁的"没有革命理论就没有革命运动"及其阿尔都塞热衷于此名言的原因。当然,理论本身的建构不是纯粹理论的,其要求是与旧的意识形态相脱节,以一种新的言说方式来重置社会结构和空间,在这种"重置"中将以往被掩盖的矛盾与冲突呈现出来,以此为基础实现向革命运动的过渡。

阿尔都塞通过马基雅维利的极端理论思考方式及其文本解释学,为我们重新理解马克思的文本开辟了一条新的道路。在这种解读方式中,我们更能理解马克思文本中的理论内容以及这些文本对政治实践干预的重要方式。阿尔都塞在论述马基雅维利的《君主论》时,经常将它与马克思的《共产党宣言》相比较,这将在本节的最后部分加以论述。

文本的政治拓扑学空间的建构还表现在第二个方面,即文本通过理论自身建构一个政治拓扑学空间,在此空间中重置和分析阶级的分化与结构,将冲突与对抗呈现出来,进而在政治实践中参与对此空间的改造,建立新世界。

阿尔都塞认为,在文本所表现出来的政治拓扑学空间中,形势的分析是至关重要的。按照布尔迪厄的看法,配置所呈现出来的社会空间及其力量对比并不必然导致一种明确的行为,"配置不一定导致一种确定的行动:配置只在若干适宜的情形与一种境况的关系中体现和实现。因此配置可能总是处于潜在状态……每一种配置可以依据不同情况表现在不同的甚至对立的实践中"[1]。这就需要对形势本事进行分析,使得理论配置的内容能够现实地转化为一种确定行动即无产阶级的革命实践。因为只有在形势的分析中,才能真正看清楚各阶级的力量及其现状,它"意味着考虑所有的决定

---

[1] [法]皮埃尔·布尔迪厄:《帕斯卡尔式的沉思》,刘晖译,北京:三联书店,2009年,第175页。

性因素、所有现存的**具体情况**,清点它们,对它们作出详细的分类和比较"①。当然,这是在政治实践中所提出的"政治难题"的思考中进行的,因为其目的仍然是指向政治难题的解决。在马基雅维利那里是如何制造新君主从而实现意大利统一的和持久的国家,在马克思那里则是如何唤醒和制造无产阶级从而推翻资本主义社会、建立共产主义社会。虽然此"形势"终将通过理论的方式被呈现出来,但"它并不是由单纯理智上的比较提出来的,而是由现存阶级力量的抗衡和不平衡发展的关系……提出来的"②。所以,在文本的政治拓扑学空间的建构中,各种现存阶级力量在对形势的分析中都得到了清晰的呈现,并且指明其各自的力量对比和不平衡,并且赋予其所处的社会空间以及政治实践指定给其的政治空间。在此基础上,政治目标和任务亦明晰起来,因为它们的矛盾系统已经得到揭示。

按照阿尔都塞的说法,"形势则完全受到它本身提出的政治难题和实现它提出的目标所必需的政治实践的支配"③。那么,这个政治实践的空间必须要有恰当的主体才能构成,否则便是乌托邦的构想。这里又涉及政治拓扑学空间对位置、虚空的建构,因为"这个对政治形势进行分析的空间,就它本身的语境而言,是由各种对立和混合着的力量所构成的;它只有安排或包含了一个位置、一个空位,才会有意义"④。当然,这个"位置"和"虚空"是一种虚位以待的状态,因为其最终结果是由一个政治实体或阶级去填补和占领。在这个意义上,马基雅维利对"虚空"的论述在于以政治实践的方式分析具体形势,并为革命主体或新君主制造新的社会结构,同时赋予其在政治空间中的必然位置,以此实现政治实践任务。因此,在这种"主体"与"位置"的双重建构中,新君主或无产阶级便被做实

---

① 陈越编:《哲学与政治:阿尔都塞读本》,长春:吉林人民出版社,2003年,第395页。
② 同上书,第396页。
③ 同上书,第397页。
④ 同上书,第398页。

为政治实践任务的承担者。反过来说,"主体"与"位置"的建构又要求彻底改变理论配置和理论形态,这是一个双向的促进过程。

阿尔都塞所说的政治实践,还原到政治拓扑学空间中的话,便是最终要实现对此政治空间的改造。"马基雅维利再好不过地表述了他的文本所描绘的政治实践的**空间**……马基雅维利的文本勾画了一个拓扑学空间,并指定了一个位置,它只有在这里占据这个位置,才能在这里发挥能动的作用,才能构成一种政治的行为或要素,参与对这个空间的实践的改造。"①在阿尔都塞看来,"空间的实践的改造"必须有一个支点或者切入点,而文本或理论的建构就是围绕此"位置"来展开整个政治实践空间的建构,这也意味着,只有使政治实践主体占据了此"位置",对旧的政治空间的改造和新的政治空间的建构才是可行的。

由此可见,阿尔都塞借助马基雅维利关于政治拓扑学空间的论述,重新理论化意识形态与政治实践的关系。从论述中可见,无论是文本还是理论配置,其起点仍然是依据形势即事物在实际的状况来设计意识形态的内容,在这种设计中,通过使用新的概念和范畴来重新分析社会结构,并揭示由此结构所引发的社会矛盾和冲突。这种矛盾和冲突体系中,给予矛盾的双方以相应的空间位置,并在这种社会、政治和经济的空间位置中,强化被剥削阶级的苦难现状及其必然原因。在这种苦难现状和原因的寻求中,阶级对抗便日渐明朗、阶级与阶级意识便以一种极端对抗的方式展示出来,革命运动随之而来。在此,阿尔都塞通过马基雅维利的文本刺激起了文本与政治实践、意识形态与阶级意识的关系以及政治拓扑学空间对政治实践的建构,这对于我们重新理解马克思的文本以及阿尔都塞本人强调的理论实践、理论干预的作用都有重要的启示作用。

阿尔都塞认为,《共产党宣言》作为无产阶级革命的政治纲领,其自身所展开的政治拓扑学空间有两重位置,"一方面是政治意识

---

① 陈越编:《哲学与政治:阿尔都塞读本》,长春:吉林人民出版社,2003年,第403页。

形态的**位置**,《宣言》有意识地置身于这个位置,通过这个位置的书面干预产生某种后果;另一方面是无产阶级在经济上和政治上的阶级斗争及其后果的**位置**"[①]。就第一方面而言,按照前述理论配置来说,就是与以前的意识形态相区别,我们可以从《宣言》的第三部分"社会主义的和共产主义的文献"中看到。马克思之所以要列举这些"反动的社会主义",其目的在于批判这些"社会主义"扎根于封建主义的历史,并且讽刺其"由于完全不能理解现代历史的进程而总是令人感到可笑"[②]。而"小资产阶级的社会主义"的目的在于回到过去,即"工业中的行会制度、农业中的宗法经济——这就是它的最后结论"[③]。至于"德国的或'真正的'社会主义",其一方面用理论的建构代替现实的改变,另一方面就是"保存这个小资产阶级","保存德国的现存制度",其目的在于维持现存的剥削制度;而在这点上,"保守的或资产阶级的社会主义"以一种非辩证的方式与此达成一致,即"要现代社会的生存条件,但是不要这些条件必然产生的斗争和危险……要现存的社会,但是不要那些使这个社会革命化和瓦解的因素"。[④] 至于"批判的空想的社会主义和共产主义",马克思认为其在"无产阶级解放的物质条件还没有具备"的时候,其只看到了阶级对立,而没有看到无产阶级政治能动性,同时寄希望于"探索某种社会科学、社会规律、以便创造这些条件"来为阶级解放创造条件。马克思认为其虽然看到了现存的苦难和未来,但却忘记了当下现实,同时也就失去了通达未来的方法与路径。在对所有这些文本意识形态的批判中,阿尔都塞认为《宣言》找到了自己的位置,并且在这个位置中为无产阶级的解放和革命运动提供了理论准备。按照布尔迪厄的看法,位置是一切观点的根源,他指出,

---

① 陈越编:《哲学与政治:阿尔都塞读本》,长春:吉林人民出版社,2003 年,第 406 页。
② 马克思、恩格斯:《马克思恩格斯选集》(第一卷),北京:人民出版社,1995 年,第 295 页。
③ 同上书,第 298 页。
④ 同上书,第 302 页。

"位置和地点对其占据者而言是观点的根源"①。而理论配置的功能就是通过"宣言式"的叙述,为理论所表述的真理提供一种社会存在的支持。通过与现存"社会主义"文献的比较,我们可以得知,马克思的《宣言》是立足于历史与现实,通过分析历史和现实中的阶级斗争及其原因、分析现存社会的基本现状及其苦难现实、分析无产阶级的现状、潜力及其与资产阶级的对抗,马克思得出了无产阶级进行革命的现实条件及其建立社会主义的目的,同时也毫无掩盖地喊出了以"武装斗争"的方式夺取政权。所有这一切都使得马克思的《宣言》在无数社会主义文献中找到了自己的位置,并且在实质上影响了其后的无产阶级革命实践。也就是说,"为了把那种理论在意识形态中占据的位置同时定位在受到分析的历史形势里,定位在所分析的力量对比的空间中"②。这就是文本的位置及其干预的结果。

而关于"无产阶级在经济上和政治上的阶级斗争及其后果的位置"则主要表现在"资产者和无产者"、"无产者和共产党人"以及"共产党对各种反对党的态度"上。马克思在建构无产阶级的政治拓扑学空间时,其基调论述便是"至今一切社会的历史都是阶级斗争的历史"③。这是在历史和现实的维度寻找一种斗争的模式,为无产阶级和资产阶级的出场做准备,同时也暗示着资本主义社会的斗争形态。在接下来的论述中,马克思通过对以往社会阶级斗争主体多元化的论述,鲜明地突出了资本主义时代的特点:"它使阶级对立简单化了。整个社会日益分裂为两大敌对的阵营,分裂为两大相互直接对立的阶级:资产阶级和无产阶级"④。马克思在这个政治空间中,描述了无产阶级与资产阶级的绝对对立,这也预示着无产

---

① [法]皮埃尔·布尔迪厄:《帕斯卡尔式的沉思》,刘晖译,北京:三联书店,2009年,第150页。
② [法]阿尔都塞:《马基雅维利的孤独》,《现代君主论》,陈越译,上海:上海人民出版社,2006年,第118页。
③ 马克思、恩格斯:《马克思恩格斯选集(第一卷)》,北京:人民出版社,1995年,第272页。
④ 同上书,第273页。

阶级在政治拓扑学空间中将处在什么样的位置上。

马克思通过描述资产阶级在历史上通过工业革命而引发的社会革命,从而表明资产阶级在经济和政治上取得了巨大的成就。由于生产关系的革新以及生产力的发展,资产阶级社会正在以一种革命的方式改变和主宰着现实世界。在这个论述中,资产阶级处于政治拓扑学空间的顶端。但由于资本主义社会的天然矛盾,使得资本主义社会周期性的处于经济危机之中,在这个经济危机之中,无产阶级浮出水面。无产阶级一方面处于资本主义生产方式中的被剥削的位置,另一方面又是经济危机的最终受害者和承担者,在这个状况中,无产阶级毫无疑问处于政治拓扑学空间的底端。文本描述政治拓扑学空间的这种极端对立,目的在于召唤无产阶级能够清楚明晰地认识到资本主义社会的秘密及其不平等现实的根源。这当然要通过描述无产阶级在资本主义生产方式发展中,无产阶级逐渐失去独立性并彻底依附于资本主义生产方式以及沦为被剥削阶级的命运。布尔迪厄对此有精辟的论述,他认为,"社会空间倾向于以多少有点变化的形式再现在物质空间之中,表现为行动者和财产的某种安排"①。也就是说,无产阶级在社会空间中所处的位置是通过物质空间中的位置即受剥削、受压迫的地位来得到表现的,按照布尔迪厄的说法可推理得知,这种"表现"即雇佣劳动和资本主义的私有制。在这种背景中,为了塑造属于无产阶级的政治拓扑学空间,其方式必定在于论述"无产者和共产党人"的潜力及其历史使命。在这部分中,马克思无非是为了表明,无产阶级及其政党的目的在于消灭私有制,这是资本主义生产方式的基础以及无产阶级受剥削的根本所在。这就是无产阶级的"宣言",所以阿尔都塞认为:"实际上,《宣言》把自身定位在无产阶级的立场上,只是为了召唤这个无产阶级和其他被剥削的阶级组成无产阶级的政党。指导《宣言》写作的阶级观点,从意识形态上说是无产阶级的**观点**。阶级观

---

① [法]皮埃尔·布尔迪厄:《帕斯卡尔式的沉思》,刘晖译,北京:三联书店,2009年,第157页。

点和阶级政党属于同一个阶级:无产阶级。"①所以,阿尔都塞认为《宣言》所建构的政治拓扑学空间,目的在于如何呈现无产阶级与资产阶级的对抗,以及无产阶级在整个资本主义社会结构中的位置,并以此激起无产阶级对自身的认识以及改变现状的阶级意识,最终目的在于实现对此政治空间的再造。在此,理论的配置功能发挥了重要的作用,它将社会结构的描述和无产阶级所希望达到的目的做实为一种真理的论述,即"通过配置结构形式归并社会结构并通过希望和期待的形式归并客观机遇"②,这使得无产阶级的实践能够成为一种合理而必然的现实选择。

阿尔都塞之所以在其思想历程中会有一段"回到马基雅维利"的时期,这是由其思想建构及其处境所引发。阿尔都塞一直强调的是如何以一种理论或文本的方式介入现实的政治实践,马基雅维利作为理论介入的前辈,自然得到阿尔都塞的青睐,其目的在于通过回到马基雅维利的方式来为自己的理论实践提供一个合法的传统,这同时又反过来刺激人们对于马克思文本的分析,例如对于《共产党宣言》《五月十八日》《法兰西内战》等的重新解读,以期回归马克思主义的革命主题。当然,按照阿尔都塞的思路,这个过程是由对列宁的解读而引发的。阿尔都塞对列宁思想的解读,不再像在《保卫马克思》和《读〈资本论〉》中所表现的那样,而是直接以哲学与政治的关系为主题,具体化为理论实践与政治实践的关系问题,其重要载体就是意识形态的建构。

在阿尔都塞的眼中,马基雅维利成为一个激进理论家,当然,这种"激进"主要表现在理论上。就像在第一节中论述过的,马基雅维利以"虚空"为起点,摒弃一切传统的意识形态论述,以形势和政治实践为基础,正可谓从"无"中生有。这种"激进"的理论建构无疑触动了阿尔都塞思考无产阶级政治实践的敏感意识。马克思本

---

① 陈越编:《哲学与政治:阿尔都塞读本》,长春:吉林人民出版社,2003年,第406页。

② [法]皮埃尔·布尔迪厄:《帕斯卡尔式的沉思》,刘晖译,北京:三联书店,2009年,第150页。

人讲得非常清楚,无产阶级革命的哲学必定是异于资产阶级的意识形态,否则何来革命?阿尔都塞正是借助于马基雅维利的极端思考,来为无产阶级的政治实践提供一种彻底的思考方式,"我要直截了当地指出,马基雅维利发现自己的处境使他必须**从终极出发**去推理,必须在可能性的限度上思考,这样才能考虑实在**本身**"①。也正是在此意义上,政治拓扑学空间的建构就在于从理论层面以拓扑学的形式将各阶级的对抗极端化,也只有在这种拓扑学空间中,无产阶级才能获得关于资产阶级及其社会的知识。而这是无产阶级进行"改造世界"的前提。

三、认识生产理论与理论的反人道主义

认识生产是阿尔都塞所规定的辩证唯物主义的重要内容,其目的无非是要通过认识生产来为马克思主义提供新的话语体系,以其把握社会存在。阿尔都塞所追求的新政治逻辑与话语的前提是要在马克思主义理论内部催生出新的话语体系,否则其新意便无从彰显。阿尔都塞对政治经济学和理论的人道主义的批判,都是在此意义上为新政治逻辑与话语提供新的理论基础。

在上一节论述"理论配置与政治拓扑学空间"时,其实已经涉及所谓的"理论空间"的生产问题。如何生产"理论空间"进而生产出新的概念,从而实现一种新的理论实践,将会是本节所要详细论述的。

"认识生产"是阿尔都塞实现新的理论实践的重要前提条件,因为只有通过认识生产,我们才能获得理论实践的重要手段。所以麦克莱伦说:"阿尔都塞把哲学的任务视为创造概念,认为概念是认知的前提。"②当然,新概念的获得与新的对象的获得是同一过程的两面,通过新的概念对新的对象的定位和把握以及新对象对新概念

---

① 陈越编:《哲学与政治:阿尔都塞读本》,长春:吉林人民出版社,2003 年,第 444 页。

② [英]戴维·麦克莱伦:《马克思以后的马克思主义》(第三版),李智译,北京:中国人民大学出版社,2008 年,第 317 页。

的映证,新的理论实践才能展开。而新的理论实践的展开,必然伴随着理论断裂与革命,这也意味着新的通达社会现实的路径。

阿尔都塞提出"认识生产"的初衷在于如何阅读马克思的文本以及在这些文本中能够读出与以往哲学意识形态有着本质区别的理论革命,这也是所谓的理论总问题的转换。阿尔都塞理论创作的最终目的在于阐明马克思哲学所具有的理论革命性质及其对于社会现实革命性的作用。

那么,如何从"认识生产"的建构出发来实现理论本身的生产? 通过考察马克思的文本,阿尔都塞指出新概念的获得是"认识生产"得以展开的前提条件,诸如生产力与生产关系、剩余价值等。"从形式上制定出这些概念,对于马克思主义的认识生产理论及其历史是必不可少的。"① 对于任何一种彻底的理论来说,其彻底性的最终表现在于如何用新的语言或概念来言说现实并呈现出一种新的现实。马克思主义的彻底性亦在于此,阿尔都塞的解读目的亦在于此。这也是阿尔都塞之所以始终坚持"认识论断裂"的原因所在,他认为马克思如果实现了一种新的哲学的话,那么作为新哲学本质表现的概念也应该是一种新的话语体系,在阿尔都塞看来,这无疑是由意识形态向科学的转变。"实际上,我们把新的科学同它由以产生的意识形态区分开的断裂中看到,理论革命对理论的对象产生了深刻的影响,使理论的对象同时发生革命,成为真正的对象。"② 阿尔都塞认为,理论变革必然伴随着理论对象的变革,但是,理论对象的变革并不是说"对象"本身发生了物质变化,而是对"对象"的认识发生了变化,也就是说,对象得到了重新塑造和揭示。在马克思的文本中,"对象"仍然是资本主义社会,这与其同时代哲学家眼中的世界是一样的,但其理论所要诉诸的"对象"形式发生了变化。这种变化的要求就在于剥去资产阶级意识形态对其的粉饰,

---

① [法]阿尔都塞、巴里巴尔:《读〈资本论〉》,李其庆、冯文光译,北京:中央编译出版社,2001年,第40页。

② 同上书,第181页。

而让"对象"呈现出来,这就是马克思在《德意志意识形态》中所说的"高级直观"。当然,马克思本人并没有在"对象"的甄别上花费太多的理论功夫,而阿尔都塞则以一种理论的方式为我们论述了"对象"的区别。

就"对象"的改变对于理论革命的重要性而言,阿尔都塞借助于马克思对"对象"做了"认识对象"与"现实对象"的区分。"马克思反对这种混同,坚持把**现实对象**(现实具体,即**在现实具体的认识的生产前后'始终独立地存在于头脑之外的'现实整体**)同**认识对象**区别开来。"①阿尔都塞认为,马克思之所以强调这种区分,目的在于批判黑格尔将"现实对象同认识对象、现实过程与认识过程混为一谈的做法"②。阿尔都塞认为黑格尔的这种做法是绝对的历史唯心主义,说到底是为了将现实及其过程纳入认识及其过程中。与其说是一种同一,不如说是为了达到对现实及其过程的选择和吸纳。在这个意义上,现实及其过程便不再具有独立实存性,而是依附于认识的发展过程。通过这种选择和吸纳,对象的性质就发生了变化,而这种变化为意识形态预先设定对象提供了契机。意识形态通过将认识对象与现实对象同一化过程,便将其对象统摄在其预设的问题域中,这被阿尔都塞视为"意识形态的空间"或者"意识形态的圆圈"。

阿尔都塞认为,"我们必须先说出意识形态的问题所决定的意识形态的空间,走出这一**必然是封闭的**空间(因为这是作为意识形态的理论生产方式的特点的**再认识结构**的重要结果之一:必然的封闭的圆圈,拉康的另一个场合并处于另一些目的把它称为"**二元的镜子式的联系**"),以便在另一个地方开辟一个新的空间,这个空间是**由正确提出的而不是由自身的解答预先决定的问题所要求的**空间"③。由此可见,意识形态封闭空间的一个主要原因便是拉康

---

① [法]阿尔都塞、巴里巴尔:《读〈资本论〉》,李其庆、冯文光译,北京:中央编译出版社,2001年,第36—37页。
② 同上书,第36页。
③ 同上书,第52页。

所谓的"二元的镜子式的联系",也就是认识对象与现实对象的同一化过程所实现的这种"联系"。正是出于逃离意识形态封闭圆圈的原因,阿尔都塞认为马克思竭力实现的对认识对象和现实对象的区分,在于重新定义"对象的现实性",以期实现理论总问题的转换。"马克思的发现是同提出整个有关对象的定义问题,也就是提出新的理论母胚的改变相关的,因此它涉及的是**对象的现实性**即**对象的客观定义**。提出对象的定义问题,也就是提出新的理论总问题所涉及的新的对象的不同定义的问题。在一门科学的变革史上,理论总问题的任何改变都是同对象的定义的改变,从而同理论的**对象本身的可以确定的差别**相关联。"①

阿尔都塞认为,对现实对象的认识只能通过认识来生产,也就是说,现实对象并不是直接呈现在我们面前,而是需要通过认识来生产,即所谓的认识生产理论。

在此,如何通过"认识"来生产"现实对象"成为了问题的关键,"认识的体现是针对需要认识的现实对象所进行的极为特殊的活动。这种活动并非是虚无,恰恰相反,它给现存的现实对象增加了一个**新的存在**,即对它的认识的存在"②。而这种"认识的存在"无疑是要通过思维来实现的。当然,此处"思维"的生产能力并非是纯粹理念式的演绎,按照阿尔都塞的说法,"这种思维是历史地自然现实和社会现实中产生和形成的**思维器官**所构成的体系。思维由现实条件的体系来规定,正是这些现实条件使思维,恕我冒昧地这样说,成为认识的特定的**生产方式**。思维本身是由一种结构建立起来的。这种结构把思维所要加工的对象(原料)、思维所掌握的理论**生产资料**(思维的理论、方法、经验的或其他的技术)同思维借以生产的历史关系(以及理论关系、意识形态关系、社会关系)结合起

---

① [法]阿尔都塞、巴里巴尔:《读〈资本论〉》,李其庆、冯文光译,北京:中央编译出版社,2001年,第179页。
② 同上书,第33页。

来"①。按此意义,"思维"则是嵌入在社会现实中的结构,借以实现对社会结构中的"对象"、"理论生产资料"等进行认识的生产,赋予对象以一种新的存在,而这就是认识生产的全部过程。

由"认识生产"而生产的对象即现实对象,按照马克思的说法,即具体总体。具体总体作为现实对象,实现了对旧哲学对象的转变,这也预示着新的哲学实践的出现。之前的那种认识对象与现实对象的同一性思维,是作为意识形态的保证,而具体总体作为现实对象不同于认识对象,就在于打破这种同一性的意识形态幻想,从而开辟新的理论空间。"只要用通过认识对象在认识上掌握现实对象的机制问题来代替关于认识可能性的保障的意识形态问题,就意味着总问题发生了转换,而这种转换会使我们从意识形态的封闭领域中解脱出来,并在我们面前开辟出我们所追求的哲学理论的开放领域。"②

按照阿尔都塞的理解,认知对对象的把握便是一种理论实践,而理论实践则是辩证唯物主义的主要功能,"马克思主义哲学——辩证唯物主义——就是关于这一理论实践的理论"③。就理论实践所实现的新对象的生产而言,阿尔都塞的理论的反人道主义便是在这个意义上扭转了马克思主义人道主义的对象,即由主体向现实人的转换。

1. 意识形态的霸权与公众状态的主体性

理论的反人道主义是阿尔都塞思想中的一个重要组成部分,其目的在于摒弃资产阶级意识形态的虚假性,从而捍卫马克思主义理论的科学性。阿尔都塞认为,作为资产阶级意识形态的理论人道主义,通过宣扬一种抽象的"主体哲学"而规范着现实人的生存方式,说到底其只是一种主体形而上学,目的在于服务资产阶级的生产和

---

① [法]阿尔都塞、巴里巴尔:《读〈资本论〉》,李其庆、冯文光译,北京:中央编译出版社,2001年,第37页。
② 同上书,第56页。
③ [英]戴维·麦克莱伦:《马克思以后的马克思主义》(第三版),李智译,北京:中国人民大学出版社,2008年,第317页。

生活方式。阿尔都塞明确地意识到马克思的理论反人道主义的任务在于戳穿资产阶级意识形态的虚假性,从而能够回到"真正的"人道主义,即回归到社会现实的人。通过回归到现实的、具体的人,马克思主义的理论才能直面社会现实,才能实现理论与现实的双重映现与相互生成。

当然,阿尔都塞能够对理论的人道主义提出如此深刻且敏锐的批判,毫无疑问,一方面得益于马克思对资产阶级意识形态的批判;另一方面得益于海德格尔对人道主义的批判。在自传《来日方长》中,阿尔都塞只是简单地提过这层关系,但未予深究,他说:"我对海德格尔的《关于人道主义的书信》的阅读,影响了我对马克思的理论反人道主义的讨论。"① 虽然阿尔都塞在文本中并未言及海德格尔对人道主义的讨论如何在细节上影响其对理论人道主义的批判,但依笔者的阅读来看,其主要是得益于海德格尔的思考方式,即通过这种思考来揭示人道主义背后所存在的问题或陷阱。简单说来,海德格尔认为人道主义的论述根本就在于其只是一种技术性的阐释,而并未直面存在本身。按照马克思主义的论述,则在于理论人道主义的对象并不是现实的人,而只是作为主体哲学核心的"主体",其只是一种意识形态的构想。究其内容而言,阿尔都塞与海德格尔的讨论是截然不同的,但有一点则是相通的,即对主体哲学的否弃,海德格尔的目的在于直面存在,守护存在之思想;而阿尔都塞则是直面现实,揭示意识之虚假。

按照阿尔都塞的理解,理论的人道主义作为一种意识形态,其必然履行着霸权的功能,其表现在于通过抽象地将人作为世界的核心和本质,做实资产阶级意识形态的合法性,其最终目的在于资本主义生产方式的运转及其再生产。首先,让我们来看看阿尔都塞对"理论人道主义"的论述,"人处在世界的中心,就这个说法的哲学意义而言,是指他的世界的原初本质和目的——这是我们可以在强

---

① Althusser: *The Future Lasts A Long Time and The Facts*, London: Chatto & Windus, 1993, p.176.

调的意义上称之为理论人道主义的东西"①。简单说来,理论人道主义的特征在于用一种哲学意识形态的方式将人抽象地置于世界的中心,以此为基础,先行地决定了对"人"之世界的理解和解释。这就是理论人道主义作为一种意识形态所具有的霸权功能。这种霸权宣扬一种"民主"、"自由"、"平等"的观念,但其只是一种观念,因为其并未在现实中去真正建构一种民主、自由、平等的现实社会。而这种观念的作用在于为资本主义的生产方式服务,譬如制造"自由"交易的雇佣劳动,但其基础仍然是资本主义的私有制。在马克思看来,只要资本主义私有制存在,剥削与压迫就必然相伴随,那么,何来自由、民主、平等呢? 理论人道主义宣扬的只是一种抽象的、观念上的理念,而从未落实也不可能落实到现实生活中去。所以阿尔都塞认为理论人道主义作为一种先行决定了对资本主义的解释,一方面掩盖了资产阶级意识形态的虚假性,另一方面则是遮蔽了面向现实本身的视野。在此基础上,作为现实生活的个人的处境就无处彰显了。因为理论人道主义作为一种意识形态的霸权,在于以一种虚假和抽象的普遍性建构了作为人的生产、生活的规范,而这种规范由于其抽象性而具有虚假性。而其所倡导的作为主体的人,其实只是一种虚空的符号,是规制现实人的体系。至此,人的现实性或者人的现实存在便被遮蔽。而海德格尔在《关于人道主义的书信》中也是通过关于人道主义对人的存在的遮蔽的论述而展开的。海德格尔是通过论述语言与存在的关系开始的,"语言就效力于哪些交往途径的中介作用,而对象化即是通过对这些交往途径而展开出来的,展开为在忽视任何界限的情况下一切事物对一切人而言的千篇一律的可通达性。这样,语言就落入公众状态的专政之下了,公众状态先行决定了什么是可以理解的,以及为什么必须作为不可理解的东西而被抛弃掉"②。这是一种典型的规制与切割,一

---

① 陈越编:《哲学与政治:阿尔都塞读本》,长春:吉林人民出版社,2003年,第210页。
② [德]海德格尔:《关于人道主义的书信》,《路标》,孙周兴译,北京:商务印书馆,2001年,第372页。

种意识形态的霸权。在随后的论述中,海德格尔在指出语言与存在的原初关系受制于"公众状态的主体性"①。正是这种"公众状态的主体性"表明了主体哲学对存在意义的遮蔽,而阿尔都塞批判理论人道主义对现实的、具体的个人的遮蔽便与此如出一辙,都是在用一种虚假普遍性和同一性来阉割人的存在的丰富意义和内涵。而回归到马克思主义的视域中,它不仅仅阉割了人的丰富的意义和内涵,而且在根本上剥夺了无产阶级进行反思的能力以及改变现状的想象。这是阿尔都塞要专门针对理论人道主义进行批判的根本原因所在。因为理论人道主义剥夺的不仅是无产阶级的现在,更是无产阶级的未来。

上述涉及的"公众状态的主体性",按照海德格尔的意思,便是主体形而上学。"每一种人道主义或者建基于一种形而上学之中,或者它本身就成了一种形而上学的根据。对人之本质的任何一种规定都已经以那种对存在之真理不加追问的存在者解释为前提……因此之故,尤其从人之本质如何被规定的方式着眼,一切形而上学的特性都表现在'形而上学是人道主义的'。与此相应,任何一种人道主义就是形而上学"②。转换成阿尔都塞的话语则是,对理论人道主义的人之本质的任何一种规定都已经以那种对现实的、具体的个人不加追问的抽象的人的解释为前提,因此理论人道主义就是资产阶级哲学的形而上学。理论人道主义作为一种主体形而上学,其关键的环节是围绕着主客体的同一性展开的,"整个这套哲学都寄托在主客体本质的同一性上面,这种同一是通过人的本质力量在自我实现和异化中的展现而得到说明的"③。阿尔都塞清醒地意识到理论人道主义背后其实是资产阶级的主体哲学,而主体哲学得以解释世界的法宝就在于主客体的本质同一,这种同一与其

---

① [德] 海德格尔:《关于人道主义的书信》,《路标》,孙周兴译,北京:商务印书馆,2001年,第372页。
② 同上书,第376页。
③ 陈越编:《哲学与政治:阿尔都塞读本》,长春:吉林人民出版社,2003年,第209页。

说是平等的同一,不如说是主体对客体的消解。而理论人道主义的任务则是在不断地对人进行再生产、创造主体,并通过这种"主体"不断地巩固和发展着资产阶级的意识形态。所以,说到底,理论人道主义是与整个资产阶级的意识形态理论联系在一起的。"我说'理论',是因为'人'并不是仅对费尔巴哈来说是康德意义上的'观念',它还是其一切哲学的基础,就像'我思'对于笛卡尔、先验主体对于康德和'观念'对于黑格尔来说一样。"①可见,理论人道主义便是资产阶级意识形态的关键环节。所以对理论人道主义的批判,不是对资产阶级意识形态之一种的批判,而是对整个资产阶级意识形态本身的整体性批判。

在阿尔都塞看来,马克思的理论反人道主义不仅是针对费尔巴哈的,而且同时指向整个资产阶级意识形态,"马克思的理论反人道主义远远不止是清算费尔巴哈而已:它的矛头同时既对准了现存的社会和历史哲学,又对准了古典哲学传统,因而通过他们对准了整个资产阶级意识形态"②。因此,马克思的理论反人道主义便是对资产阶级意识形态的革命宣言,通过这个被阿尔都塞称为"总问题"的转换来达到对现实个人的理解。在此基础上,阿尔都塞认为应该提倡一种"真正"的人道主义,"真正的人道主义自命是以实在对象为内容的人道主义,而不是以抽象或思辨对象为内容的人道主义"③。通过对象的变换,人道主义本身的性质也获得了实质的改变,其不再是以抽象和幻想的主体为对象。当然,真正的人道主义也是一种意识形态,那么作为意识形态,其如何逃脱虚假性?阿尔都塞认为,"只要你认识到马克思主义不仅承认意识形态的存在,而且要根据它们在阶级斗争中所起的作用来判断它们,这也就不成其

---

① [法]阿尔都塞:《黑格尔的幽灵》,唐正东、吴静译,南京:南京大学出版社,2005年,第360页。
② 陈越编:《哲学与政治:阿尔都塞读本》,长春:吉林人民出版社,2003年,第212页。
③ [法]阿尔都塞:《保卫马克思》,顾良译,北京:商务印书馆,2006年,第240页。

为问题。"①也就是说,只有落实到阶级斗争中,真正的人道主义才能获得现实的内容。

如何理解"真正的人道主义"? 阿尔都塞指出:"真正是个修饰词。它指出,为了求得新人道主义的内容,必须到社会、国家等现实中去寻找。"②这是阿尔都塞思想的激进所在,任何意识形态的内容都可以还原到社会以及国家运作的现实中去,这其中当然包括阶级斗争的维度,因为在阿尔都塞看来,在阶级社会中,社会以及国家运作都是围绕着阶级斗争而展开的。阿尔都塞进一步指出,"'真正'一词的这种积极职能不是认识的积极职能,而是实际指示的积极职能"③。这也反映了马克思的名言即哲学家只是以不同的方式解释世界,而问题在于改变世界。这个"实际指示"便是将意识形态的讨论抽离出纯粹的理论领域,进而在社会实践中展开。那么,如何实现这种转换?

阿尔都塞认为:"用以把旧人道主义转变为真正人道主义的这个'现实'究竟是什么? 它是社会。"④"社会"之所以成为新旧人道主义转变的关键,原因在于,阿尔都塞认为,要避免旧人道主义关于抽象的人的论述,新人道主义就必须面向现实的人,而现实的人要获得具体内容而不至于成为另一种"抽象"的人,其必须走向社会,从社会关系中获得现实的人的真实内容。当然,对社会的分析以及现实个人的真实内容的获得,其前提是要摆脱旧的哲学概念才有可能。"对具体的人(实在的人)的认识,即对社会关系总和的认识,只是在摆脱人的概念(转移前的理论表述中的含义)的一切理论帮助的条件下才成为可能。"⑤在此,问题又回到了本章的一个重要问题,即新概念的获得是把握社会现实的前提。这也意味着,作为生产新概念的理论实践对于马克思主义哲学理解社会现实的重要性。

---

① [法]阿尔都塞:《保卫马克思》,顾良译,北京:商务印书馆,2006年,第212页。
② 同上书,第240页。
③ 同上书,第241页。
④ 同上。
⑤ 同上书,第242页。

马克思在思考现实的个人的时候,亦是如此。"在马克思用以思考实在的概念中(真正人道主义指出,人道主义应面向实在),以理论概念出现的不再是人的概念或人道主义观念,而是生产方式、生产力、生产关系、上层建筑、意识形态等崭新的概念。"① 所以,理论实践的意义不仅仅在于制造出各种新的理论,更在于要通过新的概念和理论来把握现实。而理论的反人道主义就在于脱离传统以人为中心的主体哲学,这也是历史唯物主义的贡献所在,"我们还必须理解历史唯物主义的理论反人道主义——也就是说,必须理解马克思主义关于社会形态和历史的理论不把人的概念当作中心概念的做法"②。当然,马克思拒绝以人为中心概念的深层目的在于避免对社会发展形态及其历史演变做主体哲学或历史哲学的解读,其必须还原到以阶级斗争为背景的人类社会演进中去。

就人道主义而言,阿尔都塞与海德格尔都试图通过一种新的言说方式来把握和思考现实与存在,而其首要的任务就是要揭示传统哲学中的虚假论述及其形成的解释模式的意识形态霸权功能。在阿尔都塞看来,"马克思的理论反人道主义,正如在历史唯物主义内部起作用那样,意味着拒绝把对社会形态及其历史的解释植根于那种抱有理论企图的人的概念——就是说,作为**开端性主体**的人的概念,因为人们就在这个概念里找到了他的需要的开端(Homo oeconmicus[经济人])、他的思想的开端(Homo rationalis[理性人])、他的行动和斗争的开端(Homo morals, juridicus et politicus[道德人、法律人和政治人])……如果说马克思没有从人出发,如果说他拒绝了从人的概念里对社会和历史进行理论的推导,那么这是为了要和上述神秘化进行决裂——这种神秘化不过是以资本主义生产关系为基础的意识形态力量对比关系的表现形式而已"③。因为在阿尔都塞看来,在这个作为开端的主体身上,已经蕴涵了资产阶

---

① [法]阿尔都塞:《保卫马克思》,顾良译,北京:商务印书馆,2006年,第242页。
② 同上书,第212页。
③ 陈越编:《哲学与政治:阿尔都塞读本》,长春:吉林人民出版社,2003年,第217页。

级意识形态的整个萌芽,其预先设定了论述社会、历史、世界等的解释模式。而海德格尔也指出:"人道主义的这些种类有多么不同,它们在下面这一点上却是一致的,即 homo humanus[人道的人]的 humanitas[人性、人道]都是从一种已经固定了的对自然、历史、世界、世界根据的解释的角度被规定的,也就是说,是从一种已经固定了的对存在者整体的解释的角度被规定的。"①这是人道主义、意识形态的通则,即规定人的思维方式。

通过批判人道主义,阿尔都塞将矛头直指资产阶级的意识形态,旨在通过新的概念体系来把握现实。这便是阿尔都塞所述"理论实践"的根本旨趣所在。所以,阿尔都塞理论实践不仅是理论本身的建构,而且是通过这种建构来重新切入社会现实,它既是理论革命,也是现实革命。

---

① [德]海德格尔:《关于人道主义的书信》,《路标》,孙周兴译,北京:商务印书馆,2001年,第374页。

第三章　重塑辩证法：辩证法话语的激进化与结构逻辑的转变

辩证法是马克思主义理论的重要组成部分,同时也是西方马克思主义恢复黑格尔哲学的一个重要理论领域,而这也是阿尔都塞在辩证法上去黑格尔化的关键因素所在。通过辩证法的考察来清理黑格尔哲学及其时间逻辑,是"二战"后法国马克思主义重新反思马克思主义以及探索激进政治新话语的主要途径之一。列斐伏尔对空间理论的论述也注重对辩证法的改造,"今天的辩证法不再固守于历史性及历史时间,不再固守于时间性结构如'正题—反题—合题'或'肯定—否定—否定之否定'……这是一种新的、悖论性的辩证法:它不再依附于时间性"[①]。对辩证法的反思,自 20 世纪 70 年代以来,一直成为西方马克思主义的重要课题。在此过程中,辩证法的论述指引着现代地理学与西方马克思主义的结合,由此展开了对空间理论的研究。阿尔都塞借助于结构主义的方法对辩证法的改造,也在一定的意义上参与了空间理论的开启,因为按照索亚的说法,"结构主义是 20 世纪在批判社会理论领域对空间进行重申的最重要的途径之一"[②]。在这个意义上,阿尔都塞对辩证法的重塑,不仅形成了解释马克思主义理论的新范式,同时对马克思主义理论介入空间理论提供了有效的途径。

阿尔都塞试图通过重塑辩证法,肃清黑格尔因素在马克思主义

[①] [法]列斐伏尔:《资本主义的残存》,转引自《第三空间》,陆扬等译,上海:上海教育出版社,2005 年,第 55 页。

[②] [美]爱德华·W·苏贾:《后现代地理学》,王文斌译,北京:商务印书馆,2007 年,第 27 页。

理论中的残余。阿尔都塞之所以要在理论领域不遗余力地撇清马克思主义与黑格尔的关系,其原因在于,黑格尔化的马克思主义催生了庸俗的马克思主义。受黑格尔化马克思主义的影响,各种对马克思主义进行人道主义、经济主义、历史主义等的解读层出不穷,按照阿尔都塞的说法,这严重侵蚀了马克思主义的科学性。阿尔都塞试图通过理论的方式来扭转这种趋势,而对辩证法结构的重塑便是其中的内容之一。正是在此意义上,莱文指出,"阿尔都塞文集是对20世纪新黑格尔派马克思主义的回应"①。

阿尔都塞对辩证法的重塑,大致借助了两个理论资源:结构主义与斯宾诺莎主义。当然,在阿尔都塞的论述中,这两者时常交织在一起。阿尔都塞之所以要复兴斯宾诺莎主义,其目的在于通过迂回的方式来实现对马克思哲学的理解,所以其在《自我批评论文集》中说:"我们**取道**斯宾诺莎兜一个圈子,目的是要改进我们对马克思哲学的理解。"②按照阿尔都塞的看法,改进对马克思哲学的理解就是要在辩证法问题上如何理解马克思主义的辩证法之于黑格尔辩证法的特殊性,使得马克思主义的辩证法不再囿于黑格尔辩证法的"神秘性"中。所以阿尔都塞认为这种"弯路"是必需的,它能"比较清楚地理解从绝对唯心主义的《大逻辑》'最富思辨的'那些篇章里借来的辩证法,**怎么能够而且**又是什么样的条件下能够是唯物主义的和批判的"③。按照阿尔都塞借助于斯宾诺莎的理解,这种"神秘性"主要体现在黑格尔哲学中"主体"与"目标"之间的联盟,阿尔都塞指出,"至于批判一切主体观点的黑格尔,不仅是在'实体转化的主体'的形式里,而且也在经由否定的否定实现观念的构想和使命这一没有主体的过程的**目的内在性**里,仍然为主体找到了一个位置。因此斯宾诺莎向我们展示了使黑格尔辩证法'神秘

---

① [美]诺曼·莱文:《不同的路径》,臧峰宇译,北京:北京师范大学出版社,2009年,第6页。
② [法]阿尔都塞:《自我批评论文集》,杜章智、沈起予译,台北:远流出版社,1990年,第151页。
③ 同上书,第152页。

化'的主体和目标之间的秘密联盟"①。这种联盟表现在主体与过程的合一,即"在观念构成它的自我异化的过程中,这个主体正是这个**过程**的目的论,它就是**观念**"②。可见,主体本身是被观念统摄的,其自身的实现其实只是过程本身目的的一种方式。也正是在此意义上,阿尔都塞要通过结构主义的方法来清除主体的存在,从而清除黑格尔观念论及其辩证法残余在马克思主义哲学中的存在。所以佩里·安德森说:"阿尔都塞及其门徒将斯宾诺莎系统地归入历史唯物主义,是学术上试图为马克思建立一位哲学先辈,并出其不意地从中为当代马克思主义开拓新理论方向的一次最雄心勃勃的努力。"③在此之后,当代激进政治对斯宾诺莎便青睐有加,斯宾诺莎的内在性思想也成为当代激进政治解读马克思的重要的思想资源,形成了所谓的"斯宾诺莎转向",而这种理论启示恐怕得归因于阿尔都塞。在这个意义上,阿尔都塞借助于斯宾诺莎来解读马克思的思想以及由此所引发的解释框架的转换,为当代激进政治话语的开启提供了重要的理论启示。

结构主义的方法就在于对抗黑格尔的宏大主体以及社会总体性范畴,阿尔都塞借助于结构主义的方法,其目的在于消除黑格尔辩证法中神秘的主体和本质主义,转而在结构与要素的关系中来论述社会存在。"受法国结构主义的影响,阿尔都塞拒绝了黑格尔的这种有机体主义,而返回到斯宾诺莎,其解释方法建构在无主体结构思想的基础上。阿尔都塞延续了社会总体的传统,而对总体思想去黑格尔化。总体性不是有机体主义,而是无主体的结构或无内在终极目的的结构。阿尔都塞推动的是斯宾诺莎主义的马克思主义,

---

① [法]阿尔都塞:《自我批评论文集》,杜章智、沈起予译,台北:远流出版社,1990年,第154—155页。
② [法]阿尔都塞:《黑格尔的幽灵》,唐正东、吴静译,南京:南京大学出版社,2005年,第363页。
③ [英]佩里·安德森:《西方马克思主义探讨》,高铦、文贯中、魏章玲译,北京:人民出版社,1981年,第85页。

而不是黑格尔化的马克思主义。"①对阿尔都塞来说,结构主义的最大优点在于主体已经被消解在结构中,而结构又不再是那个具有本质主义且包含终极目的的总体范畴,更在于结构是一种不在场、非实体的存在,这有利于驱除马克思主义中的黑格尔化的实体存在。

阿尔都塞非常清楚,简单地"颠倒"黑格尔的辩证法是无济于事的,必须在新的形式上重新建立马克思主义辩证法的特殊性,而这种特殊性必须在结构中得到呈现,而不再囿于黑格尔所谓的主体、本质、目的等的神秘怪圈中。"斯宾诺莎帮我们看出,主体/目的的概念构成了黑格尔辩证法'神秘化的一面',可是要提出马克思主义的唯物辩证法,通过去除和扳正的简单过程除去神秘化的一面就够吗?一点也不,因为解除了这些桎梏,新的辩证法会无止境地盘旋在唯心主义的真空中;除非它在黑格尔不知的和能赋予它唯物主义身份的**新形式上**扎根。那么,马克思在《哲学的贫困》、《政治经济学批判》和《资本论》里所说的东西是什么呢?恰恰是在这里:唯物辩证法能产生作用是有赖于一种**表示位置**(Topique)的架构。"②所以,我们能够看到阿尔都塞经常用马克思的"地形学"隐喻来论述马克思的辩证法,其目的就在于在结构赋予各因素以位置的模式中论述社会存在。通过这种解构逻辑,阿尔都塞呈现了各社会存在维度(社会、政治、经济、意识形态等)之间的差异和统一,虽然黑格尔也在家庭、市民社会和国家领域中论述了这种差异,但是其划分只是以"扬弃"为目的,而不是赋予其自在自为差异化存在,并在"扬弃"的过程中实现线性时间逻辑的发展。同时,这种结构逻辑所规定的位置关系,也使得辩证法不再在诸如经济、物质等实体化的存在中再度陷入唯心主义的臆想中,"马克思主义表现位置的立场保护了辩证法,使它不受生产自己物质实体的这一狂妄状态的唯心主义概念所影响。反过来,它强迫辩证法使它不能不承认它自

---

① [美]诺曼·莱文:《不同的路径》,臧峰宇译,北京:北京师范大学出版社,2009年,第6页。

② [法]阿尔都塞:《自我批评论文集》,杜章智、沈起予译,台北:远流出版社,1990年,第156页。

己的有效性是取决于物质条件。这些条件跟这些场合('领域')的界限、跟它们的范围、跟它们在社会形态'整体'中制约方式是有关联的"①。阿尔都塞的这种解读,使得辩证法既能摆脱黑格尔辩证法的阴影,同时又能使辩证法建立在唯物主义的基础上。

第一节　辩证法逻辑的转换与无产阶级的政治实践

辩证法是西方马克思主义者研究的主要内容,其原因在于马克思的辩证法承担着无产阶级政治实践的方法论纲领的使命,对马克思辩证法的研究,有助于恢复马克思主义哲学的革命主题与身份。阿尔都塞对马克思辩证法的研究亦不例外,其政治实践的导向更是明显。阿尔都塞希望通过在马克思主义理论内部重新定义和规定辩证法,使得马克思主义的辩证法能够跳出黑格尔辩证法的神秘怪圈。通过这种方式,阿尔都塞为无产阶级的政治实践寻找新的政治逻辑与话语。按照阿尔都塞的理解,正是由于将马克思主义的辩证法与黑格尔的辩证法相混淆,使得无产阶级的政治实践缺乏明确的革命纲领。欧洲无产阶级革命运动转入低潮、第二国际经济决定论以及斯大林主义对马克思主义理论的绑架,使得阿尔都塞重新探讨无产阶级政治实践的政治逻辑何以可能。经济决定论以及西方马克思主义的早期人物对黑格尔辩证法的复兴,使得马克思主义的辩证法日益走入理论的死角。一方面,经济决定论使得历史唯物主义的解释模式僵化乃至教条化,在经济决定的背景中,实证主义思潮逐渐渗入历史唯物主义;另一方面,西方马克思主义的早期人物对黑格尔辩证法的青睐,使得马克思主义的叙事逻辑重新退回到黑格尔的思辨模式。上述两方面的影响,使得马克思主义的理论与实践

---

① [法]阿尔都塞:《自我批评论文集》,杜章智、沈起予译,台北:远流出版社,1990年,第159页。

的关系日益模糊甚至分道扬镳,无产阶级的政治实践亦是跌入低潮。这使得马克思主义遭受重大的理论危机,无产阶级的革命主题日益被遮蔽。

在理论与实践的双重困境的背景下,阿尔都塞认为,必须强化马克思辩证法的结构性逻辑,以此对抗黑格尔辩证法的时间逻辑所造成的对马克思辩证法的曲解,避免对历史唯物主义做历史决定论的阐释。在此基础上,阿尔都塞借助于辩证法结构性逻辑,提出偶然唯物论,通过论述"相遇"、"事件"以及"形势"等概念,在结构性逻辑的引导下,论述无产阶级在新形势下展开政治实践的可能性。

同时,阿尔都塞对"相遇"、"事件"等概念的关注,日后也在实质上影响了齐泽克对辩证法的解读,以及巴迪欧"事件政治学"的提出。并且,阿尔都塞辩证法的结构性逻辑所蕴涵着的空间逻辑,影响并开启了后马克思主义对空间问题的关注。按照苏贾在《后现代地理学——重申批判社会理论的空间》中的说法,"西方马克思主义的创造性重构发生于法国伟大的解构活动期间。这一活动是继1968年发生于巴黎南泰儿大学的风暴以后展开的"[①]。而阿尔都塞的理论实践无疑是西方马克思主义重建的重要组成部分和转折点。苏贾认为,虽然阿尔都塞本人并没有明确地提出有关空间问题的论述,但阿尔都塞的结构主义的马克思主义对主体和历史决定论的拒斥,构成了法国马克思主义理论空间化的前奏。

一、阿尔都塞论马克思的辩证法与黑格尔的辩证法的区别

阿尔都塞认为:"马克思和黑格尔的关系问题当前是一个决定性的理论和政治问题。说它是理论问题是因为:它控制了当代最重要的战略科学的前景:历史科学和与这一科学相联系的哲学前景——辩证唯物主义。说它是政治问题则因为:它是从这些前提

---

① [美]爱德华·W·苏贾:《后现代地理学》,王文斌译,北京:商务印书馆,2007年,第65页。

派生出来的。它无论过去和现在都被铭刻在阶级斗争的一定水平上。"①这是阿尔都塞对马克思与黑格尔关系的一个总体性论述,从中我们也可以看出,如何辨识和定义这两者的关系,关乎马克思主义理论及其政治实践的导向问题。而就马克思与黑格尔的关系而言,阿尔都塞将其核心聚焦在两者论述辩证法的差别上,因为在阿尔都塞看来,辩证法的差别能够标示出马克思主义理论之于黑格尔哲学的理论革命性质。

在探讨马克思辩证法与黑格尔辩证法的区别时,主要观点是依据马克思在《资本论》第二版的跋中的论述:"辩证法在黑格尔手中神秘化了……在他那里,辩证法是倒立着的。必须把它倒过来,以便发现神秘外壳中的合理内核。"②以此为依据,诸多见解认为,只要把黑格尔辩证法"颠倒"过来,以物质代替意识,马克思的辩证法就成型了。而正是这种误读,导致了第二国际的经济决定论、斯大林主义以及实证主义对马克思主义的曲解。

但在阿尔都塞看来,黑格尔辩证法的"神秘外壳"本身是与黑格尔哲学是本质相连的。阿尔都塞指出:"不能想象黑格尔的意识形态在黑格尔自己身上没有传染给辩证法的本质,同样也不能想象黑格尔的辩证法一旦被'剥去了外壳'就可以奇迹般地不再是黑格尔的辩证法而变成马克思的辩证法。"③可见,马克思的辩证法应该有着与黑格尔辩证法不同的逻辑与结构。从阿尔都塞认为黑格尔的辩证法"传染"了黑格尔哲学本质的意义上来说了,黑格尔辩证法的主导逻辑还是其历史哲学的逻辑即时间逻辑。通过自我意识在时间逻辑的演绎来达到自我意识有内容的复归,这是黑格尔辩证法与其历史哲学的本质秘密所在。"黑格尔辩证法的'简单性'来源于黑格尔的'世界观',特别是来源于在世界观中得到反映的历

---

① [法]阿尔都塞:《黑格尔的幽灵》,唐正东、吴静译,南京:南京大学出版社,2005年,第344页。
② 马克思:《资本论》(第一卷第二版跋),北京:人民出版社,2004年,第22页。
③ [法]阿尔都塞:《保卫马克思》,顾良译,北京:商务印书馆,2006年,第79页。

史观。"①所以任何一种"剥去外壳"和"颠倒"说的理解,都是一种片面的知性理解,其本身仍然逃脱不了黑格尔历史哲学的单一本质框架。这种历史的挫败在马克思主义发展史上尤为明显,典型的是第二国际的经济决定论。这种试图用物质性和经济性来代替黑格尔自我意识的阐释,表面上是进一步巩固了马克思唯物主义的基础,实质上却是将马克思重新拉回到了黑格尔的逻辑中。这种误解导致了实用主义、科学主义以及经济决定论的泛滥,严重违背了历史唯物主义的初衷。阿尔都塞认为,导致第二国际误读的原因,不在于承认马克思的辩证法的唯物性而导致的经济决定论,而在于没有理解马克思的辩证法。在黑格尔式的单一本质的模式中来理解马克思的辩证法,从而使经济因素代替自我意识,而陷入黑格尔式的思辨泥淖中。

由此可见,只要辩证法没有脱离开黑格尔哲学时间逻辑的阴霾,任何"颠倒"、"剥去神秘外壳"都是无济于事,且只能导致一种粗鄙的模仿。所以,阿尔都塞认为:"如果马克思的辩证法'在本质上'同黑格尔的辩证法相对立,如果马克思的辩证法是合乎理性的而不是神秘的,这种根本的不同应该在辩证法的实质中,即在它的规定性和特有结构中得到反映。"②

马克思辩证法的"规定性"与"特殊结构"并不是一种理论诉求,而是一种导向革命的方法论纲领。这在马克思对辩证法阐释的名言中可见一斑:"辩证法对每一种既成的形式都是从不断运动中,因而也是从它的暂时性方面去理解;辩证法不崇拜任何东西,按其本质来说,它是批判的和革命的。"③由此可见,马克思的辩证法不再是一种追求事物本质的理论,而是一种依据"暂时性",进而展开实践的方法论。而"暂时性"所暗示的则是一种结构性变异,而不是时间逻辑的产物。因为时间逻辑的本质是内在的单一本质的演

---

① [法]阿尔都塞:《保卫马克思》,顾良译,北京:商务印书馆,2006年,第95页。
② 同上书,第81页。
③ 马克思:《资本论》(第一卷第二版跋),北京:人民出版社,2004年,第22页。

绎,而结构性逻辑的本质则是外在的多元的合力,其重点不再探究事物的内在本质发展,而倚重于事件、形势的不平衡发展与差异。

在阿尔都塞看来,马克思辩证法的结构性逻辑展开的典型形式就是马克思的经济基础与上层建筑之间的社会结构地形学。马克思通过地形学来对抗黑格尔辩证法的"圆圈"结构。因为地形学所表明的是各个因素之间的空间结构关系及其不平衡与差异。马克思指出,一方面经济基础决定上层建筑,另一方面上层建筑具有反作用及相对自主性。这种地形学所标识的是社会结构因素在空间上的相互关系,而非时间内在性的发展关系。尤其值得注意的是,阿尔都塞借用恩格斯的"归根到底"名言来言说这些因素的关系。在面对经济决定论的质疑时,恩格斯指出:"根据唯物史观,历史进程中的决定因素归根到底是现实生活的生产和再生产……无论马克思或我都从来没有肯定过比这更多的东西。如果有人在这里加以歪曲,说经济因素是**唯一**决定性因素,那么他就是把这个命题变成毫无内容的、抽象的,荒诞无稽的空话。"[①]阿尔都塞认为,"归根到底"本身就道出了地形学结构中各因素的不平衡及其差异。"因此,提出决定作用里的这个'归根到底'就起了双重的作用:它把马克思从一切机械论的解释里截然地分离出来,同时又在决定作用内部揭示了由一些不同诉求所发挥的功能,即由辩证法所勾画的那样一种现实差异所发挥的功能。"[②]可见,一方面,"归根到底"所揭示的是地形学结构中各因素之间的博弈,有效地排除了机械论的片面绝对阐释及其引发的经济决定论;另一方面也昭示了结构内部各因素的差异化存在。这是马克思辩证法与黑格尔辩证法之差异所在,在阿尔都塞看来,这涉及马克思整体概念与黑格尔总体概念的区别。

阿尔都塞认为,黑格尔总体概念是表现性的,而马克思辩证法

[①] 马克思、恩格斯:《马克思恩格斯选集》(第四卷),北京:人民出版社,1995年,第695—696页。

[②] 陈越编:《哲学与政治:阿尔都塞读本》,长春:吉林人民出版社,2003年,第186页。

的整体概念是结构性的。表现性的总体概念,在阿尔都塞看来,具有"双重诱惑":"一方面使我们把它看做一种将一切表现形式包揽无余的、无所不在的本质,另一方面(其实是一回事)又使我们把它看作一个圆圈或者球体(这个隐喻使我们再次想起黑格尔),并在那里面发现一个可以作为它的本质的中心。"①而在这"总体"概念中起决定作用的是辩证法,它通过一种"圆圈或球体"的方式,不断地制造了"复归"与"平衡",使之成为一个本质单一的稳定结构。马克思辩证法正是要破除黑格尔辩证法的神话,代之以"整体"概念的解构特征,进一步彰显马克思辩证法中的"不平衡"与"差异化"因素。阿尔都塞进一步指出:"我谈论**整体**,从而表明,在马克思主义的社会形态观念里,一切事情都是紧紧结合在一起的;一个要素的独立永远只是它们依赖性的形式;而且各种差异的交互影响是被一个归根到底的决定作用的统一性所控制的。但也因为如此,我不谈**总体**,因为马克思主义的整体是复合的、不平衡的,并且是被那个归根到底的决定作用给它打上了这个不平衡的烙印的。正是这种交互影响、这种不平衡,才使我们能够理解:某种现实的事物如何可能偏偏在一个社会形态里产生,并且通过政治上的阶级斗争,它又如何可能抓住现实的历史。"②总体意味着本质、中心,同时也意味着结构的稳定;整体意味着要素、差异,同时意味着结构的偶然。阿尔都塞认为,马克思的整体概念的结构性就表现在各要素之间的相互影响与不平衡,并且通过自身的关系不断地制造着新的结构关系,不断地制造着现实的偶然性现象,而这是无产阶级政治实践必须加以把握和促成的。正是在这种意义上,"偶然性"才是可以理解的,社会现实才是可以理解的,通过各要素之间的不平衡差异关系,诱发整个社会结构的紊乱,而无产阶级的政治实践就应该以此而展开。

---

① 陈越编:《哲学与政治:阿尔都塞读本》,长春:吉林人民出版社,2003年,第191页。
② 同上书,第193页。

二、辩证法与偶然唯物论

如前所述,阿尔都塞认为,马克思辩证法区别于黑格尔辩证法的真实环节在于马克思辩证法的"规定性"与"特殊结构",即用结构性逻辑取代时间逻辑。纵观马克思主义的理论与实践的历史,我们可以明确地观察到,对马克思辩证法的结构性的阐释是有着真切的现实关怀。不仅是后期的马克思、恩格斯,而且西方马克思主义者对此也形成了理论自觉。后期马克思、恩格斯在欧洲无产阶级革命屡遭失败之后,开始将目光转向东方,这种"转向"不仅是地理上的空间转换,更是理论与实践上的空间逻辑转换。按照马克思、恩格斯的理论构想,欧洲将迎来无产阶级革命的浪潮。这种理论构想的前提是资本主义生产方式随着时间逻辑的演进而必然遭受自身不可调和的矛盾,而无产阶级将在资本主义生产方式的"内爆"中实现自身。现实的背道而驰以及理论的变异(第二国际的经济决定论)使得这种时间逻辑主导的理论构想遭到巨大的挑战。

面对理论与现实的双重困境,马克思、恩格斯将兴趣转向东方社会。东方社会形态本是在马克思、恩格斯的时间逻辑之外,但其作为世界历史不平衡发展的形式,为马克思主义寻找新的理论与实践的突破口提供了契机。这在列宁的理论阐释中得到了具体表现。列宁著名的"帝国主义发展的不平衡"以及"最薄弱环节",在阿尔都塞看来,这些都是马克思辩证法结构性逻辑所标识的"不平衡"与"差异化"的具体表现。

以此为契机,阿尔都塞认为,马克思辩证法的结构性逻辑对不平衡及差异的描述,在具体的政治实践中则表现为对事件及形势的把握。在这个意义上,马克思辩证法为阿尔都塞的偶然唯物论提供了理论支持。

晚期阿尔都塞为了现实的政治实践而寻求理论突破,提出了偶然唯物论。借助于马克思博士论文中对伊壁鸠鲁的讨论,阿尔都塞指出:"世界的起源以及随之而起的所有现实和意义都源于一种偏斜;不是理性或者原因,而正是那种偏斜是世界的起源。"①而"偏斜"在阿尔都塞看来是一种偶然事件,是原子平行下降运动中不平衡及差异化的结果。同时,在论述"偏斜"与"事件"时,阿尔都塞借助马基雅维利的思想资源。因为在阿尔都塞看来,马基雅维利的思想任务与无产阶级政治实践的理论要求是一致的,都是要首先通过理论的努力来清除当时代的统治阶级的意识形态,建立一个崭新的世界。而且马基雅维利为追求一个新的"开始"而对"偶然性"与"偏斜"的阐释,并非是笛卡尔式的寻求一种哲学式的"起点",而是依傍"新君主"的政治实践展开的。这在阿尔都塞看来尤为重要,因为无产阶级所要开创的新形势亦是在无产阶级的政治实践中同时展开的,而不是一种纯粹理论式的说教。在这个意义上,要探究阿尔都塞偶然唯物论对"偶然性"的阐释,还应回到马基雅维利的思想视域中去。

  偶然唯物论,其"偶然"并非与"必然"相对,而是源自马基雅维利视域中的"偶然":"在文艺复兴的佛罗伦萨智识界,*accidente* 这个术语的使用既是中世纪经院思想的残余,又是亚里士多德主义在当代复活的表现。在亚里士多德学派和托马斯主义的思想中,'偶然的'所表示的意思与'实体的'所表示的意思相对。"②在亚里士多德思想中,"实体"是指不依靠他物而自身存在,是一种自我圆满的存在。而在阿尔都塞看来,"实体"概念所表征的是一种本质的、固定的存在方式,这对马基雅维利的政治实践而言,都是必须清除的路障,所以,"偶然性"便成为马基雅维利的思想武器,以此来击碎马基雅维利时代意大利的巨大意识形态障碍。同理,阿尔都塞借用马基雅维利的"偶然性"来为无产阶级的政治实践服务,因为无产阶级政治实践的首要任务是冲破资产阶级意识形态的牢笼。这就需要一种"偶然性"因素来扰乱整个资产阶级生产和社会结构的秩

---

  ① Louis Althusser: *Philosophy of the Encounter*, edited by François Matheron and Oliver Corpet, London; New York: Verso, 2006, p. 169.
  ② 韩潮编:《谁是马基雅维利:思想史研究》(第8辑),上海:上海人民出版社,2010年,第198页。

序,而无产阶级的政治实践则顺势展开。

在此,偶然唯物论便与马克思辩证法是异曲同工,都是在反对一种本质的、实体的历史解释模式,通过借助于不平衡、差异化、相遇、事件等概念,在结构性逻辑的主导下展开政治实践。阿尔都塞的偶然唯物论依傍马基雅维利对"新君主的诞生"等政治实践的阐释而展开。马基雅维利"君主实践"的关键词是相遇与形势,通过对现实条件与政治形势的把握,促成政治实践的成功。晚期马克思对东方社会及俄国革命的关注,表现了马克思对政治实践的重新思考。当然,这种思考还直接涉及马克思对资本主义生产方式的分析,以及对俄国公社的分析。如前所述,俄国作为帝国主义发展不平衡及"最薄弱环节",是资本主义生产方式历史进程的异质性存在,而这在列宁看来,正是突破资本主义生产方式的有效途径。而这在偶然唯物论的视域中则是对"相遇"与"形势"的把握,阿尔都塞认为"这种薄弱状况是以下这种特殊环境中产生出来的,即当时可能产生的各种历史矛盾在一个国家中得到了积聚和激化"①。当各种历史矛盾相遇,政治实践的条件便具备,使无产阶级把握这种"形势"并实现"无产阶级"与"各种矛盾"的"相遇"。这种"相遇",在阿尔都塞看来,便是辩证法结构性逻辑所呈现出来的。按照黑格尔辩证法时间逻辑,不同的"历史矛盾"是不可能会"积聚"在同一个时期而是历史阶段性产生的,所以黑格尔的历史观是时间线性发展的。而无产阶级政治实践则必须避免这种时间线性发展的辩证法,第二国际的改良主义便是犯了此等错误。阿尔都塞认为,世界历史进程自身带有诸多不确定因素,而无产阶级的政治实践则是要善于把握和利用"偶然性"所造成的社会结构的虚空状况,从而力促社会结构的重构。其实,马克思在1871年4月17日致库格曼的信中便论述过:"如果斗争只是在有极顺利的成功机会的条件下才着手进行,那么创造世界历史未免就太容易了。另一方面,如果'偶然性'不起任何作用的话,那么世界历史就会带有非常神秘的性质。

---

① [法]阿尔都塞:《保卫马克思》,顾良译,北京:商务印书馆,2006年,第83页。

这些偶然性本身纳入总的发展过程中,并且为其他偶然性所补偿。"①在马克思看来,"偶然性"其实是社会现实的一部分,它作为一种"征候",恰好反映出了整个社会现实内部自身存在的问题。列宁在《远方来信》(第一封)中亦论述过这种社会现实:"奇迹在自然界和历史上都是没有的,但是历史上任何一次急剧的转折,包括任何一次革命在内,都会提供如此丰富的内容,都会使斗争形式的配合和斗争双方力量的对比出现如此料想不到的特殊情况,以致在一般人看来,许多事情都仿佛是奇迹。"②列宁认为,这些"料想不到的特殊情况"并不是社会历史与现实中的"奇迹",而是社会历史与现实内部各种力量因素相互"配合"与"斗争"的结果,它们实实在在地是社会历史与现实的内容,只是其出场方式的独特而已,而任何独特方式都是一种依赖形式而已。

这些都是晚期阿尔都塞提倡偶然唯物论的重要理论资源。无产阶级政治实践的条件只能靠阶级自身去发掘和实现,任何依靠历史进程而自身具备政治实践条件的设想,在阿尔都塞看来,不是神秘主义便是历史决定论,这对于无产阶级的政治实践而言,便是不切实际的乌托邦。阿尔都塞深谙其理,只有将政治实践的辩证法由时间转向结构,在社会同一空间的多元因素的相遇下,洞察到政治实践的有效形势,无产阶级的革命才能突破资产阶级意识形态的褴褛。因为"相遇"与"形势"为无产阶级的政治实践提供了一种思考方式:"不仅思考历史的现实,而且首先思考政治的现实;不仅思考现实的本质,而且首先思考实践的本质"。③ 所谓"政治的现实"与"实践的本质",列宁的理论与实践表现得尤其典型。"列宁在政治实践中所遇到的帝国主义,是以现实存在的形式,即作为具体的现在而出现的。历史理论家或历史学家所接触的帝国主义,则是以另

---

① 马克思、恩格斯:《马克思恩格斯全集》第33卷,北京:人民出版社,1973年,第210页。

② 列宁:《列宁选集》第3卷,北京:人民出版社,1995年,第1页。

③ Louis Althusser: *Philosophy of the Encounter*, edited by François Matheron and Oliver Corpet, London; New York: Verso, 2006, p. 188.

一种形式,即以非现实和抽象的形式而出现的……列宁完全懂得,他要改造的社会现实是帝国主义发展的产物;否则,他就不是马克思主义者了。但是,他在1917年革命中的对象不是一般的帝国主义,他面对的是俄国的具体形势和环境,是据以确定他的政治实践的'现阶段'……在这个世界里,在这个唯一可能存在的具体世界里,在这个'现阶段'的真实世界里,列宁分析了这个世界的特殊结构,分析了决定着一切革命实践胜败存亡的主要纽带、环节和战略要害,分析了一个特定国家(既是帝国主义国家,又是半封建半殖民地的国家)在主要矛盾已处于一触即发的情况下各种矛盾的典型态势和典型关系……它们分析了一个具体环境的结构,并把这个结构中的各种矛盾转移和压缩成一个独特的统一体,而这个统一体就是1917年2月到10月的政治行动即将进行改造的那个'现阶段'。"①列宁正是在思考了当时俄国的具体现实之后,在各种"事件"与"形势"相遇之后,无产阶级政治实践才得以顺利展开并取得胜利。

为此,阿尔都塞认为,相遇是社会结构理论和无产阶级政治实践所不可或缺的唯物辩证法的独特形式。这种独特形式表现在马克思毕生致力于无产阶级与"哲学"的相遇。马克思在分析资本主义生产方式与社会结构时指出,生产资料与劳动力的分离是资本主义社会的秘密所在,这种"分离"使得工人彼此分工、互不关联且处于异化状态。马克思的分析在于揭露只有在资本主义生产方式与社会结构中制造一种相遇,即生产资料与劳动力的相遇,使得工人能够消除异化,所以马克思力主消灭分工、消灭私有制。马克思的努力在于,使得处于相互分离的工人能够发生真实的联系,打破僵硬的社会分工,形成阶级意识,形成无产阶级,从而创造一个新世界。由此可见,无论是早期马克思的《巴黎手稿》还是晚期的《大纲》以及《资本论》中对资本主义生产方式的分析,其目的都在于在资本主义社会中制造一种"偏斜"、一种"相遇",从而打碎资本主义

---

① [法]阿尔都塞:《保卫马克思》,顾良译,北京:商务印书馆,2006年,第170—171页。

社会的基本结构。

可见,阿尔都塞的偶然唯物论的理论与实践旨趣都在于避免对社会历史进程做历史决定论的解释,避免辩证法的时间逻辑对无产阶级政治实践的误导。在阿尔都塞看来,无产阶级的政治实践是由多元结构决定的,这些因素在结构性逻辑的支配下实现相遇,从而进行有效的政治实践。马克思的理论正如他对辩证法的理解,即不崇拜任何东西,按其本质来说,它是批判的和革命的,任何导向革命的偶然性现实因素都应该纳入社会的总进程中,并且通过这种"异质"因素的介入而促成形势的转变。而这是辩证法与阿尔都塞偶然唯物论的关联所在。

三、辩证法的重塑与后马克思主义激进政治思想

阿尔都塞对辩证法的重新思考,其目的在于拒斥第二国际的经济决定论以及斯大林主义对马克思辩证法的误读,从而为无产阶级的政治与理论实践提供理论资源。在这一过程中,阿尔都塞表现出对列宁激进政治思想的回复。不过,阿尔都塞重思辩证法的思想效应,更多地反映在他对后马克思主义有关激进政治思想的开启方面。

在阿尔都塞看来,辩证法的意义在于实践,"对辩证法作确切的理论阐述,首先关系到马克思主义辩证法在其中起作用的那些实践,因为这些实践(马克思主义的'理论'和政治)在它们的发展过程中都需要有关于它们的实践的概念(辩证法的概念),以免在这一发展的质的新形式(新的形势、新的'问题')面前陷入无能为力的地步,或者为了避免一而再、再而三地在理论上和实践中落到形形色色的机会主义泥坑中去"[①]。辩证法的实践导向使得阿尔都塞思考如何使马克思的辩证法脱离历史决定论和经济决定论的泥淖。而历史决定论和经济决定论的本质是黑格尔辩证法的时间逻辑,由此,阿尔都塞以"地形学"为隐喻,力倡马克思辩证法的结构性逻

---

① [法]阿尔都塞:《保卫马克思》,顾良译,北京:商务印书馆,2006年,第160页。

辑。在宏观层面,阿尔都塞以"地形学"的隐喻来解释社会结构和社会发展进程,在一种"差异化"、"不平衡"的辩证法中阐释社会历史现实。在微观层面,这种"不平衡"、"差异化"的辩证法表现在"相遇"与"事件"。阿尔都塞通过马基雅维利对"新君主"的阐释来揭示"相遇"与"事件"在无产阶级政治实践中的重要作用。这种解释模式的本质是辩证法结构性逻辑即将社会历史发展"事件化"。晚年恩格斯也对"事件"关注有加,在关于合力论的论述中,他认为合力不再是经济的决定因素,而是"历史事件"。

阿尔都塞倚重"差异化"、"不平衡"、"相遇"与"事件"来论述无产阶级政治实践的理论模式,为后马克思主义提供了理论暗示。齐泽克在论述辩证法时,指出黑格尔的辩证法就是从"差异"入手的,虽然此观点与阿尔都塞对黑格尔的解释相左,但仍然能看出齐泽克受阿尔都塞思考方式的影响。而巴迪欧的"事件政治学"便无疑是承袭了阿尔都塞的思想。巴迪欧认为世界或者存在是以事件来标识的,并且通过"事件"致使社会系统功能性紊乱,从而改变社会结构,以至于达到无产阶级革命的适时展开。而所有这些理论的内在逻辑亦不再是时间逻辑(即通过一种均质的、渐进的过程而达到目的),而是一种结构性逻辑(即通过一种差异的、偶然相遇的事件而达到目的)。

毋庸置疑,阿尔都塞对辩证法结构性逻辑的提倡及其对"相遇"、"事件"的阐释,在很大意义上影响了列斐伏尔等对"空间"问题的关注。按照阿尔都塞的理解,结构性逻辑展示的是社会结构及形态的横向关系,是多元因素在空间内的相遇与结合,同时这些因素的结合又在不断地制造新的社会空间,也正是这些新的社会空间,为无产阶级的政治实践提供了现实的舞台。

由此可见,阿尔都塞以及后马克思主义者对辩证法结构性逻辑以及空间逻辑的倡导,其目的仍在于恢复马克思主义激进政治的传统,为无产阶级制造一种导向革命的方法论纲领。而这便涉及新的政治逻辑如何展开的问题。

辩证法结构性逻辑以及空间逻辑的展开为新的政治逻辑的展

开提供了理论引导。这种展开的路径仍然需要"回到列宁"。如前所述,在欧洲工人运动接连失势之后,革命的条件问题便重新成为马克思、恩格斯思考的主要内容。随后,马克思、恩格斯将目光转向东方社会,对东方社会(尤其是俄国和印度)的分析使得马克思、恩格斯认为东方社会的公社模式有助于无产阶级的革命。他们甚至认为,这种社会结构如果能与西欧的工人阶级发生"相遇"的话,那么革命将是呼之欲出的。马克思、恩格斯对东方社会的关注,列宁后来概述为帝国主义不平衡发展的"最薄弱环节",而这则是辩证法结构逻辑以及空间逻辑的有效展开。因为它关注的不再是纵向的时间历史发展为政治实践提供的可能性条件,而是横向的空间发展不平衡为政治实践提供的现实条件。而俄国的一国胜利便是最好的例证,而其中发挥重要作用的"事件"便是:第一次世界大战使得这种"薄弱"状况进一步加剧、俄国农奴受政教的双重压迫而倾向于革命、俄国的革命先进分子流亡国外并接受了西欧工人阶级的全部经验。① 这些事件的"相遇"便引发了俄国革命并取得胜利。后期阿尔都塞提倡偶然唯物论的目的亦在于此。

辩证法的复兴之所以要"回到列宁",原因在于辩证法的功效要在政治实践中才能获得,而且阿尔都塞认为,马克思虽然没有留下理论的辩证法,但实践状态的辩证法则充斥在马克思的理论研究和行动中,尤其表现在《资本论》中。阿尔都塞指出:"1917 年革命的阶级斗争实践中,在列宁的思想里,我们的确看到了具有特殊性的、但以实践状态出现的马克思主义辩证法。"② 也正是这种以实践状态出现的辩证法,道出了马克思辩证法对黑格尔辩证法"颠倒"的真实内容。

马克思对政治实践主导下的辩证法做出了精辟的论述:"辩证法对每一种既成的形式都是从不断地运动中,因而也是从它的暂时性方面去理解;辩证法不崇拜任何东西,按其本质来说,它是批判的

---

① [法]阿尔都塞:《保卫马克思》,顾良译,北京:商务印书馆,2006 年,第 84 页。
② 同上书,第 167 页。

和革命的。"① 这仍然是当代激进政治所不可或缺的重要理论资源。而其中的"暂时性"方面，在阿尔都塞看来，就是"事件"与"形势"。马克思认为，作为现实世界异质性的"暂时性方面"可以成为撬动整个社会结构的楔子。当代激进政治应该积极利用由于"事件"与"形势"而使社会结构紊乱甚至虚空时所敞开的状态。阿尔都塞认为，"事件"、"形势"以及"相遇"等，可以成为影响社会结构的因素，是因为它们都是社会矛盾的"征候"。因为"征候"所显示的重要内容不在于其自身所具有的价值，而在于其所昭示的整个社会结构的内在不自洽，而这恰是社会危机的前兆。在此意义上，"偶然性"、"事件"等并不是外在于社会现实，而是社会现实的组成部分，所以，对它的寻求，仍然必须回到社会现实中去。

辩证法逻辑的转换即由时间逻辑转向结构性逻辑以及空间逻辑，使得当代激进左翼政治的语境发生了变化，这种变化表现在由原先对运动的关注转向对事件的关注。这种后现代的语境同时也暗示着革命形势发生了实质性的变化，革命运动的主题已渐行渐远，对偶然事件的关注已成为理论的焦点。同时，这也是当代激进政治"回到列宁"、"复兴辩证法"的原因所在。"回到列宁"不仅是对"事件的关注"，更在于无产阶级的政治实践对外围意识形态束缚的突破，从而在现实的社会与政治环境中寻求革命的"阿基米德点"；而"复兴辩证法"则在于重新回归革命的主题与热情。

第二节　阿尔都塞视域中的辩证法逻辑

一、阿尔都塞对马克思主义辩证法的解读

阿尔都塞认为，马克思在《资本论》中所提到的"颠倒说"，即"辩证法在黑格尔手中神秘化了……在他那里，辩证法是倒立着的。

---

① 马克思：《资本论》（第一卷第二版跋），北京：人民出版社，2004年，第22页。

必须把它倒过来,以便发现神秘外壳中的合理内核"①。这一方面显示了马克思自己的理论革命,即对黑格尔哲学及其辩证法的超越;另一方面暗示着马克思本人并没有发展出一套完整的辩证唯物主义论述来言说这种理论革命,这使得马克思不得不回头借助"颠倒"的隐喻来叙述。因为"颠倒"一词,并不是解决理论问题的**概念**,而只是解决问题的一个**隐喻**。毫无疑问,"颠倒"一词是费尔巴哈的哲学概念,马克思只是假借这个词而已;这个概念实际上只表述了费尔巴哈与黑格尔哲学之间的关系,而这并不是表述马克思哲学与黑格尔哲学之间关系的概念,"只是用来表述马克思对黑格尔哲学之间理论革命的一个隐喻……这种比较揭示出理论革命并不包含在这种'颠倒'中,而是发生在用新的、科学的问题式取代意识形态问题式的行为中"②。在此,阿尔都塞暗示着马克思本人由于辩证唯物主义论述的不成型,使得在面对黑格尔的辩证法时,马克思只能用隐喻的方式来言说。

可见,辩证法问题亦成了发展辩证唯物主义的一个重要组成部分。在此问题上,阿尔都塞一方面借助列宁关于"不平衡发展"、"帝国主义薄弱环节"以及毛泽东在《矛盾论》中关于"主要矛盾和主要的矛盾方面"等论述来发展和丰富辩证法;另一方面,阿尔都塞通过自己的理论实践,借助斯宾诺莎的思想资源,通过"多元决定"和"结构因果性"等概念来为辩证法注入新的内容。

首先,阿尔都塞认为,列宁的政治实践就真实地反映了对辩证法的进一步发展。因为"1917年革命的阶级斗争实践中,在列宁的思想里,我们的确看到了具有特殊性的、但以实践状态出现的马克思主义辩证法"③。也正是这种实践状态出现的辩证法,道出了马克思辩证法对黑格尔辩证法"颠倒"的真实内容。在前文详细论述过,辩证唯物主义的主要任务在于以现存条件为基础,发展出一套

---

① 马克思:《资本论》(第一卷第二版跋),北京:人民出版社,2004年,第22页。
② Louis Althusser: *The Humanist Controversy and Other Writings*, translated by G. M. Goshgarian, London: Verso, 2003, p.175.
③ [法]阿尔都塞:《保卫马克思》,顾良译,北京:商务印书馆,2006年,第167页。

理论概念来把握现实,从而推动马克思主义科学和哲学的发展。而列宁所说的"落后的"俄国何以能够发生革命,都是基于对"现存条件"的分析,并得出"帝国主义发展不平衡"的理论,以此在理论上达到了对俄国状况的把握,在实践上指导了1917年的俄国革命。而这在阿尔都塞看来,恰恰是辩证唯物主义或辩证法的本质内容。因为"列宁在列举俄国的'现存条件'时,并没有犯经验主义的错误,他分析了帝国主义过程这一复杂整体在俄国'现阶段'上的存在"①。列宁的这种分析也符合马克思本人的原则,即"辩证法对每一种既成的形式都是从不断地运动中,因而也是从它的暂时性方面去理解"②。列宁分析的"现阶段"俄国所表现的帝国主义发展不平衡,即马克思所说的"暂时性"。而这种"暂时性"并不是一种经验主义的描述,阿尔都塞指出:"马克思主义认为,'条件'是构成历史过程整体的各种矛盾的(实在的、具体的、现实的)存在。"③正是在对此"整体"的分析上,俄国革命才能跳出历史决定论对历史唯物主义的歪曲,才能为俄国革命的成功提供理论的支撑,这也是发展和完善辩证唯物主义的有效形式,同时也扩大了历史唯物主义的解释空间。

其次,毛泽东的理论实践也被阿尔都塞视为发展辩证唯物主义或唯物辩证法的重要组成部分。④ 毛泽东的理论实践对于辩证唯物主义的发展主要表现在《矛盾论》中关于主要矛盾和主要的矛盾方面上。毛泽东在撰写《矛盾论》的时候,他认为党内受到两种思想的影响:一方面是德波林的唯心论;另一方面是教条主义。毛泽东指出:"德波林的唯心论在中国共产党内发生了极坏的影响,我们党内的教条主义思想不能说和这个学派的作风没有关系。因此,我们现在的哲学研究工作,应当以扫除教条主义思想为主要目标。"⑤正

---

① [法]阿尔都塞:《保卫马克思》,顾良译,北京:商务印书馆,2006年,第202页。
② 马克思:《资本论》(第一卷第二版跋),北京:人民出版社,2004年,第22页。
③ [法]阿尔都塞:《保卫马克思》,顾良译,北京:商务印书馆,2006年,第202页。
④ 同上书,第206页。
⑤ 毛泽东:《毛泽东选集》(第一卷),北京:人民出版社,1991年,第299页。

是在此基础上,毛泽东着手进行理论实践,主要的内容在于论述矛盾的特殊性及其所呈现的主要矛盾和主要的矛盾方面,以及这些因素之间的"转移"和"压缩"。毛泽东批评这些教条主义者"不了解研究当前具体事物的矛盾的特殊性",同时也批评他们不理解这种研究"对于我们指导革命实践的发展有何重要的意义"①。为了进一步深化矛盾特殊性的研究,毛泽东特别强调要将"主要的矛盾和主要的矛盾方面"提出来加以分析。

毛泽东强调:"对于矛盾的各种不平衡情况的研究,对于主要的矛盾和非主要的矛盾,主要的矛盾方面和非主要的矛盾方面的研究,成为革命政党正确地决定其政治和军事上的战略方针的重要方法之一,是一切共产党人都应当注意的。"②毛泽东认为,研究主次矛盾以及矛盾的主次方面的相互转化,是在理论实践的层面上把握社会现实,同时是在实践层面上把握现实变化。只有在理论层面上获得了对现实的把握,教条主义的恶习才能得以根除,中国的革命实践才能有效地展开。而这种以实践为导向的辩证法,在莱文看来,构成了毛泽东是否继续和丰富马克思主义的主要标识,"辩证法将不在思想的领域而在行动的领域进行分析。辩证法不仅是一个探究的公式,而且是一种行动的指南。要判断毛泽东是否继续和丰富了马克思主义的传统,必须以他是否遵守行动的辩证法为依据。"③

正是在此意义上,阿尔都塞认为,毛泽东有关"矛盾"的论述,是矛盾不平衡发展的具体理论形态,是辩证唯物主义或唯物辩证法把握社会现实的有效途径,也正是在此意义上推进了辩证唯物主义的发展和完善。

当然,对于辩证法的重塑,阿尔都塞本人的理论实践亦是对辩证唯物主义的重要补充,其主要内容表现在"结构因果性"和"多元

---

① 毛泽东:《毛泽东选集》(第一卷),北京:人民出版社,1991年,第304页。
② 同上书,第326页。
③ [美]诺曼·莱文:《辩证法内部的对话》,张翼星等译,昆明:云南人民出版社,1997年,第403页。

决定"概念上。而这与斯宾诺莎的思想是分不开的。"在他中期的这些著作中,斯宾诺莎取代了黑格尔。阿尔都塞1965年在斯宾诺莎主义的语言中提到了'结构因果性',而不是本质推动总体性向前的发展。斯宾诺莎对'结构因果性'的定义指的是一种主导架构,即特殊性是总体功能的'超决定的'局部网点。"①阿尔都塞对抗黑格尔的一个重要理论资源便是斯宾诺莎哲学,通过这种方式来矫正由于黑格尔辩证法对马克思主义辩证法所造成的各种理论歪曲。而此理论的生产,同时也是为了应对诸种思想对历史唯物主义的扭曲,其典型形式就是第二国际的经济决定论。伴随着经济决定论,历史唯物主义的解释模式不断地僵化乃至教条化,同时实证主义思想亦逐渐渗入历史唯物主义。在阿尔都塞看来,历史唯物主义的理论危机,仍然只能靠辩证唯物主义来解决。而应对经济决定论对历史唯物主义的歪曲,其根本点在于如何理解社会存在及其发展。依据经济决定论的思路,社会的发展依赖于物质生产而导致的经济发展,而其背后其实是人道主义的意识形态在起作用。因为"物质生产"的目的在于用来为满足"人的需求"服务,对阿尔都塞来说,人道主义盛行的背景中,必然伴随着经济主义的膨胀。

二、结构因果性与多元决定

面对经济决定论以及人道主义背后的主体哲学理论,阿尔都塞首先诉诸"结构因果性"理论。与一般因果性中"原因"对"结果"的绝对支配作用相对,阿尔都塞认为,"结构因果性"中各因素与结构整体之间的因果性更能理解社会现实。因为,在阿尔都塞看来,首先,各要素必须通过其与结构整体的关系才能得到理解,这其中包含要素与结构以及要素之间的关系。而作为结构的整体并不具有经验的显现性,即"这种'结构原因'是不在场、不显现的"②。按照

---

① [美]诺曼·莱文:《不同的路径》,臧峰宇译,北京:北京师范大学出版社,2009年,第47页。

② Andrew Levine: *A Future for Marxism: Althusser, the Analytical Turn and the Revival of Socialist Theory*, London: Pluto Press, 2003, p.117.

阿尔都塞的看法,结构只通过其作用而表现其存在,"结构通过它的**作用**表现出来的**存在**方式,从而说明结构因果性本身"①。也就是说,结构发挥作用不是一种预设的目的,而是在结构内部各因素之间的相互关系中而在其结果上得到表现,所以佩里·安德森说,结构因果性概念是"斯宾诺莎关于上帝是内因的概念的世俗化解释"②。阿尔都塞借助于斯宾诺莎内在性思想,就是要在马克思主义理论内部拒斥目的论和决定论的解读。因为在此意义上,"结构因果性"便在社会存在方式的层面上拒斥了经济决定论及其主体哲学的意识形态。当然,这也得益于马克思辩证法与黑格尔辩证法的决裂,"黑格尔与马克思之间的非连续性,使得阿尔都塞与斯大林经济教条相决裂,该教条仅仅满足于用作为一种本质的经济领域取代黑格尔政治—意识形态本质"③。

再者,阿尔都塞在结构因果性中强调的结构的支配作用,并不同于黑格尔意义上的总体的中心地位,阿尔都塞认为:"关于结构的这种支配作用,马克思在这里给我们提供了一个例子(一种生产方式的支配地位,例如工业生产对简单商品生产的支配地位等等),这种支配地位不能归结为**中心**的优先地位,也不能把各个环节同结构的关系归结为内在本质同它的现象的表现的统一。这种等级只是社会整体的各个不同'层面'或层次之间作用的等级。因为每个层次本身是有结构的,所以,这种等级便是整体中各个不同结构层次之间的作用的等级、程度和标志。这是起支配作用的结构对从属的结构和它们的各个环节的作用的等级。"④在阿尔都塞看来,这种结构的支配作用并不是本质与现象的决定作用,而是结构内部各层面

---

① [法]阿尔都塞、巴里巴尔:《读〈资本论〉》,李其庆、冯文光译,北京:中央编译出版社,2001年,第219页。
② [英]佩里·安德森:《西方马克思主义探讨》,高铦、文贯中、魏章玲译,北京:人民出版社,1981年,第84页。
③ [法]弗朗索瓦·多斯:《从结构到解构:法国20世纪思想主潮》(下卷),季广茂译,北京:中央编译出版社,2004年,第404页。
④ [法]阿尔都塞、巴里巴尔:《读〈资本论〉》,李其庆、冯文光译,北京:中央编译出版社,2001年,第110页。

之间的秩序关系。因为按照社会形态的发展,各层面之间的秩序关系是不同的,阿尔都塞认为,封建社会的支配秩序是政治因素,而资本主义社会是经济因素。这就意味着,在社会结构内部存在一个多元决定的格局,而这种主导因素随着社会形态的发展而变化。所以,里格比在《马克思主义与历史学》中指出:"并不存在经济对社会其他层面的简单决定关系,因为社会的每个层面都有它自身的发展史和它自身的内部冲突,它们不可能被简约为对某个单一中心矛盾的表现。因此,任何特定历史时刻都是由总体的每个层面的影响'共同决定的'。"①

而多元决定则是结构因果性在社会实践领域的特殊形式。阿尔都塞认为,多元决定涉及的重要问题在于:"不同决定因素同时影响相同的对象,并且在这种共同的影响中,其决定因素是不断变化的。"②作为社会实践领域的对象,其发展受到社会因素的多重影响,在不同的情形和时机中,其主导的决定因素还会依此而变换。阿尔都塞在考察历史后认为,这种主导的决定因素会随着社会形态的变迁而发生变化,例如在封建社会,社会的决定因素在于政治与伦理,而经济还只是处于依附于土地的自然经济时代,而到了资本主义社会,资本主义的生产方式打破了旧社会的一切传统,经济一跃成为社会主导因素。这是由社会本身的性质和社会结构决定的。阿尔都塞指出,社会实践领域存在三层结果因果性即经济的、政治的和意识形态的层面,正是这三个层面的因素才形成了多元决定的态势。"根据马克思主义的历史经验,一切矛盾在历史实践中都以多元决定的矛盾而出现;这种多元决定正式马克思的矛盾与黑格尔的矛盾相比所具有的特殊性。"③因为阿尔都塞认为应该用多元决定来消解黑格尔的矛盾观。这个过程是借助于斯宾诺莎完成的,

---

① [英]里格比:《马克思主义与历史学》,吴英译,南京:译林出版社,2012年,第234页。
② Louis Althusser, *The Humanist Controversy and Other Writings*, translated by G. M. Goshgarian, London: Verso, 2003, p.201.
③ [法]阿尔都塞:《保卫马克思》,顾良译,北京:商务印书馆,2006年,第95页。

"多元决定的理论暗示着阿尔都塞的斯宾诺莎主义替代了黑格尔"①。在阿尔都塞看来,斯宾诺莎之于对抗黑格尔的意义在于,社会结构本身是由多元化的存在构成的,但其又与结构整体保持着一种"复写"的结构,而不是黑格尔意义上的需要被"扬弃"的各阶段。"多元结构是这样的理论,即一种社会结构决定其主体的行为,或具有因果优先性和先进性。据阿尔都塞所见,社会结构由多元化的局部网点组成,每个局部网点都复写了普遍的社会结构,而普遍的和局部的结构的汇合是因果性的来源。多元决定以历史理论或发展理论为基础,来自于无数社会总体性的结构网点。"②这些多元的"网点化"的存在,一方面它实现了与社会结构之间的"复写"关系;另一方面又是自身独立存在而不被结构所吞噬。在这个意义上,多元结构之间的差异便得以保存。这种多元决定的态势是以差异为基础的,它们在同一过程中不断地变换着角色以影响作为整体的社会,其自身的转换是依具体社会形势而定。其决定关系不是一种内在本质的预设,而是一种开放的多样形式。所以阿尔都塞认为:"不能在黑格尔的**现实存在**的同时代性范畴中来思考这个整体的存在。不同的结构层次、经济、政治和意识形态等等的共同存在,从而经济基础、法的和政治的上层建筑、意识形态和理论形式(哲学、科学)的共同存在不能再在黑格尔的**现实存在**的共同存在中被思考。在这种意识形态的现实存在中,时间的存在和本质的存在与它们的现象是一致的。"③因为在黑格尔的整体观念中,各层面的差异在现实存在中共同存在中被消解了,因为这种现实的存在本质上是一种意识形态,其预设了存在与本质的同一。阿尔都塞认为,多元决定的目的就在于拒斥这种本质同一化的论述,从而呈现各社会存在维度之间的差异,并在这种差异的关系中理解社会存在本身。所以,随

---

① [美]诺曼·莱文:《不同的路径》,臧峰宇译,北京:北京师范大学出版社,2009年,第53页。
② 同上。
③ [法]阿尔都塞、巴里巴尔:《读〈资本论〉》,李其庆、冯文光译,北京:中央编译出版社,2001年,第110页。

着社会存在方式及其发展形态的转变,社会实践领域作为一个整体日益受到作为其要素的各种因素的影响,过去那种"归根结底"的决定因素已经不复存在,因为社会本身不再是一种单一结构,而是一种多重结构并置且交互影响的存在。

正是面对这种社会存在形态的变化以及社会实践的现实需求,阿尔都塞指出,"马克思主义科学需要关于因果性和辩证法的新概念"①。这也是阿尔都塞热衷于列宁和毛泽东思想的根本原因所在,因为两位革命家通过其自身的理论实践,将马克思主义与历史与现实的实践相联系,从而不断地创造出新的理论概念来把握现实和指导实践,这也是发展和完善辩证唯物主义的内在本质要求,同时也体现了辩证唯物主义对社会实践的重要意义。而辩证法一方面作为辩证唯物主义的重要组成部分,另一方面作为指导无产阶级革命实践的方法论纲领,仍然需要依据现实条件而发生转化。这种转化并非一种实用主义和经验主义的修正,因为其本身并不预设任何的纲领和目标,而是要在社会结构的多重影响下,直面现实的形势和事件,以一种开放的形式与社会实践相结合。

第三节 辩证法逻辑的转换与空间理论的开启

在本章的前两部分中,笔者已经论述了阿尔都塞对辩证法的重塑即用结构逻辑对抗线性时间逻辑。阿尔都塞在辩证法的视域中重新思考了经济基础与上层建筑,经济、政治与意识形态之间的关系,得出了结构因果性和多元决定的思想。而在马克思主义地理学和空间理论家看来,这两者恰恰是其空间化倾向的主要表现形式,也是结构主义马克思主义对空间理论的主要贡献所在。因为阿尔

---

① Louis Althusser: *The Humanist Controversy and Other Writings*, translated by G. M. Goshgarian, London: Verso, 2003, p.178.

都塞正是通过结构因果性和多元决定思想重新概念化了社会结构理论。在这种社会结构理论中,通过描述社会存在中各因素对社会的塑造,来展现社会空间的再造。当然,在阿尔都塞的思想中,还没有空间理论的自觉,但其对社会存在的结构化描述及其演进形态,则为马克思主义地理学和空间理论所借鉴。在此意义上,阿尔都塞及其结构主义的马克思主义对空间理论的启示,不在于其对空间理论有何直接的细节影响,而在于其为空间理论的开启做了前期的理论清场工作,更在于其方法论上对空间理论在论述社会空间主题上的影响。

所以苏贾在《后现代地理学——重申批判社会理论中的空间》中,将"阿尔都塞对马克思进行了反历史决定论的重新解读"看成是法国理论空间化转向的主要前奏曲。[①] 因为空间理论的旨趣就在于突破时间逻辑的解释框架,从而以一种空间的逻辑来描述社会存在并对社会、空间和权力进行批判。阿尔都塞对社会存在的结构主义解读,解构了传统以历史、主体原则解释社会的模式。在此意义上,阿尔都塞的结构主义为空间理论思考社会关系的建构提供了认识论的前提。"结构主义的'解读'对马克思主义地理学具有超乎寻常的吸引力,原因在于它为透过事物的表面现象(空间结果),揭示存在于业已构建和正在构建的社会关系中的解释性根源,提供了极其严格而明显的认识论的理性化。"[②] 当代空间理论的兴起便是得益于阿尔都塞的这种理论表述,同时这种影响还在于阿尔都塞的结构主义方法和意识形态批判的结合,更是空间理论得以展开的重要理论资源。

在详细论述阿尔都塞对空间理论的影响之前,笔者试图先对马克思主义理论中的空间"因素"进行一个简略的图绘,以期说明这一传统如何在阿尔都塞眼中并借助于阿尔都塞而在马克思主义地

---

① [美]爱德华·W·苏贾:《后现代地理学》,王文斌译,北京:商务印书馆,2007年,第63页。
② [美]理查德·皮特:《现代地理学思想》,周尚意等译,北京:商务印书馆,2007年,第81—82页。

理学和空间理论中被激活起来。这对于我们之后论述阿尔都塞对空间理论的影响大有裨益。当然,这也符合阿尔都塞对辩证唯物主义的理解,即马克思主义哲学必须在面对新问题时,通过自身的理论实践而制造出新的理论或概念来加以把握。而空间理论对马克思主义理论中空间"因素"的倒逼,也在于激活马克思主义对空间理论的自觉,这也暗示着马克思主义哲学内部有此相应的理论"因素"。作为分析资本主义社会的重要思想资源,马克思主义对于空间理论对资本主义再生产的剖析,仍然有着重要的启示,有时甚至是直接的指导作用。这也是当代激进地理学重新求助于马克思主义及其批判理论的原因所在。

一、经典马克思主义理论中的空间"因素"

之所以要用"因素"一词,原因在于在经典马克思主义理论中,空间问题仍未真正进入马克思主义的理论视域。因为在马克思本人看来,空间仍然只是一种场所,只是进行生产和扩大再生产的空间,而未真正成为当今空间理论所关注的空间本身的再生产、空间与社会、权力、意识形态的辩证法。在此意义上,"空间"在经典马克思主义理论中只是"因素",而未真正成为其理论组成部分且称之为空间理论。所以,在经典马克思主义理论中谈论其思想的空间"因素",其方式是反身性的。

在马克思本人涉及空间"因素"的文本中,最早出现于《1844年经济学哲学手稿》和《关于费尔巴哈的提纲》(第六条),其关联处在于马克思通过论述人的对象性活动,而将自然环境所呈现的自然空间改造成由对象化活动所建构的社会空间。在这里只涉及基本的空间转换问题,而人的实践活动在此还只停留在经济领域。这样一种空间的转换展示了人类实践的基本功能,但并未在辩证的思维中察觉到这些被建构起来的空间如何反过来影响人类实践本身。其次,《德意志意识形态》中关于农村与城市的分离的论述,也是当代马克思主义地理学关于城市问题研究的一项理论资源。在《德意志意识形态》中,由于分工的细化,使得城市与农村逐渐分离且形成对抗态势。"一个民族内部的分工,首先引起工商业劳动同农业劳动的分离,从而也引起**城乡**的分离和城乡利益的对立。"①这展示了空间分离与聚合对人类生产关系的影响以及城市对于农村的优势地位。这是当代激进地理学关于地理差异和正义研究的一个重要起点。从这里也可以看出,空间重组对于生产关系的重要影响。这样一种空间分离与聚合对生产关系(资本主义生产关系)的影响更表现在《共产党宣言》的论述中。在《共产党宣言》中,由于资本主义的发展使得资本主义生产方式向各领域蔓延,消灭了农村的自然经济,同时也论述了资本主义生产方式正在迈向一种世界市场的趋势。所以马克思说,"不断扩大产品销路的需要,驱使资产阶级奔走于全球各地。它必须到处落户,到处开发,到处建立联系"②,这表现在资本主义生产力发展需要更广阔的空间。而这些论述在《大纲》和《资本论》中都有提及。这里最明显的论述是关于利润率下降使得资本需要开辟新空间的论述,这是一种简单的空间的转移,即转移剩余的生产力,从而不断地增加生产和需求的空间。这是与"区域内部危机"和"资本逻辑"联系在一起的,"20世纪70年代一系列主要的文章……它们展现了马克思以及马克思主义理论家们的著作中对空间影响的论述,这种空间影响是以一种空间关怀的'资本逻辑'学派呈现的。具体内容是,理论的发展是从分析资本积累之历史动力的矛盾,到在空间证明这些矛盾,然后再重复这一过程,空间影响成为在不均衡发展中矛盾的主要方面。这一观点的主要内容是,区域内部危机的增长是由空间的外部运动表现出来的;地域间的社会关系经理论化,成为更普遍的、符合内外辩证法的空间组成要素"③。这就是"资本逻辑"所要求的空间的转移,通过开辟新的空间来缓冲资本主义内部的危机。这也是马克思主义地

---

① 马克思、恩格斯:《马克思恩格斯选集(第二卷)》,北京:人民出版社,1995年,第68页。
② 同上书,第276页。
③ [美]理查德·皮特:《现代地理学思想》,周尚意等译,北京:商务印书馆,2007年,第112页。

理学和空间理论以及当代激进地理学所要着重挖掘的因素,虽然马克思本人并未在空间问题层面来关注资本逻辑所带来的空间生产,但其论述则为空间生产的探讨开启了重要的视域。因为资本主义之所以能够克服危机的原因,在当代马克思主义理论家看来,主要是由于资本主义在不断地制造、复制空间来缓冲和释放危机的压力。"工业资本主义的发展,从一开始就根植于这样一种充满冲突的企图,构建一种具有社会转换能力和包容能力而又具备独特性的空间性。"①这种冲突所实现的空间性,在于空间的转移和再生产。而此处的马克思所论及的空间转移还只是纯粹的异地空间转移,也还只停留在经济领域,而后关于空间重建和生产以及涉及社会生活各领域的空间塑造思想则是空间理论家所重点论述的对象。还有一个理论资源,即晚年马克思对东方社会的关注,这也意味着马克思已经开始反思其西欧社会发展形态的推理,从而从另一方面反思了线性时间逻辑。这意味着马克思不再仅仅关注线性时间的发展,同时也关注地域结构的差异问题,即多种社会形态所组成的世界及其相互作用所形成的世界关系,同时这也意味着不均衡发展的观念初露端倪。而不均衡发展也是空间理论关注的焦点,其代表人物就是史密斯,其代表作就是《非均衡发展》。

当然,对不均衡发展给予较多关注的是列宁,列宁通过考察资本主义在全世界的发展状况,结合俄国社会的实际情况,提出了资本主义的不均衡发展、帝国主义的薄弱环节等论述。而"关乎帝国主义的各种理论现在被视为西方马克思主义空间思维的主要源泉"②。因为帝国主义的出现是资本主义生产方式发展的必然环节,其目的在于资本逻辑本身的必然需求。"在哈维看来,帝国主义是由于资本积累动态扩张所带来的地理必然性。"③帝国主义背后的目的就在于通过空间的扩张来进一步实现资本的扩张及其增值,

---

① [美]爱德华·W·苏贾:《后现代地理学》,王文斌译,北京:商务印书馆,2007年,第195页。
② 同上书,第135页。
③ 同上书,第113页。

这就必然伴随着地理空间的扩张。但帝国主义地理空间扩张的结果是社会空间的形成,也就是说,资本主义生产方式通过帝国主义的扩张,将自身复制到不同的区域,从而创造更多的适合资本主义生产方式的社会空间。而这种扩张的前提便是不均衡发展,只有存在不均衡发展,空间的转移才是可能的。而这种不均衡发展理论便是直接源自列宁,并在史密斯那里得到了空间理论意义上的重新理论化。"对于史密斯来说,生产力的发展在矛盾运动中把绝对的(自然)空间转变为相对的(社会)空间。生产力的发展将社会从趋于'平等化'自然空间的约束中解放出来,它仅仅通过将资本主义投入特定空间,便产生了'差异性'及相对比的空间。这些矛盾的运动决定了作为综合结果的资本主义空间的具体形势"空间既不是客观存在的平等状态,也不是无限差异的。它导致的模式是非均衡发展模型。"①而帝国主义的主要目的就是在非均衡发展的情况下,通过地理空间的扩张和转移,并将其改造成社会空间,从而实现资本主义在全球范围的发展和延续。

以上是经典马克思主义理论中的空间"因素",从这些论述中可见,在马克思的文本中,空间"因素"主要涉及经济领域。也就是说,资本主义的生产方式如何在地理空间上不断延伸,在此意义上,空间"因素"主要是指空间延伸,其本身仍未涉及空间生产问题。而在列宁的文本中,空间"因素"主要是指经济领域的空间延伸,但也已经开始涉及政治领域,因为其帝国主义的分析已经渗透了政治和意识形态的功能分析。而对空间进行政治和意识形态的功能分析,则是空间生产的一个重要领域,即空间如何被塑造。在空间理论看来,空间生产并不是指原始的、粗俗的物理空间的开辟,而是社会空间如何被塑造,这种社会空间一方面被塑造来延缓资本主义的过剩危机,一方面被塑造来为资产阶级服务即承担意识形态的功能,这涉及空间以何种方式来规划和设计。

---

① [美]爱德华·W·苏贾:《后现代地理学》,王文斌译,北京:商务印书馆,2007年,第115页。

所以,空间问题要成为哲学和社会理论关注的主题,其必然要与经济、政治和意识形态结合在一起。只有在这种理论视域中,空间才能作为重组经济、政治和意识形态的建构,反过来这些因素又塑造和改造着空间,这便是空间与社会的辩证法。虽然阿尔都塞本人并未在此问题上有过切实的理论自觉,但其在辩证法的视域中重新概念化上层建筑和经济基础的关系,经济、政治和意识形态的关系及其所形成的结构主义的马克思主义,在理论领域为空间问题的出场做了实质的理论清场工作,并且具有重要的理论启示意义。

二、结构主义的马克思主义对空间理论的影响

地理学和空间理论之所以能够进入当代激进理论,原因在于其中介了马克思主义理论。因为只有马克思主义理论从一种辩证的思维看待自然、空间与社会之间的关系,"马克思主义者将地理从濒危的、不相关的、或者更糟的是成了区域科学穷亲戚的领域中拯救了回来。马克思主义关于自然和空间的社会生产的中心观点[伴随着被辩证理解的生产过程,尽管有所夸张(社会改变可能是一个更好的词语),但它将地理学与社会学联系起来]将地理学的两个传统学派融合成一个可统一理解的不同方面。人文地理学最终融入了社会科学。作为社会科学更有批评性的组成部分,它利用了所有社会科学的概念,同时又给它们增加了复杂的环境空间的概念"①。马克思主义者通过人类实践(改造自然)和意识形态理论(塑造空间)的方式,将地理学纳入激进的社会科学中。这种促使地理学进入当代激进社会科学的马克思主义,具体说来,主要是结构主义的马克思主义。结构主义的马克思主义之所以有这样的理论内涵,在于其所坚持的对历史决定论的批判及其空间隐喻。阿尔都塞借助于结构主义对经济基础和上层建筑的空间隐喻的描述,也为空间理论打开了思路。"结构主义也开启了上层建筑领域,那里蕴藏着太

---

① [美]理查德·皮特:《现代地理学思想》,周尚意等译,北京:商务印书馆,2007年,第127页。

多的地理学者们所关注的东西。假若扩大结构主义对历史决定论及其对具有强吸引力的空间隐喻的偏爱的纲领性批判,那么马克思主义地理学与结构主义情有独钟也就更容易理解了。"①正是这种借助于结构主义的上层建筑理论,尤其是阿尔都塞学派的意识形态理论,为马克思主义地理学研究空间理论提供了重要的认识论工具。"结构主义的'解读'对马克思主义地理学具有超乎寻常的吸引力,原因在于它为透过事物的表面现象(空间结果),揭示存在于业已构建和正在构建的社会生产关系中的解释性根源,提供了极其严格而明显的认识论上的理性化。"②也就是说,阿尔都塞的结构主义马克思主义为进行空间理论的批判提供了理性化的论述,它揭示了空间生产在当代社会所具有的意识形态功能。

阿尔都塞的结构主义马克思主义之所以被马克思主义地理学和空间理论视为空间理论的前奏,在于其对斯大林主义经济决定论的驳斥,并在结构主义和多元决定的范畴中谈论社会存在及其发展形态。"阿尔都塞批评斯大林的经济主义和技术决定论观点,并认为自己提供了马克思主义的、不同于斯大林主义和人道主义的第三条道路。"③这是此时代法国马克思主义者所共享的理论背景。正是在这种极端单一决定论的背景中,法国的马克思主义理论家都在以一种批判的思维来重新思考辩证法的问题并以不同的方式进入空间理论。

面对如此的理论背景,阿尔都塞诉诸的是意识形态批判和多元决定的观点。至于意识形态批判被马克思主义地理学和空间理论描述为一种空间的意识形态结构,其主要表现就是被阿尔都塞称为意识形态国家机器的教堂、剧院等。这种被意识形态再生产出来的空间,在很大程度上可以看成是空间生产的雏形,这是一种典型的

---

① [美]爱德华·W·苏贾:《后现代地理学》,王文斌译,北京:商务印书馆,2007年,第82页。
② 同上书,第81—82页。
③ [美]理查德·皮特:《现代地理学思想》,周尚意等译,北京:商务印书馆,2007年,第138页。

社会空间的生产。进一步来说,在阿尔都塞看来,诸意识形态国家机器通过再生产的功能所建构的便是社会生产、生活空间的全部,而且这种空间履行着意识形态的功能。这也是当今空间理论作为一种批判理论所开启的重要维度。可见,意识形态的再生产功能以及意识形态批判理论仍然是空间理论的一个重要切入点和理论资源。因为它一方面能够解释空间生产得以可能的条件,这源于意识形态国家机器的保障,因为空间生产在很大程度上是社会空间生产,而不是纯物理空间的生产;另一方面能够解释空间生产对于资本主义社会的必要性,即资本主义生产方式不断延续的需要。在此意义上,阿尔都塞的意识形态理论对于空间理论来说仍然有重大的理论启示和指导意义。

而多元决定(overdetermination)思想则在于驳斥经济决定论,借助于经济、政治和意识形态领域的交互作用而重塑社会。"甚至阿尔都塞的马克思主义(结构作为总体统治)也不强调经济有直接决定意义,而重新将重点放在国家、意识形态和文化上,将它们作为再生产中的积极组成力量。这里,空间和环境作为实践(政治的、文化的再现)的系统的标记而被理论化,最后才由经济组织起来。从弗洛伊德观点借鉴来,并由辩证术语重新思考过的过度决定的观点提供了理论可能性,分析在权力和统治地位多种条件下,组织起来的积极力量的变化复合体。扩展而言,这个方法论使改变空间和自然的社会再生力量得到概念化。或者,这些力量不是作用于独立的自然环境,也不是由实践引起差异的空间,这些力量在组织上就是空间的,是有环境意义的物质性的。"①对经济决定论的批判,并不是直接否定经济的作用,而是要将其放到社会结构的内部,在结构功能体系中发挥作用。而阿尔都塞多元决定便是在辩证法的术语中重新定位结构内部各因素之间的关系,这种理论化的工作被视为空间理论概念化的先声。而这种与权力、政治和意识形态发生联系的

---

① [美]理查德·皮特:《现代地理学思想》,周尚意等译,北京:商务印书馆,2007年,第334页。

空间理论,正是福柯的理论所集中讨论的问题。在此,被空间理论家所热衷的是阿尔都塞在多元决定因素之间所形成的对社会空间的结构表达,"把空间作为空间结构的表达来分析,就要考虑经济因素、政治因素和意识形态系统,它们的联系,以及由它们所产生的社会实践对其所产生的塑造作用。实际上,我们可以根据由空间产生的经济的、政治的和意识形态的系统'解读'空间"①。显而易见,在此分析中起决定作用的便是由阿尔都塞多元决定和意识形态理论所开启的社会分析模式,它一方面描述了社会空间的构成要素及其相互关系,另一方面描述了由这些要素所形成的社会实践对空间的塑造,同时还指出了这些要素对空间理论进行社会批判所起的作用。所有这一切都不难看出,阿尔都塞对空间理论在理论切入点和分析模式上都具有重要的开拓和启示意义。这是社会批判理论实现空间转向的一个重要的理论资源,其重要性将会随着空间理论的深化而不断地展现出来。

阿尔都塞对空间理论有重要的开拓意义还在于其思想对列斐伏尔和卡斯特尔斯理论的影响。就列斐伏尔而言,他基本上和阿尔都塞分享了相同的时代理论背景,即对斯大林主义经济决定论和技术决定论的批判,两者都在辩证唯物主义的框架中重新探讨了马克思主义哲学,阿尔都塞以结构主义为方法论,而列斐伏尔偏向于人道主义。列斐伏尔通过《辩证唯物主义》中对黑格尔、斯大林的批判,进而在《巴黎手稿》的思想资源中探讨"异化"与"整全人"之间的关系,在此基础上展开了其所关注的日常生活批判和空间理论批判。但是,空间问题和空间塑造问题则直接是与阿尔都塞关于意识形态的理论和多元决定的思想相联系。在此意义上,列斐伏尔便与阿尔都塞有了交集,"从辩证法角度探求思维与存在、意识与物质生活、上层建筑与经济基础、客观性与主观性这些关系矛盾结合点的,并非只有勒菲弗一人。但是,将这种重新得到系统阐述的辩证逻辑

---

① [美]理查德·皮特:《现代地理学思想》,周尚意等译,北京:商务印书馆,2007年,第143页。

应用于荟萃存在主义现象学和阿尔都塞结构主义精华并去其糟粕的,勒菲弗却是开先河者。在本世纪的这两大主流哲学运动中,他看到了完善并强化马克思主义(同时扬弃其约束性的理论僵化)的这一创造性机遇。在过去的三十年中,勒菲弗有选择地吸纳了这两大运动中的养分,坚持不懈地在理论与实践方面试图对马克思主义思想进行重新地语境化,而且正是在这样的重新语境化中,我们才可以发现对空间性进行唯物主义解读的许多直接根源,以及由此产生的发展马克思主义地理学和历史地理唯物主义的许多直接的源头"①。在此,阿尔都塞的理论已经内化为列斐伏尔空间理论语境化的内在"因素"了,当然,这些"因素"在空间理论中被激活,得益于列斐伏尔在马克思主义思想的重新语境化中敏锐地察觉到阿尔都塞"因素"的存在及其空间理论转化的可能性。在此基础上实现马克思主义地理学和历史唯物主义的融合,从而开出有望重新分析资本主义社会模式的历史地理唯物主义。

而阿尔都塞对卡斯特尔斯的影响,则在于卡斯特尔斯借用了阿尔都塞的社会分析模式(结构主义的马克思主义)。"尽管在 20 世纪 50 年代至 60 年代和 70 年代早期,结构思潮和结构马克思主义思潮席卷法国,但是直到 70 年代中晚期,这些思潮才对盎格鲁美洲的地理学产生显著影响……最为重要的是,曼纽尔·卡斯特尔斯(Mannel Castells)的'城市问题'(The Urban Question)关于城市的结构主义著作。该书的译本对地理学,特别是城市地理学产生了广泛而深远的影响……这种马克思主义地理学强调确定的分析范畴,如生产方式和社会构成;强调各个重要链条中要素之间的相互关系。"②显然,卡斯特尔斯对城市问题的分析得益于阿尔都塞的结构主义的马克思主义关于社会分析模式的启示,在社会生产的结构内部及其各要素之间的关系中来分析城市问题出现的原因及其批判

---

① [美]爱德华·W·苏贾:《后现代地理学》,王文斌译,北京:商务印书馆,2007年,第75页。
② [美]理查德·皮特:《现代地理学思想》,周尚意等译,北京:商务印书馆,2007年,第128页。

的切入点。而其直接的启示在于用经济、政治和意识形态系统来解读城市空间。卡斯特尔斯"在形式上运用阿尔都塞的推理,接受了马克思主义城市范围的概念……社会的(城市)空间形式的社会生产过程是怎样的;相反,城市空间与社会中的机构转化之间的关系是怎样的?"①这些问题的分析都将在阿尔都塞的分析框架中得到有效的展开。"在卡斯泰尔看来,一般而言,空间的社会组织可以根据空间形式的决定而得到理解,这种形式是三个方面(经济的、政治的—法律的和意识形态的)的每一个元素决定的,由三者结构上的联合(其中经济的决定在塑造空间中占据主要地位)决定的;它也是由空间形式的经验性的持续决定的,这种空间形式由先前的社会结构创造,并在更特殊、更具体的条件下与新形式密切相关;它还是由个体和社会组织在与环境的相互作用中的具体活动决定的。"②

---

① [美]理查德·皮特:《现代地理学思想》,周尚意等译,北京:商务印书馆,2007年,第142页。
② 同上书,第143页。

第四章 偶然唯物论与辩证唯物主义的重构

晚期阿尔都塞提出偶然唯物论,其目的在于新政治逻辑与话语的开启寻求哲学基础,而这是与阿尔都塞对马克思主义理论的基本判断有关。阿尔都塞认为,马克思主义理论由作为科学的历史唯物主义和作为哲学的辩证唯物主义构成,后者通过理论实践或认识生产为前者提供理论支持。依此而言,辩证唯物主义是马克思主义理论实现自我发展的动力机制,同时也指明马克思主义理论在面对新的社会存在时,必须要以新的理论姿态来应对。而此就成为阿尔都塞寻求新政治逻辑与话语的理论前提,这表明阿尔都塞仍然在马克思主义理论内部使马克思主义理论再度青春化。

偶然唯物主义不是与必然唯物主义相对,而是与"实体"唯物主义相对,在马克思主义理论的解释史中,这些"实体"表现为物质、经济、历史等。阿尔都塞的偶然唯物主义的旨趣就在于与这些"实体"唯物主义决裂,因为在阿尔都塞看来,这些"实体"唯物主义都是在黑格尔唯心主义哲学形式下的简单替换所衍生出来的各种理论变种,其本身仍然沾染着唯心主义的各种习气。这些理论的变种在最终效果上使马克思主义重新退回到了马克思本人所批判的旧哲学范式中。在阿尔都塞看来,只有实现了与这些马克思主义解释框架的决裂,呈现马克思主义理论时代新特征的新政治逻辑与话语才能显示出来。虽然偶然唯物主义诉诸的基本概念是偶然、相遇、形势、事件等,但其对此的一般考察仍然是以社会存在为基础。这里便涉及辩证唯物主义与新政治逻辑与话语的关系问题。阿尔都塞试图重建辩证唯物主义,以便使偶然唯物主义和新政治逻辑与话语能够在马克思主义理论内部寻求合理的理论基础。所以,阿尔都塞重建辩证唯物主义的尝试，不仅是为辩证唯物主义正名，更在于通过这种重建，为马克思主义理论开放更加广阔的领域，这同时也是为历史唯物主义的论述提供新的理论基础。

偶然唯物论是阿尔都塞晚期的主要思想，通过马克思的博士论文而探讨西方哲学传统中被压制和忽视的唯物主义传统，阿尔都塞称其为唯物主义潜流，即在哲学史上没有得到足够显示，而现实地存在的哲学传统。在阿尔都塞看来，这个传统能够覆盖如下思想家，他们是伊壁鸠鲁、卢克莱修、马基雅维利、斯宾诺莎、霍布斯、卢梭、马克思、海德格尔、德里达以及德勒兹，因为这些哲学家都谈论虚空、相遇、偶然、事件、缺席与存在的关系的理论家，而这些主题在阿尔都塞看来，正是偶然唯物论所关注的核心主题。

每一种哲学理论的提出，都有着思想的自洽和现实的关怀，阿尔都塞的偶然唯物主义亦是如此。从上面的主题不难看出，偶然唯物论已经脱离了西方传统的哲学史，而另辟蹊径从而重组了这些思想的"碎片"，其目的只有一个，即对主体哲学及其历史哲学、本质主义及其神学的批判。自提出"认识论断裂"以来，阿尔都塞从未停止过对此思想的批判，而且形式和内容越来越激进化。从早期的征候阅读、结构因果性到多元决定、意识形态批判以及最终的偶然唯物论，无论在概念形式还是在实质内容上，阿尔都塞都在不断地使理论激进化，并希望通过这种激进化来实现理论的革命和现实的革命。偶然唯物论便是这个激进化过程的最后产物。

当然，在阿尔都塞看来，偶然唯物论是有实质内容的，同时更具有政治功能。理论的激进化，其最终目的在于对现实的解释和改造，有时甚至是革命。毫无疑问，阿尔都塞的偶然唯物论仍然是在承袭其意识形态的批判理论，即通过偶然唯物论对世界和形势的解释，从而实现与传统旧意识形态的断裂。因为在阿尔都塞看来，只有与旧的意识形态断裂，无产阶级的政治实践才是有效且彻底的。阿尔都塞认为，自马克思主义诞生以来，无产阶级的政治实践走过许多弯路，这里面有时代的原因、有地域的原因，但也有理论的原因。这并不是说马克思本人及其学说的缺陷，而是对马克思哲学的解释存在着理论的歪曲与偏离,而这种"歪曲"与"偏离"的一个重要原因是将马克思哲学与传统的哲学纠缠在一起,使得原本清晰明白的马克思主义开始沾上各种旧哲学的习气。这日益侵蚀着马克思主义的理论身份和革命主题,阿尔都塞就是在这样的思想背景中不断地建构其激进理论的大厦。

偶然唯物论,作为一种激进化的唯物主义,其在进行解构的同时,也实现了建构。偶然唯物论通过拒斥目的、起源、本质等思想起点,解构了传统中的哲学思考方式,使得传统哲学的因素在唯物主义的内部得到清除,同时它又建构了其政治功能。这种政治功能在于指导无产阶级的政治实践,其指向已不再沾染资产阶级的意识形态,而是要像理论解构带来的彻底性一样,实现一种新的理论和实践模式,从而为实现政治实践的目的提供理论支撑。毫无疑问,偶然唯物论的政治取向更重要于理论取向,阿尔都塞终身目的都在于通过理论的方式实现对政治的干预。而偶然唯物论所要实现的便是驱除一切历史理论对现实及其形势的粉饰和伪装,而让"事物的实际状况"呈现出来,并且在这种现实及其形式的状况中思考现实革命的方式及其手段。这就是对虚空、偶然、事件、形势等的思考,即在现实存在中发现其虚空的环节并实现对其的占有:在不平衡发展及其偶然性中制造事件,并且在事件的制造中实现革命形势的制造,以此来推动无产阶级政治实践的展开。这一切都是阿尔都塞通过提出偶然唯物论所期望实现的。

阿尔都塞对马克思主义理论的激进化所呈现出来的偶然唯物主义,也成为当代激进理论的一项重要理论资源。当代激进理论的一项重要任务就是思考在这个革命主题和革命大潮远去的时代,如何面对资本主义社会及其实现革命的可能性因素。当马克思主义预言资本主义社会将会因为周期性危机而灭亡时,整个无产阶级的革命实践将沉浸在马克思主义对历史及其资本主义剖析的臆想之中。而今,革命并没有在马克思所预言的发达西欧工业社会出现,反而出现在遥远的以亚细亚生产方式为主的东方社会,并且在很大程度上是伴随着民族解放而出现的。斯大林主义的理论偏离及其随后的苏联解体与东欧剧变、中国走向了特色社会主义道路以及拉美的反帝运动的高涨、资本主义金融危机,所有这一切都在促使人们思考马克思主义的理论命运问题。然而这一切都不在经典马克思主义理论的范围之内,并且这种诉求多样化、斗争方式和斗争主体多元化的形势,越发刺激人们的理论想象力。当代激进理论就在这种理论的真空中建构其理论规划,而阿尔都塞的偶然唯物主义的内涵,自然成为其影响激进理论的重要因素。

偶然唯物论作为一种哲学理论,其与马克思主义哲学及辩证唯物主义的关系问题,仍然是偶然唯物论所要加以回应的问题。阿尔都塞本人在此问题上并没有直接的论述,但是阿尔都塞对辩证唯物主义作为马克思主义哲学的功能和任务问题及其与历史唯物主义的关系问题,为我们理解偶然唯物论与辩证唯物主义的关系提供了关键的思考方式。在阿尔都塞看来,辩证唯物主义并不是斯大林主义所信奉的那套教条主义,也不是一套亘古不变、现成有效的理论。阿尔都塞认为,作为马克思主义哲学的辩证唯物主义,其唯一的任务就在于为作为马克思主义科学的历史唯物主义提供理论支持,应对各种对历史唯物主义的理论歪曲,同时在面对新的社会现实和形势时,辩证唯物主义要在理论实践领域为历史唯物主义提供新的概念,以求历史唯物主义能够切实地把握和认识新的现实和形势。由此可见,辩证唯物主义是一种发展的学说,其宗旨是在面对新形势和新问题时,不断地提供能够认识和把握现实的概念。如果按这种含义来理解辩证唯物主义的话,那么偶然唯物论作为新形势所激发出来的、以无产阶级的政治实践为导向的理论,理应成为辩证唯物主义发展谱系中的一员。当然这也符合马克思主义理论发展的历史,在阿尔都塞看来,马克思主义理论的发展史,就是马克思主义理论家们不断地在现实实践中丰富和发展马克思主义哲学即辩证唯物主义的历史,诸如列宁、毛泽东等,其都是辩证唯物主义发展谱系中的重要成员,同时也为马克思主义哲学不断地注入活力,不断地扩展马克思主义哲学的理论内涵。

事实上,阿尔都塞对整个哲学传统以及唯物主义的反思,其实在《唯物主义潜流》之前的文献中已经展开了，只是当时阿尔都塞还未使用"偶然唯物论"一词来统摄。在《哲学的改造》中，阿尔都塞通过提出马克思主义哲学的内部悖论来重新定义马克思主义哲学，并且在这种重新定义中将马克思主义哲学与传统哲学加以区分。阿尔都塞认为"马克思主义哲学表现出一个内在的悖论……这个悖论不妨简单陈述如下：马克思主义哲学存在着，却又从来没有被当做'哲学'来生产"①。显然，阿尔都塞在此的目的在于撇清马克思主义哲学与传统哲学的关系，他认为马克思主义哲学不是以"哲学"的方式展开的，而毋宁是以实践的方式展开的。由此可见，阿尔都塞在对"哲学"解构的同时，又在实践领域开启了马克思主义哲学的政治功能。"谁也不能否认，我们所继承的哲学，伟大的古典哲学传统（从柏拉图到笛卡尔、从康德到黑格尔和胡塞尔），由于马克思突然间引起的那场不可捉摸的、近乎无形的遭遇战的冲击，已经在根本上（并在其所有意图方面）受到动摇。然而这点从未以直接的哲学话语形式出现，完全相反：它出现在《资本论》那样的文本中。换言之，那不是一种'哲学的'文本，而是一种用以对资本主义生产方式（并通过它，对各种社会形态的结构）进行考察的文本；最终，是一种只讨论与阶级斗争有关的那种科学知识的文本（那种哲学知识因而同时作为无产阶级阶级斗争的一部分出现在我们的面前——这也正是在《资本论》中表述出来的东西）。"②阿尔都塞虽然在哲学传统中来言说马克思主义哲学的独特性质，但归根结底还是落实在实践即阶级斗争中。所以，阿尔都塞所谓的"哲学改造"，其实是以一种理论转换的方式来开启政治实践的新路径。这种理论转换的方式在于将哲学面对外部世界，而不是囿于理论的怪圈中。"与哲学相对立，是马克思主义坚信哲学有一种'外部'——或者表达得更好一些，它坚信哲学只能由于并且为了这个'外部'而

---

① 陈越编：《哲学与政治：阿尔都塞读本》，长春：吉林人民出版社，2003年，第221—222页。
② 同上书，第226—227页。

存在。(哲学需要想象自己能够使之屈从于**真理的**)这个外部就是实践,种种社会实践。一旦我们了解了这一批判的种种后果,那么,它所包含的激进主义就理应得到承认。"①阿尔都塞通过将哲学开放给社会实践,使得理论本身具有现实的批判能力,从而彰显其激进主义的维度。在此,阿尔都塞终于亮出了底牌,即理论通过社会实践而成为激进主义。以实践来打破哲学的封闭空间,原因在于"实践不是按照某种不可改变的哲学的意识而产生的**真理**的替代品,正好相反,它是打破了哲学的平衡的那个东西。无论就世事变幻还是阶级斗争而言,实践都是哲学在其整个历史上始终未能兼并掉的东西。实践是这样一种异物:在它的基础上,不仅有可能打破哲学的平衡,而且有可能就此开始洞察哲学的内部"②。在阿尔都塞看来,实践作为一种异物,是哲学不能吸纳却反能被其洞穿的东西,并以此来实现对理论的激进主义改造。

可见,阿尔都塞早就以哲学改造的名义,对马克思主义进行了一种理论的置换,在实践的名义下,将理论融入社会实践中,从而使理论本身更具有批判意义和激进主义倾向。晚期阿尔都塞通过挖掘偶遇的唯物主义传统,力图使马克思主义脱离旧哲学传统,并且以一种在理论上更加激进的方式来引导社会政治实践。而阿尔都塞更指出政治的激进首先需要理论的激进,而偶遇的唯物主义则是这种理论激进化的表现。

第一节 何为偶然唯物论?

偶然唯物主义的提出,是晚期阿尔都塞试图超越西方主流哲学传统,使马克思主义免受各种资产阶级意识形态的侵蚀,而做出了

---

① 陈越编:《哲学与政治:阿尔都塞读本》,长春:吉林人民出版社,2003年,第228—229页。
② 同上书,第229页。

理论激进化的结果。当然,按照阿尔都塞的思想,偶然唯物论并不是胡编乱造或者空穴来风,其有着潜在的传统。与马克思的博士论文一样,阿尔都塞将偶然唯物论的论述追溯到伊壁鸠鲁,这显然是受到马克思思想的启示。但与马克思探讨意志自由问题不同,阿尔都塞目的在于从根源上拒绝西方哲学传统对世界及其起源问题所作的本质主义、历史哲学及其神学的解释,从而在彻底的意义上抛弃资产阶级的意识形态及其各种理论变种,为马克思主义及其政治实践开辟新的空间,并且为进一步丰富和发展马克思主义谱系做了有益的尝试。

在阿尔都塞看来,伊壁鸠鲁的理论启示有两点:第一,"世界成形之前,无物存在";第二,"世界成形之前,不存在'意义',既没有原因,也没有结果,既没有理性,也没有非理性"。① 这意味着,对世界起源所做的历史哲学的、本质主义的和神学的解释都宣告无效和破产,这同时也意味着建基于这些解释之上的社会政治理论、哲学、意识形态等都不再具有解释的合法性。这意味着一场新的理论革命随之而来。与传统哲学对世界进行"本质"、"目的"、"起源"等的解释相比,阿尔都塞认为伊壁鸠鲁对"虚空"的关注更能展现其理论的彻底性和激进化。"阿尔都塞通过肇始于伊壁鸠鲁的唯物主义'潜流'来批判本质主义、神学的历史哲学。"②阿尔都塞以"雨"作为隐喻来描述这种"虚空"状态,在这种状态中,原子以平行下落的方式在虚空中运动,其从未发生交集和碰撞。同时,无物存在、没有所谓的理性原则、因果法则,没有意义的存在。按照阿尔都塞的说法,这就是一种虚空的存在。③

然而,这种虚空的存在,由于原子的偶然偏斜运动,使得诸原子

---

① Louis Althusser: *Philosophy of the Encounter*, edited by François Matheron and Oliver Corpet, London · New York: Verso, 2006, pp. 168-169.

② Mikko Lahtinen: *Politics and Philosophy: Niccolò Machiavelli and Louis Althusser's Aleatory Materialism*, Leiden · Boston: Brill, 2009, p.308.

③ "虚空"是阿尔都塞关于偶然唯物论的一个重要概念,其不但具有理论的功能,而且还具有政治的功能。当代激进理论对虚空概念也是青睐有加。这将在后面的论述中展开。

发生了交集和相遇,而在这种最初的相遇中,世界便初具形态。于是,偶然的偏斜便成了世界成形后必然性的前提。可见,偏斜便成了世界的起源,"因此,世界的起源,所有显示和意义的起源的观念,都是源于一种偏斜,并且,不是理性和原因,而是偏斜才是世界的起源……"①而偏斜的这种本质的不可预见和不可规划性,使得世界的起源亦是在偶然中成就必然性。也就是在这种因偏斜而造成的相遇中,使得世界得以产生,也就是通过相遇而将原本是抽象的事物(原子)成为世界事实。在这个意义上,相遇便是赋予形式的过程,其本身并不创造任何东西。"显然,相遇并没有为世界的现实创造任何东西,其只是一些聚集在一起的原子,**但它将它们的现实性赋予给了原子本身**,没有偏斜和相遇的话,它们将只是一些抽象的因素,缺乏所有的特存性和存在……**原子的存在是由于偏斜和相遇**,在此之前,其只是一种幽灵式的存在。"②相遇作为将原子的抽象存在转换为事实存在的过程,在整个世界的形成中承担了关键的作用。在此涉及的一个问题是事物与事实的关系问题。因为在阿尔都塞看来,"世界可以称之为完成了的事实,一旦完成,理性、意义、必然性和目的统治便在其中得到建立"③。而事物(诸如原子)其本身有其存在,但仍然是抽象的存在因素,其只有通过相遇才能成为世界的事实。在此,"事实"对于"事物"具有首要性,也就是说,形式对于内容的首要性。然而,形式是与结构联系在一起的,原子便以结构的形式被决定,因为原子只有在事实的结构中才能获得意义和角色。④ 但这种事实并不是按照某种先行的意志而实现的,"事实的完成仅仅是纯粹偶然性的结果,因为它依赖于源于偏斜的原子的偶然相遇"⑤。

---

① Louis Althusser: *Philosophy of the Encounter*, edited by François Matheron and Oliver Corpet, London·New York: Verso, 2006, p. 169.
② Ibid.
③ Ibid.
④ 有学者也将此问题与维特根斯坦关于事实与事物的关系联系起来。
⑤ Louis Althusser: *Philosophy of the Encounter*, edited by François Matheron and Oliver Corpet, London·New York: Verso, 2006, pp. 169–170.

偶然唯物论就在上述论述的基础上展开对唯物主义潜流的梳理和阐释,依据阿尔都塞的论述顺序,笔者将对其进行简单的梳理和解释,以期能够将此"潜流"呈现出来。

阿尔都塞一开始就将伊壁鸠鲁与海德格尔联系起来,因为阿尔都塞认为两者在"起源"问题上都关注"虚空"。"众所周知,海德格尔拒绝任何关于世界起源、原因和结果的问题。但我们发现在海德格尔一系列集中于论述'是'(es gibt, there is)的表述中,其是与伊壁鸠鲁的灵感相关联的。"①阿尔都塞通过偶然唯物论来反对任何关于起源、因果的哲学问题,在此问题上,阿尔都塞提及了海德格尔对此问题的质问,即为什么在者在而无反倒不在?阿尔都塞认为,海德格尔对"是"的提问,是受伊壁鸠鲁的影响,而且就这种偶然性而言,海德格尔的"被抛"便是说得通的。当然,阿尔都塞也指明,至于海德格尔思想是不是唯物主义,这个问题是无意义的,因为海德格尔根本就不接受西方哲学的传统划分。阿尔都塞进一步强调,他所指的唯物主义,"不是那种与唯心主义相对的唯物主义,但必须铭记在心的是,这种相遇的唯物主义是包括海德格尔在内的,并且避免了每一种唯物主义的经典标准"②。阿尔都塞之所以要将海德格尔纳入此思想阵营中,大致有如下两个方面的缘由:首先,在起源问题上,摒弃传统本体论的思考方式,以"虚空"为起点,在此基础上,反对一切历史哲学、神学解释模式,为理解世界及其存在开辟一条新的路径。"在此,只有海德格尔再度使得虚空被给予其全部的具有决定性的哲学意义。"③其次,在海德格尔对世界及其存在描述的基础上,"此在"的存在状态即被抛状态,亦与偶然唯物主义有着某些相似之处。

"马基雅维利是我们所说的这个相遇的唯物主义潜流历史的第

---

① Louis Althusser: *Philosophy of the Encounter*, edited by François Matheron and Oliver Corpet, London · New York: Verso, 2006, p.170.
② Ibid., p.171.
③ Ibid., p.175.

二个见证者。"①对马基雅维利的解读在前文中已经提及,之所以要在"偶然"的主题中再度论及马基雅维利,是因为阿尔都塞认为马基雅维利将理论层面有关"虚空"与"相遇"的论述运用到了政治实践层面。在阿尔都塞看来,马基雅维利的任务在于如何实现意大利的统一,他认为,此时意大利的现状就像原子在虚空中平行下落一样,意大利的民众并没有在此问题上有共识或交集。所以,阿尔都塞认为,"有必要**为偏斜制造条件**",而这个"偏斜"将会使意大利的分散状态得到有效的消除,从而实现意大利的新统一。在此,实现新统一的起点在哪里?当然,马基雅维利的视域,这源于新君主的诞生,那么,新君主何以可能?"新君主的出现,在于一种'政治虚空'的获得,以期摆脱传统,重建世界。"②这样一种摆脱传统的努力,在阿尔都塞看来,必须首先是哲学上"虚空"的获得,因为"政治的虚空首先是哲学的虚空"③。在此,哲学的解构与政治上的建构便联系在一起。也就是说,只有在哲学层面与传统的旧意识形态划清界限,建立一种理论的虚空,从而为服务于政治实践的新理论能够得以成形。在此意义上,阿尔都塞将马基雅维利的哲学视为关于虚空的哲学,"因此,这种哲学是一种关于虚空的哲学,不仅是指这种哲学认为虚空先在于在其间下落的原子,而且也指这种哲学**创造了哲学的虚空**,从而赋予自身以存在:不是开始于著名的'哲学问题',这种哲学开始于消解所有的哲学问题,因此它拒绝为自己指认'对象',而这是为了从**虚空**开始……"④马基雅维利的目的非常明显而直接,即在新的起点上(虚空)建立新的意大利。这就要求摒弃一切传统的论述,为重新占领而创造虚空,并且同时在这种虚空中,实现意大利各分散力量以及新君主得以诞生的各因素之间的"偏斜"而相遇。这是阿尔都塞在偶然唯物论中涉及马基雅维利的

---

① Louis Althusser: *Philosophy of the Encounter*, edited by François Matheron and Oliver Corpet, London · New York: Verso, 2006, p.171.
② Ibid., p.172.
③ Ibid., p.173.
④ Ibid., p.174.

主要原因所在,当然,阿尔都塞对马基雅维利所做的偶然唯物主义的解读,其最终目的在于政治实践上,即哲学解构所带来的政治的建构上,这将在下一节中详细论述。

斯宾诺莎的理论能够与偶然唯物主义联系在一起,在于阿尔都塞认为斯宾诺莎的哲学主题是虚空即"哲学的对象是虚空"①。阿尔都塞指出,在世界的起源问题上,斯宾诺莎说"有的人开始于现存的世界",然后"追溯到上帝";"有的人开始于人的心智",然后"追溯到 duhito 和上帝";而他自己则直接"开始于上帝"。②乍一看,仿佛斯宾诺莎也没有高明到哪里去,因为其都是诉诸上帝。但如果细究的话,我们将能够看到其中所蕴涵的激进思想。"对斯宾诺莎来说,开端是上帝,不过目的是要在上帝唯一无限的权力中否定作为存在物(大的主体)的上帝。"③所以,在阿尔都塞看来,斯宾诺莎的"始于上帝",其重要的含义在于"始于此外无物,因为它存在于绝对之中,存在于所有联系的缺席之中,所以其**自身就是虚无**"④。因为,纯粹的绝对就是一种虚空,其不具有现实内容,同时还拒绝一切先在的解释。这就是斯宾诺莎哲学对传统哲学的革命所在。同时,斯宾诺莎进一步指出,上帝就是自然。那么,斯宾诺莎式的上帝究竟是什么?阿尔都塞认为:"一个绝对的、独特的和无限的实体,是赋予了无数的属性。"⑤阿尔都塞将这些属性比作伊壁鸠鲁的"雨",认为这些属性都是平行存在的。在这些无数的属性中,阿尔都塞认为我们只知道"思维与广延",而其他属性我们未曾了解,但其却"覆盖了所有可能性与不可能性的全部范围"⑥。而人的形成则源

---

① Louis Althusser: *Philosophy of the Encounter*, edited by François Matheron and Oliver Corpet, London · New York: Verso, 2006, p.176.
② Ibid.
③ [法]阿尔都塞:《自我批评论文集》,杜章智、沈起予译,台北:远流出版社,1990 年,第 153 页。
④ Louis Althusser: *Philosophy of the Encounter*, edited by François Matheron and Oliver Corpet, London · New York: Verso, 2006, p.176.
⑤ Ibid., p.177.
⑥ Ibid.

于思维与广延的"相遇"。① 而其他属性的相遇问题,阿尔都塞最后还是诉诸结构主义的思路,他认为"这些属性的相遇得益于这些属性的不同因素之间的关系的结构"②。这是斯宾诺莎思想在存在论层面上对世界及其可能性的论述,这样一种理论的效应同时还表现在斯宾诺莎对知识论的建构上。众所周知,斯宾诺莎所面对的知识论问题是典型的近代认识论问题,即笛卡尔所建立的主体对客体的认识上。阿尔都塞认为,斯宾诺莎关于"上帝是自然"以及"无数属性平行存在"的理论,使得知识论问题存疑,"上帝即虚空和自然,以及自然是无数平行属性的总体的结构是,不仅对上帝无从谈起,而且对伟大问题的无从谈起将侵蚀所有包括亚里士多德在内(尤其是笛卡尔)的西方哲学:知识问题,及其相互关系项,认识主体与被认识的对象"③。通过对斯宾诺莎思想所作的新解读,阿尔都塞在知识论问题上达到了一种反西方哲学传统的洞见。④ 阿尔都塞认为:"关于上帝和知识论的哲学,其曾经注定要建立一个最高的'价值',从而为所有存在物提供尺度,而今率皆化为乌有。"⑤

而卢梭关于社会起源的思想,在阿尔都塞看来,同样可以纳入偶然唯物主义的阵营中。阿尔都塞认为,卢梭关于自然状态的理论是解释社会起源的重要思想,并且指出:"**自然状态理论**"是"事物的绝对起源"。⑥ 当然,卢梭的自然状态是为了回应私有财产天然化和永久化的神话,而这是现代资本主义社会的基础和基本原则。之所以卢梭认为自然状态是绝对起源,原因在于"卢梭试图表述一种先于所有社会的社会的绝对缺席,这作为所有社会的可能性条

---

① 斯宾诺莎将身体与思维相提并论,提升了身体的地位,阿尔都塞在自传中说斯宾诺莎的身体理论对他有重要影响,这将在第五章的内容中展开。

② Louis Althusser: *Philosophy of the Encounter*, edited by François Matheron and Oliver Corpet, London·New York: Verso, 2006, p. 177.

③ Ibid.

④ 这种洞见,伽达默尔在《哲学解释学》中也提及了,其认为是海德格尔将其揭示为哲学的丑闻。

⑤ Louis Althusser: *Philosophy of the Encounter*, edited by François Matheron and Oliver Corpet, London·New York: Verso, 2006, p. 178.

⑥ Ibid., p. 184.

件,并且这种社会的绝对缺席构成了所有可能社会的本质"①。说到底,这种"绝对缺席"状态就是一种虚空,它代表这各种社会关系以及各种社会存在之间关系的缺席,以及在此基础上建立起来的各种解释世界的意识形态理论的缺席。这样一种对社会存在的解构,在阿尔都塞看来是非常重要的。他认为,"社会的绝对缺席构成所有社会的本质,这是一种非常大胆的理论,这样一种绝对的性质不仅逃脱了卢梭时代的,而且也逃脱了其后时代的危机。"②这种危机在于如何来理解我们生活于其中的社会是如何实现的,其最初的源头在哪里?在阿尔都塞看来,这种源于虚空的社会存在,能够帮助我们看清各时代意识形态的迷雾,并且在一种新的开始处来建构社会存在及其合法性基础。在论述社会的成型时,阿尔都塞指出,卢梭借助于原始森林的隐喻来言说"孤独个体"的存在状态及其偶遇。"每个人缓慢地行走在森林的无限虚空中","森林就像伊壁鸠鲁所说的原子在其中平行下降的虚空,它是一种前布朗主义的虚空,个体横穿于各自的道路上,也就是说,他们并不相遇,即使有短暂的相遇也不能持续长久"。③ 这就是前社会的状态,人们各行其道,互不关联,从而不能形成以个体之间的关系为基础的社会。那么,社会本身作为一个已然的现实,其是如何发生的呢?依据阿尔都塞对卢梭的解读,毫无疑问需要一种相遇来实现。"相遇状态不得不强加在人们身上;作为不可相遇的可能性条件的森林的无限性,不得不因为外在的原因而被削弱……"④阿尔都塞指出,这些"外在的原因"包括自然灾害等促使人们在有限的空间内发生**持续**的相遇,当然还有其他更多的原因。而重要的在于"**事实上**,一旦人们被强行发生相遇并建立起持久的关系时,那么,**强迫的关系**将会在人们之间迅速兴起,而社会关系将会是基础性的,并且将在这些

---

① Louis Althusser: *Philosophy of the Encounter*, edited by François Matheron and Oliver Corpet, London · New York: Verso, 2006, p. 184.
② Ibid., p. 185.
③ Ibid., p. 184.
④ Ibid., p. 185.

相遇对人们的影响的效果中被加强"①。社会关系的建立,表示着相遇的发生及其持续的存在,并在此基础上形成人类自身社会生存的各种行为方式和交往方式,而社会冲突甚至斗争也相伴而来。在阿尔都塞看来,卢梭正是通过虚空和相遇理论描述了人类社会存在的起源,以此为解释人类生活提供了一种新的更加彻底和激进的理论框架。笔者认为,阿尔都塞对卢梭理论所做的激进化的解读,必将影响到激进理论对社会存在的分析,让我们拭目以待。

最后,阿尔都塞将关注点落在了马克思身上,阿尔都塞说:"所有这些历史评论都只是我想引起大家注意马克思的序曲。可以确定的是,他们并不是偶然的,而是证明了,从伊壁鸠鲁到马克思,存在着对这个深刻传统的'挖掘',即在相遇哲学中寻找到唯物主义的锚定点。"②阿尔都塞认为,马克思虽然在博士论文中谈到了伊壁鸠鲁的原子、虚空、偏斜与相遇问题,但其出发点不在于对社会存在本身起源的描述,而在于对自由意志的解读。在此,作为相遇唯物主义系统思想之一的马克思,在阿尔都塞看来,其主要落脚点在于以生产方式为基础的社会形态学说及其历史理论。阿尔都塞认为,为了谈论马克思的相遇的唯物主义的内涵,我们必须从生产方式概念入手,"没人否认这个概念的重要性,它不仅帮助思考每一种'社会形态',而且还有助于时代化诸种社会形态历史,并因此建立一种历史理论"③。在此,阿尔都塞所指何为?很显然,阿尔都塞认为,马克思通过"生产方式"概念来描述每一种"社会形态",旨在对抗资产阶级意识形态下资本主义生产方式及其私有制的永恒化和天然化的神话。每一种社会形态的兴起,不再是一种意识形态的预设,而是生产力与生产关系的相互作用,而生产力与生产关系的相互作用只能在社会发展的具体情境中才能得到展开。以资本主义生产方式为例,"马克思解释道:资本主义生产方式源于'货币持有

---

① Louis Althusser: *Philosophy of the Encounter*, edited by François Matheron and Oliver Corpet, London · New York: Verso, 2006, p.185
② Ibid., p.188.
③ Ibid., p.196.

者'与被剥夺的只剩下劳动力的无产阶级的'相遇'"[1]。正是在这两者因素的持续相遇中,资本主义生产方式才能得以形成,资本主义作为一种社会形态才能成立,并在此基础上形成资本主义的价值规律、交换规律等。"什么是生产方式? 依据马克思的思想,我们为此提供的答案是:各因素的特殊的'联合'。这些因素是货币的积累、生产技术方式的积累、生产原料的积累、生产者的积累。"[2]这样一种解释便与资产阶级意识形态对资本主义生产方式的解释形成了鲜明的对比,而马克思的历史理论便在以生产方式的变革为基础的社会形态的转换中获得了实质的内容。

马克思通观人类社会的发展过程,通过对各时代生产方式的考察,指出了各时代社会存在的基本特征以及内在的矛盾。而这些矛盾,尤其是作为生产方式构成要素的生产力与生产关系之间的矛盾,推进了整个人类社会的进程。马克思以社会形态的特征为背景,通过揭示人与自然的关系,以及人与人之间的社会关系,展示了各社会形态的基本特征,并形成各社会形态的理论论述,在此基础上形成了关于人类社会发展形态的历史理论。这样一种历史理论的描述,是以生产方式各要素之间的不平衡关系为基础的。随着这些要素在各时代所不同的呈现方式及其关系、社会关系及社会形态本身亦随之变化。马克思通过"生产方式"概念分析资本主义社会以及其他社会形态,并在此基础上形成了马克思的"历史理论"。然而,马克思的"历史理论"的诉求不仅在于理论上解释世界,更在于实践上改变世界。通过"生产方式"概念而将资本主义社会的阶级剥削和压迫展现出来,将资本主义社会的内在本质危机呈现出来,其目的在于表明无产阶级革命的对象及其可能性。在阿尔都塞看来,这种历史理论的叙事逻辑亦是与之前的历史哲学的逻辑有着本质区别,尤其是与以绝对精神为纽带的黑格尔的历史哲学有着本

---

[1] Louis Althusser: *Philosophy of the Encounter*, edited by François Matheron and Oliver Corpet, London · New York: Verso, 2006, p.197.
[2] Ibid., p.198.

质的不同。这种反本质主义、反神学目的论的叙事方式,在阿尔都塞看来,是相遇唯物主义的重要内容。

总而言之,阿尔都塞对偶然唯物主义的论述,其根本目的在于首先以理论或哲学的方式,在历史哲学领域中对传统哲学目的论、本质主义及其神学的驱除。这项理论工作的最终目的丁其政治功能,即将哲学论述转化为一种社会政治理论,并为政治实践扫清意识形态的障碍。而这便是接下来要论述的相遇唯物主义的政治功能问题。

第二节　相遇唯物主义的政治职能
（政治实践的哲学基础）

就阿尔都塞的理论旨趣而言,其理论实践的目的都在于政治实践。阿尔都塞希望通过理论上对传统哲学以及各种马克思主义理论变种的解构,以期无产阶级的政治实践能够摆脱一切资产阶级意识形态的羁绊。在此,由偶然唯物主义开启的理论激进化维度,为无产阶级的政治实践提供了一种理论上的支持。具体化到现实的政治实践中,问题就在于如何处理旧意识形态与建立一种新的意识形态或者霸权理论。毫无疑问,无产阶级的政治实践是不能脱离理论的维度,正如列宁所说,"没有革命理论就没有革命运动"。但问题在于以何种理论开始?"开始"问题在此又称为无产阶级政治所要面临的首要问题,阿尔都塞十分清楚,要向政治实践有一种全新的效果,理论本身也需要一个新的出发点。因为阿尔都塞认为,无产阶级受到了资产阶级意识形态以及对马克思主义理论歪曲的影响,在这个问题没有解决之前,政治实践本身是难以展开的,或者说难以有效地展开并实现目的。

而偶然唯物论对虚空、偶然、形势与事件的关注,为政治实践提供了一个新的起点。

显而易见,马基雅维利正是通过理论的方式来实现政治的诉求，阿尔都塞正是在此意义上重视马基雅维利的理论思想，甚至还认为马基雅维利在某些方面是走在了马克思的前面：其一，"在纯粹形式中，也就是在概念层面，构想政治行动的条件与类型"；其二，"激进的方式，即他思考形势的属性"。[1] 按照阿尔都塞的解读，马基雅维利是一个关于"开始"的理论家，但其"开始"并不是某种固定的实体或观念，说到底是一种虚空。因为只有从虚空开始，才能摆脱传统意识形态的概念，从而在纯粹的新概念形式中思考被这些旧概念所遮蔽的现实问题。虚空的意义在于面向所有社会现实敞开，它既能通达被意识形态所建构起来的现实，同时也能通达被意识形态所遮蔽的现实，因为它根本从现实出发，而不是从理论出发。这就是虚空理论对于认识社会现实的重要意义所在，它跳出现有的概念框架，从而面对一个更加丰满的世界。"小人物从无开始，而不借助于任何已然存在于现存政治概念中的统一的概念。"[2]这便是阿尔都塞视域中马基雅维利关于新君主的论述。通过阿尔都塞的激进解读，马基雅维利的新君主成为重新认识和改造世界的象征。

阿尔都塞认为，新君主之所以能够成为重新撬动世界的因素，在于其本身不再囿于世界的概念框架中。阿尔都塞将新君主比喻为纵身跃入火车的英雄，与列车上的乘客知道列车的起点和终点不同，英雄根本不知道列车的行程。这个隐喻的目的在于说明，新君主要诞生，其必须与"开始"（列车的起点）发生决裂，不再在"开始"所蕴涵的本质潜能的发展中，依"规律"展开进程，而是要依据对现实和形势的判断；同时也不再指向目的论的终点（列车的终点站），以一种历史决定论的方式论述或选择现实的材料。也正是在此意义上，阿尔都塞认为，新君主应该以"事物在实际中的状况"为基础，而不能沉浸在意识形态的臆想中。当然，这个过程不是消灭意识形态的过程，而是转换意识形态内容的过程，因为阿尔都塞并不

---

[1] Althusser: *The Future Lasts A Long Time and The Facts*, London: Chatto & Windus, 1993, p.220.
[2] Ibid.

认为意识形态能从我们生活中清除掉。新君主的象征意义就在于摆脱意识形态的束缚,以"事物在实际中的状况"为基础,建构一种新的意识形态。正是在此意义上,阿尔都塞认为马基雅维利的《君主论》与马克思的《共产党宣言》有着诸多相似之处,都是在破旧立新中寻找自身的话语霸权。以此为类比,阿尔都塞在《马基雅维利和我们》中,将无产阶级与新君主的诞生相联系,旨在说明无产阶级的政治实践应该向新君主诞生一样,依托马克思的哲学革命,与资产阶级的意识形态发生断裂。告别资产阶级的意识形态是无产阶级政治实践的前提。正是在此意义上,马克思由哲学、政治领域转向政治经济学批判,通过分析资本主义的生产方式来揭示资本主义社会的内部的危机,从而打破资产阶级关于资本主义社会意识形态的神话。

在《马基雅维利和我们》①中,阿尔都塞仔细分析了马基雅维利在《君主论》中关于新君主与政治实践的理论,其主要理论起点是"政治从何处开始?"以及"新君主是如何诞生的?"而在对此的解读中,我们再次看到了"虚空"概念在发挥作用。

在阿尔都塞看来,马基雅维利在关于新君主与政治的论述中,给出了不容争辩的回答:政治从无开始,新君主及新君主国是从无开始的。阿尔都塞认为,马基雅维利的理论新颖和独具魅力之处在于他表述了一个"开始"。他是"谈论开始本身的理论家"②。正是这种"开始的新颖性"吸引了阿尔都塞,他说:"有两个原因使开始的新颖吸引着我们:既是因为前与后、新与旧之间的对比;也是因为它们的对立以及它们的冲突、它们的断裂。"③

关于"开始"的问题,哲学史上有过大量的讨论,在一定程度上,近代西方哲学的原点就在于确定一个"开始"。阿尔都塞认为,与笛卡尔需要确定一个固定点相对,"新君主或现代君主所要的点

---

① 阿尔都塞的几次修改,都是在内容上转向偶然唯物论。
② 陈越编:《哲学与政治:阿尔都塞读本》,长春:吉林人民出版社,2003年,第381页。
③ 同上。

恰恰不能是一个固定的点"①。显然,马基雅维利是在政治实践的层面上,而不是在纯哲学的层面上来谈论"开始"的,尽管如此,它却具有哲学的性质。马基雅维利之所以要寻求一个不固定的"原点",其原因就在于这与他对"历史与政治的想象性表述"的批判有关。与此"想象性表述"相对,马基雅维利提出了"事物在实际上的真相",并以此来对抗历史上泛滥的"意识形态"。在马基雅维利那里,政治实践的原点不应是对传统意识形态内容的继承,而是要彻底与之断裂,从而直接面对"事物在实际上的真相",表现在政治实践中,就是对当前的"形势"的分析与把握。阿尔都塞指出,马基雅维利之所以对"形势"一词情有独钟,是因为他抓住了"形势"所具有的破坏力。而它之所以有破坏力,取决于"形势"本身不具有固定的结构与属性。他对"政治形势的空间"的分析,是政治主体即新君主得以诞生的关键因素。"这个对政治形势进行分析的空间,就它本身的语境而言,是由各种对立和混合着的力量所构成的;它只有安排或包含了一个位置,一个空位,才会有意义:只有空的才能被填补,只有空的才能为个人或集体提供用武之地,才能让他们占领那里,以便重新结合和形成各种力量,完成历史所指定的政治任务——空,是为了将来。虽然它总是被占据,但我还要说它是空的。我说它是空的,是为了表明理论在这一点上游移不定:因为这个位置必然被填补。换言之,个人或党派必须有能力变得足够强大,能够在各种力量中起作用,必须强大到能够重新结合已经结合在一起的力量,成为头号力量以压倒其余的力量。"②可见,对阿尔都塞来说,马基雅维利对"政治形势"分析的强调,旨在提供出一个现实的"空场"。在此"空场"中,凸显的是"形势"中的各种力量的重新结合与配置,而一切传统的对政治与历史的想象性表述便不复存在。这个重新结合与配置的过程,便是新君主应运而生之时。

---

① 陈越编:《哲学与政治:阿尔都塞读本》,长春:吉林人民出版社,2003年,第398—399页。
② 同上书,第398页。

于是,虚空便成了"开始",成了新君主政治实践的原点。而这个"政治实践"过程本身亦是新君主的诞生过程。

在阿尔都塞看来,马基雅维利的"《君主论》的难题首先是关于新君主的难题。这是关于开始的难题。对于以往一直困扰着哲学,并且永远都会困扰着哲学的那个问题——我们从何处开始?——马基雅维利以完全非哲学的方式做出了回答,但其中那些论点却不乏哲学的回音:我们从开始处开始。开始说到底就是无。我们就这样被抛到了《君主论》的文本中。必须从新君主和新君主开始:说白了,说到底,也就是从无开始,不是'虚空',而是从空白开始"①。阿尔都塞强调,这不是虚空,而是空白,这与他结构主义的解读有关。君主的功能是填补"虚空",而此"虚空"乃是政治形势空间中所凸显出来的一个"空位"。君主的起点是不固定的,"它的全部努力都是为了**让自己存在**",由于君主要"服从于对形势的分析",所以"它的形态和配置就由于那个位置的存在而被改造了","那个位置是空的,因为它有待于政治时间的主体(当事人)——君主或政党去填补和占据"②。这是由"政治形势"自身的结构特性所提供给新君主的"空位"。但作为君主本身的界定,在阿尔都塞看来,马基雅维利却仍然是借助于"虚空"。"**新君主可以从任何一个地方起步,可以是任何一个人:说到底,他们可以从无起步,并且在起步的时候本身就是无**。我们又看到了虚空,或者说,那是偶然的虚空。"③由此我们看到,君主本身是一个偶然的产物,是一种身份不明物,但是其"偶然性"并非预定"君主"本身合法存在的荒谬性。因为在马基雅维利的视域中,正是这种"出身"的虚空性,为君主承担历史使命奠定了基础,因为他只有重新开始才能撬动那被传统政治和历史的意识形态遮蔽的"事物在实际上的真相","起于虚空的人,他开始于一个不确定的地方:这对马基雅维利来说,是

---

① 陈越编:《哲学与政治:阿尔都塞读本》,长春:吉林人民出版社,2003年,第459页。
② 同上书,第399页。
③ 同上书,第473页。

实现重生的条件"①。这在马基雅维利看来,也是政治实践的前提条件。

在挣脱传统政治和历史的意识形态的襁褓的同时,马基雅维利给出了"新君主"的两个属性:幸运和能力。幸运即"一个非确指领域的形势 X 方面的客观条件",能力即"不确定的个人 Y 方面的主观条件"②。在此基础上,马基雅维利开始了他的建构"新君主"的"奇遇"。

马基雅维利认为,新君主及新君主国开始于一种"奇遇":由布衣一跃而成为统治者的奇遇。在阿尔都塞看来,马基雅维利的"奇遇"的实现,需要三个条件:第一个条件是上述新君主的两个属性,幸运、能力及其相遇;第二个条件是"把这种一般法则运用与个人的特殊情况"③;第三个条件是"幸运"与"能力""相遇/吻合的作用:幸运转化为能力,把幸运塑造为能力……"④可见,马基雅维利是在一种偶然性中凭空制造一个君主来,而不是在传统的政治与历史的意识形态的孕育下培养一个君主。在马基雅维利那里,幸运与能力的相遇是具有非常重要的政治意义,他指出:"能力的特征就是能够主宰幸运(甚至在很有利的时候也是这样),就是能够把幸运的瞬间改造成政治的持久,把幸运的质料改造成政治的形式。这样就能够在政治上通过奠定新国家的基础,也就是通过扎根于人民(我们知道该怎么做),把有利的局部形式作为材料组织起来,从而能够持久和扩张,同时又始终思虑'未来的权力',瞄准得更高,以便达到更远的目标。"⑤但上述的相遇法则及其运用仍然是无法将一个现成的君主呈现在我们的面前。在阿尔都塞看来,马基雅维利纵使规定了上述内容,"但他却给这一相遇中主角的名字留下了

---

① Louis Althusser: *Philosophy of the Encounter*, edited by François Matheron and Oliver Corpet, London · New York: Verso, 2006, p.172.
② 陈越编:《哲学与政治:阿尔都塞读本》,长春:吉林人民出版社,2003 年,第 467 页。
③ 同上书,第 468 页。
④ 同上书,第 469 页。
⑤ 同上。

彻底的空白；他没有明确他们的身份"，"发生这种相遇的地理空间，以及在那里与**幸运**相遇的个人，都没有名字：确切地说，它们是**未知的**"。①

马基雅维利关于"偶然相遇"的思维，为无产阶级的政治实践提供了现实的思考。就阿尔都塞看来，马基雅维利的新君主是偶遇的产物，是由形势所催生的，其本身并不具有历史的必然性。"君主的目的不在于提供一个能够解决普遍问题的方法，而是将其呈现为一个问题，即由时代形势所引发的问题。"②可见，新君主的诞生问题其本身就蕴涵着时代形势的要求，并且在此要求中把握和认识到时代的本质规定性。而马克思对无产阶级的描述仍然是如此，之所以要选择无产阶级成为政治实践的主体，不在于无产阶级自身固有什么属性，而在于资本主义社会及其生产方式所规定的无产阶级的属性，这种规定性包含着资本主义社会的所有秘密和危机。只有认清了无产阶级的社会属性，无产阶级的政治实践才有实现的依据。正是在此意义上，无产阶级的觉醒才意味着资本主义社会的灭亡。基于此，"阿尔都塞视马基雅维利为**实践的理论家**，他的著作为行为人的当下的偶然实践开拓了视域"③。这样一种以形势和偶然性为视域的实践，为无产阶级的政治实践认清和思考形势问题提供了有益的探索。

而阿尔都塞关于卢梭的解读，进一步加深了对虚空和霸权理论的理解。阿尔都塞认为，卢梭就社会起源所建构的"自然状态"，是社会政治理论激进化的表现。关于自然状态的论述，虽然之前从霍布斯到洛克都有相关论述；这些论述，在阿尔都塞看来，其自然状态其实就是社会状态，他们将"社会状态投射在自然状态上"；卢梭与他们不同，"卢梭独自思考'纯粹'自然的状态，并且他视这样一种

---

① 陈越编：《哲学与政治：阿尔都塞读本》，长春：吉林人民出版社，2003年，第470页。

② Mikko Lahtinen: *Politics and Philosophy: Niccolò Machiavelli and Louis Althusser's Aleatory Materialism*, Leiden·Boston: Brill, 2009, pp.133-134.

③ Ibid., p.170.

状态是社会关系的缺失，不管是积极的关系还是消极的关系"①。卢梭对"社会关系"的虚空化描述，是阿尔都塞所关注的。正是因为社会的缺失，新的社会关系才能得到形成，因为卢梭将这种社会关系的缺失视为所有可能社会的前提。在此，阿尔都塞看到了卢梭理论中的霸权思想。因为新社会关系的获得就是一种意识形态霸权的形成，阿尔都塞非常清晰地看出，社会关系的缺失，不在于其虚空的状态，而在于对虚空的占领。按照卢梭的说法，这便是社会契约得以建立的过程，而阿尔都塞认为，这便是意识形态霸权实现的过程。那么，在现实的政治中，首先必须制造一种虚空，以便去重新占领和建构。对于无产阶级的政治实践而言，这样一种虚空的获得，就在于通过批判资产阶级的意识形态，将其所标榜的永恒社会关系和社会规训描述为一种暂时性的社会契约。按照马克思对资本主义社会的批判，这种暂时性的契约是对无产阶级进行剥削的根源，在此意义上，其便是一种非法契约。"卢梭的'非法契约'即富人通过契约的形式审判穷人。这被视为是另一种意识形态理论，但其是与它的社会角色和社会起因，即它在阶级斗争中的霸权功能联系在一起的。因此，我视卢梭是继马基雅维利之后的第一个霸权理论家。"②通过指明这个社会契约的暂时性与虚假性，就相当于将资本主义社会赖以维系的社会再生产体系解构了，而无产阶级的政治实践则在于以社会主义的原则去重新描述社会应然的存在，而一种新的意识形态霸权便由此产生。

在这个意义上，卢梭的"自然状态"理论便不只是服务于以社会起源来解释社会问题，更重要的功能在于对社会分析的普遍模式，其对象指向每一种剥削社会，其功能则是在政治实践中得到展开。由此，"自然状态"便成为社会冲突理论和国家理论的重要理论支撑。"我从霍布斯到卢梭的理论中发现了关于冲突世界的观

---

① Louis Althusser: *Philosophy of the Encounter*, edited by François Matheron and Oliver Corpet, London · New York: Verso, 2006, p.184.
② Althusser: *The Future Lasts A Long Time and The Facts*, London: Chatto & Windus, 1993, p.219.

念,在这个冲突的世界中,毫无疑问,人们及其所有物只有通过绝对的国家权威才能得到保护,也正是这种权威使得'一切人反对一切人的战争'能够终结。当然,这预示了阶级斗争和国家的角色,而正如大家所知道的,马克思声称他自己并没有发明这些概念,而是从前辈的理论中借来的思想……"①从卢梭的"自然状态"理论引出马克思的阶级斗争和国家理论,可见,阿尔都塞对卢梭理论的激进解读的目的所在。在一般的解读看来,由卢梭的"自然状态"向"社会契约"的转变,旨在描述资产阶级社会的发展过程,在此意义上,卢梭无疑是资产阶级的理论家。而阿尔都塞看来,这样一种"转变"恰恰说明了资本主义的历史性以及资本主义社会内部冲突的可能性因素,更在于说明资本主义社会之于无产阶级的秘密以及无产阶级政治实践的指向。

阿尔都塞通过对卢梭理论的激进化解读,打破了资产阶级意识形态的神话。它一方面说明了资本主义社会起源,另一方面对这种起源所做的历史性解读,为思考资产阶级意识形态打开了视域。阿尔都塞无疑是要通过卢梭对此的分析而呈现的政治虚空加以确认和利用,为政治实践和霸权理论提供一种历史和现实的证明。

而阿尔都塞对偶然、事件、形势的关注,也是政治实践所不容忽视的主题,在当今激进理论看来尤为如此。

阿尔都塞认为,社会结构的多重并置及其主导因素之间的转换,使得无产阶级的政治实践面临着重大的挑战。因为世界的"逻辑"及其历史,并非如黑格尔的历史哲学所述,伴随着历史规律而实现。世界进程的叙述日益"事件化",如何理解作为世界表象的事件与形势,是辩证唯物主义面临的新问题,在阿尔都塞看来,"对马克思说来,历史不是精神本质的表现,而是这样一个过程,它的发展是构成它的不同层次的关系的结果;因为,只是在整体各部分不可归结的差异这个基础上,决定关系、因果关系,而不是'绝对'的内

---

① Althusser: *The Future Lasts A Long Time and The Facts*, London: Chatto & Windus, 1993, p. 219.

在本质才能建立起来"①。差异存在日益成为这个世界的存在样态,而这些不可通约的差异暗含的结果便是偶然与事件。

正是在这样的理论与现实背景中,晚期阿尔都塞提出了"偶然唯物主义",而其核心概念便是偶然、相遇、形势和事件等。基于马克思在博士论文中论述伊壁鸠鲁的相关内容,阿尔都塞指出,正是由于原子的偶然"偏斜"运动而产生的"相遇",才使得世界得以产生。阿尔都塞将此有关世界的形而上学描述转化到社会政治实践中,为无产阶级的政治实践提供理论支持。因为"相遇"与"形势"为无产阶级的政治实践提供了一种思考方式,"不仅思考历史的现实,而且首先思考政治的现实;不仅思考现实的本质,而且首先思考实践的本质"②。这里同样涉及通过理论实践生产出新的辩证唯物主义的概念来把握和指导实践的问题。面对新形势,分析形势的结构及其存在条件是无产阶级政治实践的前提,形势变化的显性因素便是事件的发生。只有在形势中分析事情事件化的政治的、经济的和理论的条件,无产阶级的政治实践才能促成事件朝革命运动的形势转变,这也是阿尔都塞推崇列宁在《怎么办?》中所说的"没有革命理论,就没有革命运动"的原因所在。

当然,这种作为"偶然"出现的"事件"并不具有主观性,阿尔都塞对此的回应是:"一个事件的考究要弄清楚事件发生之前的众多原因,而不是一个普遍的原因,而这些因素的结合才能是事件的真正缘由"③,而"'事件'的环境及其所有的复杂状况都影响着'偶然'的发生"④。可见,相遇与事件的发生仍然是整个社会发展的内在组成部分,其只是作为一种征候而出现,预示着社会结构本身内在各种因素之间的矛盾与冲突。无产阶级的政治实践应该敏锐地

---

① [英]柯林尼可斯:《阿图塞的马克思主义》,杜章智译,台北:远流出版公司,1990年,第53页。
② Louis Althusser: *Philosophy of the Encounter*, edited by François Matheron and Oliver Corpet, London·New York: Verso, 2006, p.188.
③ Mikko Lahtinen: *Politics and Philosophy: Niccolò Machiavelli and Louis Althusser's Aleatory Materialism*, Leiden·Boston: Brill, 2009, p.145.
④ Ibid., pp.151-152.

从这种"征候"中读出社会内部的对抗,并借助"事件"的出现,促使这种内在的矛盾在社会结构内部实现"内爆",从而为无产阶级的革命运动制造机遇。

在对"相遇"与"事件"的关注上,阿尔都塞无疑具有开创性和前瞻性,其后的当代激进政治理论家都是在此基础上推进了相关的论述。而对此的关注,乃是由于这个时代是一个革命主题渐行渐远的时代特征所决定的。如何在这个时代重新唤起马克思主义的理论身份和革命主题,是当代激进政治理论家迫切需要解决的问题。在相关理论论述中,巴迪欧在《世界的逻辑》以及《存在与事件》中论述得尤为明显。巴迪欧以一种数学的方式在元本体论的层面论述了"事件"之于世界、存在的意义。

依据巴迪欧的论述,世界的逻辑即作为真理的逻辑是涵盖了整个世界的解释原理或存在方式,其包含了世界或存在的任何样态。前者以数学中的"集合"的形式出现,后者以数学中的"项"的形式出现。然而,由于偶然事件的出现,导致了理论的真空,即现在的世界逻辑(集合)并不能对其进行有效的解释(涵盖)。在这种形势中,世界表现为一种断裂,真理的匮乏随之出现,这就是我们面对的世界。基于事件(项)在新形势中的状态,新的解释框架必须重新结构化这个"断裂"的世界,而这种重构则是新的世界逻辑的获得,即新集合原则的制定。巴迪欧认为,列宁和毛泽东的革命运动都是这种"世界逻辑"的体现。而拉克劳和墨菲在《霸权与社会主义策略》一书中亦依此逻辑展开对"霸权"的论述,"霸权的逻辑从一开始就将自己表现为一种补充和偶然的行为,并且在进化范式的本质和形态学有效性不受质疑时引进事态的不平衡(本书的中心任务之一是为了确定这种偶然性的独特逻辑)"[1]。

从阿尔都塞以及上述当代激进政治理论家的论述中,我们可以看到,"相遇"与"事件"已然成为当代马克思主义理论家无法忽视

---

[1] Ernesto Laclau and Chantal Mouffe: *Hegemony and Socialist Strategy*, London·New York: Verso, 2001, p. 3.

的对象,这同时也反映出当代世界政治的特殊性以及无产阶级政治实践的特殊性。

第三节 辩证唯物主义的重构

一、马克思主义理论的特质及其现实处境

毫无疑问,马克思主义理论的诞生及其理论意义是与无产阶级革命联系在一起的,"马克思主义理论是理论要素(德国哲学、英国政治经济学、法国社会主义)与在西方资本主义社会中影响日益增强的政治事件(阶级斗争、工人运动的第一次介入)相结合的产物"①。这不仅可以在马克思、恩格斯的理论和革命事业中得到佐证,而且还可以在马克思主义理论与国际共产主义的历史中得到证实。虽然在此过程中出现过诸多的错误与失败,但这并不足以推翻我们就马克思主义理论所做的如下判断:马克思主义理论的特质是理论与实践的正确统一。

之所以能够得出如此结论,在于马克思主义理论本身是一种开放的理论体系,不同于意识形态的封闭体系,它只有在实践中不断地被运用,才能使理论本身得以纠正与发展。阿尔都塞认为:"只有马克思主义**理论**使工人运动成为革命运动,因为只有该理论才能使工人运动远离'自发'的无政府主义—改良主义意识形态带来的理论和实践的影响。"②运动是否是"革命的",关键在于其是否具有革命的理论纲领,而这是马克思主义理论与革命运动休戚相关的。作为理论家和革命家的列宁深谙此理,其"没有革命理论就没有革命运动"便是最好的例证。那么,如何在现实情境中理解马克思主义

---

① Louis Althusser: *The Humanist Controversy and Other Writings*, translated by G. M. Goshgarian, London: Verso, 2003, p. 160.
② Ibid.

理论与工人的革命运动之间的关系？阿尔都塞指出："如果我们能够对比如下两个命题：第一，工人运动存在于马克思主义理论之前，并且是独立存在的；第二，没有一种科学的历史理论，便没有革命的工人运动，我们将能够理解马克思主义理论与工人运动联合的理论和历史意义，这对于现代社会而言是一伟大事件。"①工人运动本身是先在于马克思主义理论，但其性质是自发的、无组织，并且其目的并不在于推翻资本主义社会，而在于工作时间和工作待遇问题。在这个意义上，此工人运动并不是严格意义上的革命运动，最典型的便是英国工人破坏机器活动。那么，工人运动向革命运动迈进的关键因素是什么？由自发运动向自觉运动的转化应该是运动性质转变的关键因素，当然，这种自觉的过程便是对资本主义社会及其性质的理论认识过程。在此，马克思主义理论便承担了这种理论启蒙的任务，而其主要表现为马克思科学的历史理论。在前一节中已经谈到，马克思主义理论以生产方式为纽带的历史理论，通过剖析资本主义生产过程中各环节的性质以及资本主义生产方式的内在危机，一方面在于论证资本主义作为一种历史性的生产方式，尤其其自身不可遏制的周期性危机而必然走向灭亡，另一方面在于论证无产阶级作为资本主义社会掘墓人的合法性及其实现途径。只有在对资本主义生产方式和工人运动本身的认识达到了理论自觉的高度时，马克思主义理论与工人运动才能达到正确的统一，才能同时实现两者的革命属性。在阿尔都塞看来，马克思主义理论与无产阶级运动的历史性统一，第一次实现于1917年的俄国，第二次实现于1949年的中国。当然，这两次的"实现"更加证明了马克思主义理论作为一种开放且不断发展的理论，因为俄国和中国革命的胜利，并不是按照马克思的经典论述，而是列宁和毛泽东创造性地运用马克思主义理论所实现的，其更加强有力地证明了马克思主义理论与无产阶级革命运动相结合的本质要求。

---

① Louis Althusser: *The Humanist Controversy and Other Writings*, translated by G. M. Goshgarian, London: Verso, 2003, p.161.

在此,问题的关键在于如何联合? 在国际共运史上,不乏有"联合"的例子,但其很多都遭遇失败,正确的"联合"何以可能? 阿尔都塞认为:"这种联合并不是任何一种联合,它不能是非原则的联合或者基于一种变形或歪曲的原则。它必须是基于正确原则的正确联合,也就是说,基于严格的科学原则,并且每件事情都是源于此原则,无论是理论的、意识形态的还是政治的。"① 在阿尔都塞看来,这种"科学原则"的获得,首先是理论实践的产物,其次是向政治实践转化的产物。这将在下一小节详加论述。

但是,如果没有所谓的正确原则所带来的正确的联合的话,而是受到资产阶级意识形态的影响的话,比如进化论、经济主义、经验主义、实用主义、伦理唯心论、技术主义、人道主义等,其结果将会是严重且有害的。而在阿尔都塞看来,今天马克思主义理论的境遇是遭到了资产阶级意识形态的攻击,使得马克思主义理论内部出现了各种资产阶级意识形态的理论变种,而这对于马克思主义理论的性质而言,是极其危险的。

"资产阶级意识形态对马克思主义理论的攻击,不仅有外在的攻击,而且也有**来自内部**的攻击,它们在工人阶级、小资产阶级和知识分子的各种'自发主义'的形式中寻求支持。"② 在阿尔都塞看来,这些自发主义的形式包括如下几种:小资产阶级的法律、伦理唯心主义(人道主义)、经验主义、科学的实证主义以及实用主义。这些形式不但从外部攻击马克思主义理论,同时还在内部展开其对马克思主义理论的侵蚀。阿尔都塞进一步指出,当今对马克思主义理论的最大威胁来自"人道主义与技术主义"。这对威胁不仅出现在资本主义的理论形势中,而且还"出现在资本主义国家和社会主义国家的共产主义的政党中,出现在将马克思主义哲学解释为**理论人道主义**的趋势中,并且同时出现在将非批判的、机器主义的信念引入

---

① Louis Althusser: *The Humanist Controversy and Other Writings*, translated by G. M. Goshgarian, London: Verso, 2003, p. 162.
② Ibid., p. 183.

科学与技术的发展趋势中,同时低估了政治、意识形态和哲学的作用"①。阿尔都塞认为,技术主义与人道主义看似没关系却能够同时发生作用,其原因在于人的需求的体系,而这是黑格尔哲学关于市民社会的本质论述。在人的需求体系的满足的名义下,人的主体地位以及实现人的需求的技术(生产)进步逻辑便主导了整个的思想领域,而这在阿尔都塞看来是重新回到了资产阶级的意识形态的牢笼中。共产国际在此领域就出现过重大的理论偏离,甚至是重大错误,"我们能够在工人运动过去的历史中发现这些诱惑的源头:技术主义与第二国际的机械经济主义联系在一起;理论人道主义与一定的理论修正主义(即第二国际某些理论家对马克思主义所做的伦理或康德主义的解读)联系在一起"②。毫无疑问,第二国际的经济决定论以及理论的修正主义,都是马克思主义理论内部遭受资产阶级意识形态的侵蚀所造成的。因为"理论人道主义将意识形态概念视为其基础:人、异化、人的异化的扬弃、人的解放、'完整的人'等",而"马克思主义的历史**科学**将如下的概念体系作为其理论基础"生产方式、经济基础、上层建筑、社会阶级、阶级斗争等等",而"马克思主义哲学中,其基本概念是唯物主义和辩证法,是关于存在与思维的差别、现实对象与认识对象的差别、实践的首要性等。理论人道主义用意识形态概念带取代马克思主义理论的这些概念:主体和客体、意识、活动、行为、创造,等等"③。阿尔都塞所做的这些区别都在强调马克思主义理论的特质及其已经遭受到的理论歪曲,而这些理论歪曲基本是在马克思主义理论内部产生的。

在阿尔都塞看来,还有一种理论形式,不但威胁到马克思主义的历史理论,同时还威胁到马克思主义的核心本质。"今天,经验主义最危险的形式之一是历史主义——换言之,它认为可以不通过生产而获得关于历史知识所不可或缺的理论概念,就能够直接地、无

---

① Louis Althusser: *The Humanist Controversy and Other Writings*, translated by G. M. Goshgarian, London: Verso, 2003, p.184.
② Ibid.
③ Ibid., p.186.

中介地获得历史的本质。"①在阿尔都塞看来,马克思的历史理论是通过具体分析资本主义生产方式所得到的,其是通过大量的现实和理论的劳作才实现的,而历史主义对此置若罔闻;同时马克思对资本主义社会的分析,不是借助于现有的概念,而是通过理论实践生产出新的概念才实现了对资本主义生产方式及其本质的认识和把握。历史主义放弃理论实践和概念分析的框架,是将经验主义演绎到了极致。而这对于马克思主义理论来说是致命的,因为就马克思主义理论的特质和处境来说,通过理论与实践统一来要求理论实践,仍然是马克思主义理论的重要任务。

阿尔都塞认为,以上种种理论歪曲及其所带来的理论处境,其原因应该归之于马克思主义理论内部的问题,说到底就是历史唯物主义与辩证唯物主义的问题。因为在阿尔都塞看来,马克思主义理论有两方面的意义:"马克思主义哲学或者辩证唯物主义和马克思主义的历史科学或历史唯物主义。"②而马克思主义理论之所以会遭受到资产阶级意识形态的侵蚀,阿尔都塞认为主要原因是作为马克思主义哲学的辩证唯物主义在理论发展形态上落后于历史唯物主义,这使得马克思主义理论没有足够的理论概念来对抗资产阶级各种意识形态的挑战。

众所周知,历史唯物主义之所以成为马克思主义的科学,其原因在于马克思发现了"历史科学"的大陆并对其做了科学的描述。但这种科学的描述常常因为缺乏哲学的支撑而一直受到旧的哲学意识形态的侵蚀,其表现形式就是对马克思主义理论的歪曲,使得马克思主义理论内部出现诸如历史决定论、经济决定论、改良主义以及人道主义等理论"偏离"。

这无疑使马克思主义遭受着巨大的理论与现实的危机,在阿尔都塞看来,其根本原因在于辩证唯物主义在理论的发展上落后于历

---

① Louis Althusser: *The Humanist Controversy and Other Writings*, translated by G. M. Goshgarian, London: Verso, 2003, p.186.
② Ibid., p.3.

史唯物主义。正是这种理论的"脱节",导致历史唯物主义在面对旧的哲学意识形态的攻击时,缺乏新的理论概念加以应付。正是在此意义上,阿尔都塞认为辩证唯物主义的发展,直接关涉到马克思主义的哲学与科学的解释力。因为历史唯物主义面临一系列问题,"不仅这些问题的解决,而且问题本身的提出都依赖于**辩证唯物主义**"①。在阿尔都塞看来,作为马克思主义哲学的辩证唯物主义,其使命就是在理论领域同一切旧的哲学意识形态做斗争,以确保历史唯物主义对"历史大陆"的科学话语权。

在此,辩证唯物主义的理论使命就是彻底扫除原先占领"历史大陆"的主体哲学和历史哲学,通过理论实践及其理论革命,不断地生产出新的哲学概念来把握现实,从而为历史唯物主义获得"历史大陆"的科学知识提供理论的支撑。

当然,辩证唯物主义的发展落后于历史唯物主义有如下几个方面的原因。首先,阿尔都塞指出,这源于马克思、恩格斯本人。恩格斯曾经说他和马克思本人都没有充足的时间来发展哲学。因为其面对的都是政治实践,在哲学领域中只留下了些片段式的有关意识形态争论的文本,缺乏成型的哲学论述。这可以看成是"先天不足"。其次,"二十世纪二十年代,第二国际的进化论、经验主义以及后来的'个人崇拜'时期实用主义和独断论使得马克思主义的理论和实践都受到了影响"②。这可以看成是辩证唯物主义缺乏"后天的"理论和时代环境。最后,阿尔都塞指出,作为马克思主义哲学的辩证唯物主义落后于作为科学的历史唯物主义,是由于"知识生产的历史法则"③所决定的。因为哲学历来落后于科学并为科学提供理论上的论述,这是由于"知识生产的历史法则",正如古希腊哲学落后于数学和几何学、近代哲学落后于伽利略的物理学,而辩证唯物主义落后于历史唯物主义也是因此造成的。但唯一不同的是,

---

① Louis Althusser: *The Humanist Controversy and Other Writings*, translated by G. M. Goshgarian, London: Verso, 2003, p.169.
② Ibid., p.171.
③ Ibid., p.172.

前两者的哲学都得到了充分的发展,而辩证唯物主义则由于上述"先天的"和"后天的"两个原因而迟迟未能成型。

在此,最迫切的任务就是如何面对未成型的辩证唯物主义以及以何种方式来发展辩证唯物主义?阿尔都塞认为:"将马克思主义哲学视为一种科学的理论的话,必须在两个层面上来丰富:增强对其的认识;发展理论本身即生产出新的理论概念。"①因为只有不断地生产出新的理论概念,才能一方面与旧的哲学意识形态相抗衡,另一方面通过新概念来把握变化着的现实、从而指导实践。"因此,马克思主义理论不是一个教条:只有当它生产出新的知识和理论发现时,它才是一个活生生的实体(entity)。"②也就是说,马克思主义理论本身的特质就要求在具体的实践中,得出与现实相匹配的新概念,以实现理论的解释力。

二、马克思主义理论的历史任务

在前一节中,我们已经谈到了马克思主义理论的特质及其现状,在阿尔都塞看来,这就要求马克思主义哲学必须完成如下三个领域的"历史任务":

首先,马克思主义哲学必须与对马克思主义理论进行意识形态**歪曲**的理论做斗争;也就是说,要与资产阶级和小资产阶级意识形态对马克思主义的理论解释所带来的影响做斗争。与这些歪曲的理论做斗争在今天看来尤其重要和急迫。

其次,马克思主义哲学必须有助于历史唯物主义内部科学的进步。当今,历史唯物主义的发展依赖于重大理论问题的解决,既有科学的也有哲学的问题,这些问题的提出和解决只有依靠辩证唯物主义的帮助和介入才能实现。

再次,马克思主义哲学必须将在"人文科学"或"社会科学"的

---

① Louis Althusser: *The Humanist Controversy and Other Writings*, translated by G. M. Goshgarian, London: Verso, 2003, p. 165.
② Ibid.

名义下发展出来的原则置于尖锐的批判之中……在它们的情形下,大部分原则现在是处于资产阶级意识形态的控制中。它们必须彻底地检查并建立在它们仅有的、真正的原则之上:历史唯物主义和辩证唯物主义。①

前文已经提到,阿尔都塞所指的马克思主义哲学就是辩证唯物主义,所以,这三个领域的任务,说到底就是辩证唯物主义的任务。显而易见,辩证唯物主义要完成以上三个任务,必须在现有理论的基础上,结合历史唯物主义发展的要求,自觉地通过理论实践的方式,为问题的解决提供基本的原则。而这些基本原则的获得,仍然是理论与实践相统一的基本要求,理论实践的过程本身亦是如此。而这也是阿尔都塞认为作为马克思主义哲学的辩证唯物主义应该承担的基本任务及其得到发展的基本前提。

1. 理论实践与理论政治

阿尔都塞认为,正是因为哲学与科学之间的脱节,使得马克思发现了"历史科学"的大陆之后,马克思主义哲学即辩证唯物主义却远未成型。因此,如何在马克思主义的哲学层面发展出一套新的哲学概念来把握现实则显得尤为迫切。虽然马克思本人没有为后人提供一套成理论的哲学,但是,阿尔都塞认为,这种寻求哲学表述的努力在《资本论》中以一种"实践状态"的形式呈现在给了我们。所以,阿尔都塞在《读〈资本论〉》中指出:"应该赋予马克思主义哲学的**实践的**存在以一种对这种实践的存在和对我们来说都是**不可缺少的理论的存在形式**,因为马克思主义哲学实践的存在本身只是以实践的状态存在于分析资本主义生产方式的科学实践即《资本论》中,存在于工人运动史上的经济实践和政治实践中。"②也就是说,马克思通过具体分析资本主义的历史情境和现实形势,以理论的方式,创造了一套新的哲学范畴来言说和把握资本主义社会的现

---

① Louis Althusser: *The Humanist Controversy and Other Writings*, translated by G. M. Goshgarian, London: Verso, 2003, p.182.

② [法]阿尔都塞、巴里巴尔:《读〈资本论〉》,李其庆、冯文光译,北京:中央编译出版社,2001年,第26页。

实。阿尔都塞认为,我们现在所要学习的正是马克思的这种"理论实践",并通过其而生产出新的概念来把握现实。

"理论的生命力在于**理论实践**,在于通过新理论概念的生产而实现新知识的生产。"①阿尔都塞认为,当前亟待解决的问题在于通过理论实践来发展辩证唯物主义,只有这样,历史唯物主义才能使用自己的概念来驱逐原先占领此"历史大陆"的旧哲学意识形态,才能真正获得作为科学对象的"历史大陆"的科学知识。因为"马克思在先前只有历史哲学的地方创建了历史科学"②。而历史哲学的概念对于历史唯物主义来说,仍然是一个巨大的理论障碍,这就需要辩证唯物主义的理论描述来消除历史哲学的旧残余。所以阿尔都塞说,马克思在《资本论》中以"实践状态"的形式完成了这种论述,但这只是一种"实践状态"而已。如果要为历史唯物主义论述历史科学提供了"纯洁"的环境,就需要理论实践的创造。当然,这种理论实践不是面对一般的普遍现实,而是面对变化的具体现实。所以,在阐述"理论实践"的过程时,阿尔都塞还引用《〈政治经济学批判〉导言》中的一段话来论述这种理论实践的过程,"具体总体作为思维总体、作为思维具体,事实上市思维的、理解的产物;但是,绝不是处于直观和表象之外或驾于其上而思维着的、自我产生着的概念的产物,而是把直观和表象加工成概念这一过程的产物"③。可见理论实践的对象是"具体总体",成果是新的概念。

可见,理论实践不仅仅是一种理论领域的探索,同时也是结合当时的形势和现实,在现实状况的基础上,生产出一套新的观念,从而为实践提供保障。在此意义上,理论实践本身就与社会实践(经济的、政治的和意识形态的实践)紧密相联。这也是理论实践之为

---

① Louis Althusser: *The Humanist Controversy and Other Writings*, translated by G. M. Goshgarian, London: Verso, 2003, p. 166.
② 陈越编:《哲学与政治:阿尔都塞读本》,长春:吉林人民出版社,2003年,第141页。
③ 马克思、恩格斯:《马克思恩格斯选集(第二卷)》,北京:人民出版社,1995年,第19页。

"实践"所要求的,阿尔都塞认为,列宁和毛泽东就是这种"理论实践"的具体践行者,也正是他们的"理论实践"不断地发展和完善辩证唯物主义的谱系。

马克思针对工业资本主义所做的完整论述在《资本论》中得到了呈现,而列宁根据资本主义的新发展,运用马克思主义的理论思想,得出了"**帝国主义**"的概念,以此来把握资本主义发展的特殊性。"帝国主义"概念及其内涵表现了当时资本主义在全球范围内的存在形式以及俄国所面临的具体国际形势。因为"列宁在政治实践中所遇到的帝国主义,是以现实存在的形式,即作为具体的现在而出现的。历史论家或历史学家所接触的帝国主义,则是以另一种形式,即以非现实和抽象的形式而出现的……他在1917年革命中的对象不是一般的帝国主义,他面对的是俄国具体的形势和环境,是据以确定他的政治实践的'现阶段'"①。针对此问题,列宁在《帝国主义是资本主义的最高阶段》一文中,集中论述了帝国主义在政治、经济、国际形势等领域的表现。这种理论实践,一方面运用马克思主义的概念,分析具体的现实和形势,得出帝国主义概念;另一方面,列宁将帝国主义概念运用到政治实践中,指导俄国革命运动。可见,"列宁不仅仅是参与到理论实践中,而且还将理论实践与政治实践相结合,因此他是将理论实践与**现实**发生关系,而这个现实同时又构成了理论实践的条件,并为理论实践提供具体的对象,即他将理论实践引向工人运动的实践"②。

由此,阿尔都塞指出,列宁的理论实践所得出的"帝国主义"概念及其与工人运动的实践相结合,进一步发展和完善了辩证唯物主义。这使得列宁在与第二国际的理论家(诸如考茨基等)做斗争时,便牢牢地抓住了俄国的具体现实,并成功地指导了1917年的革命运动。而这个政治实践的前提便是列宁的理论实践,因为"列宁

---

① [法] 阿尔都塞:《保卫马克思》,顾良译,北京:商务印书馆,2006年,第170页。
② Louis Althusser: *The Humanist Controversy and Other Writings*, translated by G. M. Goshgarian, London: Verso, 2003, p.166.

这些著作的不可替代的价值在于,它们分析了一个具体环境的结构,并把这个结构中的各种矛盾转移和压缩成一个奇特的统一体,而这个统一体就是1917年2月到10月的政治行动即将进行改造的那个'现阶段'"①。这表明,列宁的理论实践正是切中了俄国的社会现实。同时,我们亦不难看出,只有通过列宁的理论实践而得出的"帝国主义"概念,使得俄国革命及其所依据的社会现实能够在历史唯物主义的视角中得到合理的阐述,这在很大程度上是进一步完善和发展了马克思主义的哲学和科学。

同样,"**毛泽东思想**"作为中国革命的指导思想,亦是毛泽东通过将马克思列宁主义运用于中国现实国情而产生出来的一个哲学概念。这无疑也是"理论实践"的一个范例。所以莱文在《辩证法内部的对话》中指出,"实际上,毛泽东创造了一个新的革命范式,一个与东方世界相符的革命范式",并且认为"在亚洲,毛泽东主义在哲学层次上使辩证唯物主义的遗产继续下去"。② 在此,莱文基本上是把毛泽东思想纳入到了辩证唯物主义的谱系之中,而这源于其理论实践所形成的革命范式。在"毛泽东思想"的形成中,我们不难发现,在面对中国现实的现实困境时,毛泽东发表了一系列有关中国阶级分析、中国革命策略、民族抗战以及国家建设等方面的论著③,破除了革命行动中一系列的理论困境,并成功地指导了中国革命运动。正如毛泽东在《实践论》中所指出的:"依社会运动来说,真正的革命的指导者,不但在于当自己的思想、理论、计划、方案有错误时须得善于改正,而且在于当某一客观过程已经从某一发展阶段向另一发展阶段推移转变的时候,须得善于使自己和参加革命的一切人员在主观认识上也跟着推移转变,即是要使新的革命任务

---

① [法]阿尔都塞:《保卫马克思》,顾良译,北京:商务印书馆,2006年,第171页。
② [美]诺曼·莱文:《辩证法内部的对话》,张翼星等译,昆明:云南人民出版社,1997年,第73、79页。
③ 这些论著包括《中国社会各阶级的分析》、《湖南农民运动考察报告》、《中国红色政权为什么能够存在》、《反本本主义》、《中国革命战争的战略问题》、《论持久战》、《新民主主义论》、《论联合政府》、《正确处理人民内部矛盾》、《将革命进行到底》、《矛盾论》、《实践论》以及《改造我们的学习》等。

和新的工作方案的提出,适合于新的情况的变化。"①在此,理论实践本身亦是革命运动的一部分,而且关涉到对当前形势和现实的科学把握,为革命实践运动提供可靠的理论分析,这也是理论实践的本质所在。这种理论实践与政治实践相结合的方式,使得毛泽东在复兴马克思主义事业上做出了巨大的贡献,莱文指出:"由于毛泽东首先是政治舞台上的活跃人物,由于毛泽东关心的主要是能改变环境的行为理论,因此,毛泽东的行动主义本身就教会了他马克思在关于费尔巴哈提纲的第十一条中所提倡的观点,即实践—批判活动可以改变世界。由于这一洞察,毛泽东在把马克思主义理论引回到它最重要的源泉方面出了一份力,并为当代马克思主义思想复兴做出了贡献。"②

可见,"理论的生命力以生产出新的理论概念为特质"③。也正是在此意义上,阿尔都塞认为,辩证唯物主义必须在理论实践及其与社会实践(政治的、经济的和意识形态的实践)的结合中不断地得到发展,并为历史唯物主义提供正确的理论支撑,这也是辩证唯物主义作为马克思主义哲学的重要性所在。

也许,作为"实践状态"的辩证唯物主义才是其本身的特质所在,马克思本人以及整个辩证唯物主义的谱系,都是在分析具体社会现实时,以无产阶级的革命实践为导向,不断地开展理论实践,以寻求对世界理解的新逻辑。这也是辩证唯物主义的本质要求所在,辩证唯物主义本身并不是一项一劳永逸的理论创作,其自身的发展必须依托现实世界的发展与变化,也只有在这种发展与变化中,不断地激活辩证唯物主义的理论实践。

而阿尔都塞看来,理论实践是与理论政治密不可分的,尤其是在马克思主义理论中。因为阿尔都塞认为,辩证唯物主义任务的实

---

① 毛泽东:《毛泽东选集》(第一卷),北京:人民出版社,1991年,第294页。
② [美]诺曼·莱文:《辩证法内部的对话》,张翼星等译,昆明:云南人民出版社,1997年,第73页。
③ Louis Althusser: *The Humanist Controversy and Other Writings*, translated by G. M. Goshgarian, London: Verso, 2003, p.166.

现就在于理论实践,而理论实践只有在理论政治的原则下才能为马克思主义哲学提供切实有效的理论支撑。更重要的是,阿尔都塞认为马克思主义哲学任务的提出亦是有赖于理论政治,"明确这些任务就是要明确我们称之为理论政治的原则,即我们在理论领域中必须执行的行为的基本路线:设定战略和战术目标的路线,在当前的理论形势中,将'决定性的联接'与相应的行为方式等同起来的基本路线"①。在此,阿尔都塞强调理论政治的目的,显然是为了保持马克思主义哲学的政治性和革命性,因为这关涉到马克思主义理论本身的身份问题。只有在理论政治的原则下,马克思主义哲学的任务才能制定,并且为理论实践行为提供理论的坐标系。

那么,理论政治的基本原则如何获得?阿尔都塞认为可以在如下两个层面来分析:

第一,对一般的政治、意识形态和理论形势的分析,而马克思主义理论则必须在这形势中通过斗争才能得到建立和发展自身。这种分析不得不引出具有主次因素的形势的结构。它不得不引出政治、意识形态与理论问题之间的复杂的有机关系。它不得不研究理论领域中意识形态与科学力量之间的平衡。最后,它不得不准确地描述出意识形态和理论斗争的策略问题。②

这种一般的分析,在于说明马克思主义理论发生和发展的背景。在这种分析中,不仅要考虑理论本身的问题,还必须考虑政治与意识形态的问题。阿尔都塞的一个著名论断就是"哲学是理论中的阶级斗争",在这场"斗争"中,马克思主义理论必须思考当前理论因素中的结构问题,这有助于认清理论的形势,并且在政治和意识形态的策略问题上,为马克思主义理论提供显示可行的方案。

第二,对当前资本主义和社会主义国家中的马克思主义理论现状的分析,即关于当前马克思主义理论的强项和弱点的平衡表的分

---

① Louis Althusser: *The Humanist Controversy and Other Writings*, translated by G. M. Goshgarian, London: Verso, 2003, p.168.
② Ibid.

析,对造成这些后果、成功、失败以及缺点的原因做批判的、历史的和理论的分析。①

前文的分析是关于一般理论及其外部环境的分析,此分析则关乎马克思主义理论内部分析。当前马克思主义理论的现状分析可以就马克思主义理论本身面临的问题做实质的分析。当然,就阿尔都塞认为马克思主义理论遭受资产阶级意识形态的侵蚀而言,这项分析更能就马克思主义理论内部的问题及其发展策略做系统的分析。

由此得出的结论是:"当今的马克思主义哲学代表了一种'决定性的联接',而马克思主义理论的未来就依赖于此,这种'联接'是指马克思主义理论与工人运动的'正确'联接。"②阿尔都塞通过理论实践和理论政治的描述所要达到的目的仍然是理论与实践的相统一,这事关马克思主义理论的未来,这也意味着作为马克思主义哲学的辩证唯物主义将在这项工作中承担起更重要的任务。阿尔都塞认为,"当前的理论形势要求我们将关注点投向马克思主义哲学。"③因为作为马克思主义哲学的辩证唯物主义,其任务就在于依据形势而生产出新的概念,因为"理论的局限最终依赖于**哲学**的概念,科学便在这些概念中思考新的对象"④。

这也许就是阿尔都塞一再强调辩证唯物主义的地位和作用的原因所在,因为这是马克思主义理论得以发展的理论工具。

三、偶然唯物论在什么意义上是辩证唯物主义的发展形式?

偶然唯物论是晚期阿尔都塞提出的关于唯物主义哲学的新论述,从偶然唯物论的名称与基本内涵来看,阿尔都塞的思想无疑是处在结构主义、马克思主义与后结构主义之间的遭遇战中。这种思

---

① Louis Althusser: *The Humanist Controversy and Other Writings*, translated by G. M. Goshgarian, London: Verso, 2003, p.168.
② Ibid., p.169.
③ Ibid., p.208.
④ Ibid., p.199.

想的复杂性,也从另一个侧面反映了阿尔都塞对马克思主义理论所做的艰难抉择。虽然阿尔都塞在《唯物主义潜流》中批判了马克思、恩格斯在某些方面仍然没有跳出黑格尔唯心论的理论怪圈,但阿尔都塞仍然在以凤凰涅槃的方式拯救马克思主义理论,因为阿尔都塞认为,马克思主义理论作为一种与阶级斗争相结合的理论,其重要性不在于是否足够理论系统化。因为"对于马克思主义来说,真正具有决定性的是它在哲学中代表了一种**立场**"[①]。阿尔都塞认为,立场代表了理论的性质,而对于无产阶级政治实践指导纲领的马克思主义理论来说,这显得尤为重要。在笔者看来,即使连阿尔都塞本人都没有详加论述的偶然唯物论,其立场和姿态的意义要大于其理论的实质内涵。也许,这就是阿尔都塞所说的理论政治。理论从来与政治相关,这既不是理论的原因,也不是政治的原因,而是人类理性自身的原因。虽然阿尔都塞晚期的"偶然唯物论"在理论论述上与经典马克思主义理论有较大的出入,但在政治性上却是与马克思主义理论保持高度一致。就马克思主义作为一项伟大的事业而言,阿尔都塞从未放弃过。

结合前文所论述的偶然唯物论的基本内涵以及马克思主义哲学即辩证唯物主义的历史任务,本小节试图将阿尔都塞的偶然唯物论重新纳入辩证唯物主义的框架中并作为辩证唯物主义的一种发展形态。虽然阿尔都塞本人并未对此做出声明和努力,但就马克思主义理论作为一项事业以及辩证唯物主义的理论任务和实现途径而言,将偶然唯物论做此界定,是为了实现推进辩证唯物主义的研究。辩证唯物主义作为马克思主义理论的遗产,按照阿尔都塞的说法,其本身具有重要的理论任务,即同历史唯物主义一道,实现马克思主义理论的不断丰富与发展。

本节将从三个方面来论述偶然唯物论在何种意义上是辩证唯物主义的发展形式。

---

① Louis Althusser: *Philosophy of the Encounter*, edited by François Matheron and Oliver Corpet, London · New York: Verso, 2006, p. 256.

第一,就历史唯物主义与辩证唯物主义的关系来看偶然唯物论对马克思主义理论的贡献。

就阿尔都塞而言,马克思主义理论包括作为马克思主义哲学的辩证唯物主义和作为马克思主义历史科学的历史唯物主义。而辩证唯物主义的基本任务就是在理论层面为历史唯物主义提供理论工具和框架,从而实现对社会的认识和改造。而落实到具体的资本主义社会的分析时,辩证唯物主义的历史作用就在于在理论领域与资产阶级的意识形态概念发生决裂,按照阿尔都塞的说法,这得益于生产方式、经济基础与上层建筑、社会阶级、阶级斗争、帝国主义等理论概念。而这在阿尔都塞看来无疑是辩证唯物主义的范围,而历史唯物主义的基本论述就在这些概念的协助下展开。

而落实到阿尔都塞思想的形成以及最后偶然唯物论的提出,其仍然有着理论的指向。阿尔都塞的毕生精力都用在与资产阶级意识形态及其对马克思主义理论歪曲的斗争之中,而偶然唯物论是对此所进行的最激烈的对抗。为了与传统的哲学意识形态划清界限,阿尔都塞诉诸虚空概念。这在《马基雅维利与我们》中得到了全面的展现,阿尔都塞将无产阶级的政治实践与新君主的诞生相类比,其目的就在于如何逃出传统意识形态的牢笼,从而为新社会的建立取得一个崭新的开端。这在阿尔都塞看来是尤为重要的,因为就马克思主义理论现状而言,各种充斥着资产阶级意识形态气息的经济决定论、历史决定论、理论的人道主义、实用主义、实证主义等理论正在吞噬着马克思主义理论的革命性。这是马克思主义理论所面临的困境,这需要辩证唯物主义来进行驱魔,因为"只有辩证唯物主义能确认我们不得不与之斗争的偏离、不得不纠正的错误、不得不得到满足的理论需求,以及理论领域中要改进的不足。只有辩证唯物主义能确定理论策略、理论的客观性以及在观察、反思理论形势的基础上确定理论的客观性"[1]。而偶然唯物论的提出就是为了回

---

[1] Louis Althusser: *The Humanist Controversy and Other Writings*, translated by G. M. Goshgarian, London: Verso, 2003, p. 208.

应现实形势对理论的要求,偶然唯物论对黑格尔主义、历史主义以及人道主义所做的批判,都是在为马克思主义理论做理论的辩护,其目的也是为了扫除当时资产阶级意识形态的障碍。而这也符合阿尔都塞所说的辩证唯物主义为历史唯物主义提供理论支持的观点,因为偶然唯物论是在历史唯物主义面临诸多歪曲时所做的理论实践。这样一种理论实践正是阿尔都塞视域中辩证唯物主义的基本功能。辩证唯物主义所要求的这种理论实践,就是要结合时代的现实和理论问题,生产出新的理论概念来重新认识和把握社会现实,而阿尔都塞偶然唯物论正是在这种要求中诞生的。

第二,阿尔都塞的偶然唯物论,作为一种理论实践的产物,是与社会实践(经济、政治和意识形态)联系在一起的。

阿尔都塞的偶然唯物论并不是纯理论的产物,其指向还与当时的社会实践有关。偶然唯物论对经济决定论、历史决定以及人道主义的反对,都预示着在社会实践领域展开其批判性工作。就马克思主义而言,理论实践只是无产阶级政治实践的手段,其根本目的在于为政治实践提供方法论纲领。阿尔都塞在论述偶然唯物论的基本内涵时,通过对马基雅维利、卢梭等的激进化解读,都在于为无产阶级的社会实践提供理论资源。

阿尔都塞晚期提出偶然唯物论,是在对当时资本主义和社会主义国家以及共产主义政党在社会实践中的现状,尤其是马克思主义理论本身的困境,进行了综合考虑的结果。阿尔都塞的理论实践只是在更广义的唯物主义范畴中,利用了诸多思想家的资源来为马克思主义的困境破局。在这个唯物主义潜流中,阿尔都塞提出偶然唯物论,目的不在于其理论内容是否系统精致,而在于唯物主义哲学的发展。就像马克思主义本身一样,虽然马克思本人声明自己并不是马克思主义者,但这不妨碍马克思主义为无产阶级的革命运动事业提供理论支持。

第三,理论与实践相统一的需要。

在本节一开始,我们就论述了马克思主义的理论特质就在于理论与实践的统一,马克思主义事业说到底是一项实践的工程。这就要求马克思主义理论需要在实践中不断完善和发展,这也同时要求马克思主义理论能回应当代的理论困境与问题。按照阿尔都塞的说法,如果要实现这项任务,作为马克思主义哲学的辩证唯物主义便要在思考现实和理论的基础上,提供能够统摄这些问题的理论工具(概念)和理论策略。

就这样一种辩证唯物主义的理论创新而言,阿尔都塞认为列宁是最好的例证。列宁的"具体情况具体分析"的方法,便是这种创新的写照。而列宁在具体分析了资本主义的发展现状和俄国的内外形势之后,提出了"帝国主义"和"不平衡发展"的概念,为俄国革命的成功提供了关键的理论概念。这在阿尔都塞看来就是关于"形势"的理论。"我们没有一种考虑形势变化的理论,虽然共产主义政党的日常政治实践将其考虑在内,并且列宁的著作也持续地指出主导因素的转换,而这种主导因素的转换便决定着形势。"[1]阿尔都塞认为,"形势"理论异常重要,因为马克思本人自己的理论亦是当时代形势的产物,况且马克思主义理论内部本身也是无产阶级实践在各阶段上所形成的理论成果。在此,"重要的不是理论的纯洁性,而是理论在具体历史形势中的效用,就像列宁曾经在面对具体历史形势时那样,反对第二国际的背景行为时,列宁回到了马克思的真正思想,提出了'形势'概念,'形势'概念相当于'当下',是政治实践的具体目标"[2]。而偶然唯物论对"形势"、"事件"的关注便是对当下时代现实的具体描述。当今马克思主义事业已经是远离的"革命岁月",无产阶级运动也是寥若晨星,在这样的时代背景中,马克思主义的事业何去何从?阿尔都塞对"形势"与"事件"的关注,无疑在这远离革命的时代,重新唤起人们对当下无产阶级事业的关注。这也是为什么当今激进政治对事件等关注的重要原因所在,其无疑是受到阿尔都塞偶然唯物论的影响。

---

[1] Louis Althusser: *The Humanist Controversy and Other Writings*, translated by G. M. Goshgarian, London: Verso, 2003, p.198.

[2] [英]斯图亚特·西姆:《后马克思主义思想史》,吕增奎、陈红译,南京:江苏人民出版社,2011年,第96页。

第五章　阿尔都塞的理论遗产

阿尔都塞的理论遗产是与马克思主义的危机紧密联系在一起。这也是阿尔都塞的理论遗产弥足珍贵的原因所在，因为它反映了阿尔都塞在面对马克思主义危机时所做出的理论努力。这是一个时代的产物，它代表着马克思主义的历史命运，也是我们今天重思马克思主义理论的重要出发点。阿尔都塞对马克思主义既有强力捍卫，也有极力批判，但从阿尔都塞的理论中，我们可以看到无论是捍卫还是批判，阿尔都塞都在警示着马克思主义理论者以新的方式来对待马克思主义理论，这既表现在早期捍卫马克思主义理论的《保卫马克思》、《读〈资本论〉》等文献中，也表现在后期的《自我批评论文集》、《相遇的唯物主义》等文献中。当然，最重要的一点在于如何将马克思主义理论与时代的社会科学联系起来，这种联系既表现为相互的建构（例如结构主义、精神分析），也表现在相互的批评（实证主义、历史主义等）。只有在这种理论的相互对话中，我们才能进一步理解马克思主义理论本身的深刻性以及有待进一步去提升或挖掘的领域。马克思主义理论本身要不断地发展和丰富，其重点不仅仅在于如何在马克思主义理论内部形成一个理论的自洽体系，而且还在于如何在与时代理论的对话中，不断地使马克思主义理论回到当下时代，不断地激发马克思主义理论的生命力与解释力。这是阿尔都塞理论遗产的重要内容所在。

第一节　阿尔都塞与后马克思主义理论的家族相似性

一、共享的理论背景：马克思主义的危机

马克思主义的危机，从斯大林主义的形成到苏东剧变，几乎覆盖了整个20世纪的中后期，阿尔都塞的理论基本成型就在此时段。这意味着反思与重构成为阿尔都塞思考马克思主义理论的关键词。其实，早在苏共二十大以及1968年"五月风暴"之际，阿尔都塞已经隐约地感受到了马克思主义的危机。由此，阿尔都塞的理论实践的重心也由重构马克思（《保卫马克思》、《读〈资本论〉》）转向反思马克思（意识形态理论等）。而在其1978年的《马克思的局限》(*Marx in his limits*)中，阿尔都塞喊出了"马克思主义的危机"。当然，阿尔都塞更偏重于在理论领域中探讨马克思主义的危机，其主要表现形式就是人道主义及其背后经济主义的盛行，但必须铭记的是阿尔都塞的理论思考从来不乏政治诉求。在此基础上，阿尔都塞在理论层面对历史唯物主义与辩证唯物主义的关系问题、阶级、主体、意识形态、辩证法、历史科学等问题上形成了一些新的判断和论述。在《马克思的局限》中，阿尔都塞列举了诸多处于危机中的论题或观点，包括马克思主义的理论危机、上层建筑、国家问题、无产阶级专政以及霸权(hegemony)等。而这些理论危机的论述在后马克思主义的代表作《霸权与社会主义策略》中也有所涉及，而其中最直接的当属霸权问题。

出版于1985年的《霸权与社会主义策略》，在导论中提到马克思主义的危机："从布达佩斯到布拉格以及波兰的政变，从喀布尔到越南和柬埔寨共产主义胜利的余波，使得人们越来越对建构社会主义及其实现的一整套方式产生了疑问。"[①]在此，共产主义革命途径

[①] Ernesto Laclau and Chantal Mouffe: *Hegemony and Socialist Strategy*, London · New York: Verso, 2001, p.1.

不再是马克思主义所构想的社会主义所要实现的途径,这其中涉及阶级问题、经济关系问题以及社会主义基本的内容。加之一些非典型的社会斗争日益兴起,"新女权主义的兴起、种族、民族以及性别、少数群体的反抗运动、边缘群体的反体制的生态斗争、反核运动"①。这些在经典马克思主义的论述中没有直接涉及的内容,也日益成为人们诟病马克思主义革命的策略问题。这导致的结果便是马克思主义本身仍然只停留在经济的领域以及只诉诸阶级的同一性来解决冲突。"现在正处于危机中的是一整套社会主义概念,它建基于工人阶级的本体论中心、大写的**革命**角色——作为由一种社会形态向另一种社会形态转变的基本环节、完美同一性以及同质化的集体意志的幻想前景——这使得政治的环节不再有意义。"②简单来说,这种危机在于构成社会主义的那些基本范畴出现了解释性难题:阶级斗争、经济基础与上层建筑、阶级意识及其革命等。而这些对马克思主义基本范畴的拒绝,主要来源于马克思对资本主义分析的方法及其所得出的结果,并不适合当时资本主义社会中存在的非典型的社会运动,这其中有一部分来自于社会主义国家的失败。马克思主义对资本主义社会的分析及其所规定的斗争主体和方式,并没有在俄国等社会主义革命胜利的国家中得到实践。这也是为什么拉克劳、墨菲在文中提到列宁所领导的俄国革命,并以此来引出其霸权与偶然性逻辑,以此来对抗马克思主义的"历史必然性"。毫无疑问,阿尔都塞在这一点上走在了后马克思主义的前头并实质地影响了后马克思主义的思维模式。阿尔都塞对历史决定及其背后的经济决定论进行不遗余力的批判,这种批判对于后马克思主义来说也是极其重要的理论清算工作。

说到底,无论是阿尔都塞的理论反思还是后马克思主义的理论规划,其目的都在于回应马克思主义理论及其实践在历史和现实中

---

① Ernesto Laclau and Chantal Mouffe: *Hegemony and Socialist Strategy*, London · New York: Verso, 2001, p.1.
② Ibid., p.2.

的危机,都想通过理论修正的方式延续马克思主义的有效概念和思想。阿尔都塞主要是通过在马克思主义理论内部,对马克思主义的核心范畴做了重新定义或限制,其主要贡献在于理论实践层面;而后马克思主义则主要借助非典型的社会政治运动(卢森堡、修正主义、工团主义等)来侧面批判马克思主义的范畴,从而为激进政治提供更加宽泛的思想方式和操作模式。但后马克思主义就其思想实质来说,仍然是属于广义的马克思主义,"在此,我们应该指明的是我们现在正处于后马克思主义领域中。它不再可能保留由马克思所描述的主体性和阶级概念,也不可能保留马克思主义关于资本主义发展的历史进程的想象,当然,也不再可能保留没有对抗的作为透明社会的共产主义概念。但是,如果本书的思考主题是**后**马克思主义的话,那它显然也是后**马克思主义**"①。按照笔者的理解,结合《霸权与社会主义策略》的内容,拉墨所谓的**后**马克思主义是指后马克思主义已经放弃了马克思主义关于主体、阶级、资本主义发展的历史进程、共产主义假设等内容;而后**马克思主义**则是指后马克思主义仍然站在激进政治的立场上来延续马克思主义的事业。所以,拉墨说:"马克思主义是那些能够形成新的政治概念的诸多传统之一。对于我们而言,这一出发点的有效性就简单地建立在如下事实上,即马克思主义已经构成了我们自己的过去。"②就这一点而言,阿尔都塞本人也有过精辟的论述:"我们生活在这样一个历史时期,在这里,马克思主义——马克思主义理论和马克思主义哲学——构成了我们文化一部分的事实,并不意味着它被合并在后者中去了。完全相反,马克思主义作为一种分治的要素和力量,在我们的文化中发挥(或丧失)其功能。马克思主义是一个引起冲突的对象、一门有人捍卫也有人猛烈攻击和歪曲的教义,这恐怕不会让谁感到吃惊了。因为马克思主义——它的理论和它的哲学——把

---

① Ernesto Laclau and Chantal Mouffe: *Hegemony and Socialist Strategy*, London·New York: Verso, 2001, p.4.
② Ibid., pp.3-4.

阶级斗争问题提上了议事日程。而且我们十分清楚地知道,在由马克思主义所打开的种种理论抉择背后,激荡着种种政治抉择和一场政治斗争的现实。"①这也许就是马克思主义的重要意义所在,它已然成了人类历史的一部分,并且在现实中不断地被呼唤出来,而阿尔都塞和后马克思主义都在不同的程度上承担着重新唤醒马克思主义的任务。

二、后马克思主义中的阿尔都塞因素

后马克思主义与阿尔都塞的关系问题是一个关系复杂且隐晦的话题。这当然与阿尔都塞本人的思想有关,纵观阿尔都塞的理论,我们显然能够清楚地看到其思想前后期的不同,这样一种转变发生在1968年"五月风暴"之后。从整体取向来看,阿尔都塞前期的理论旨趣是与后马克思主义的整体规划是不相符合的,但从细节上来看,墨菲作为阿尔都塞的学生,其受阿尔都塞思想的影响是显而易见的,而拉克劳1979年出版的《马克思理论中的政治与意识形态》也是在阿尔都塞意识形态理论的启发下完成的。后马克思主义早期在初入马克思主义理论领域时,都受到阿尔都塞对马克思思想振聋发聩式解读的影响,但作为经历1968年"五月风暴"之后的后马克思主义,由于法共软弱无力及其和平议会路线,使得马克思主义理论本身的合法性受到质疑。加之1968年"五月风暴"所催生的各种新社会运动,其倡导的对性别、身体、生态等问题的关注,日益成为批判资本主义最切近的方式。在这种背景中,马克思主义所信奉的那套通过分析资本主义生产方式的模式则被斥责为经济主义、历史决定论而遭到抛弃。而阿尔都塞作为马克思主义的忠实追随者也被这般洪流所掩埋。在笔者看来,造成这种局面的原因有如下两个方面:第一,马克思主义理论被曲解以及中产阶级的崛起。这种曲解有其客观的时代原因,这也是阿尔都塞强调要发展和丰富作

---

① 陈越编:《哲学与政治:阿尔都塞读本》,长春:吉林人民出版社,2003年,第221页。

为马克思主义哲学的辩证唯物主义的原因所在。马克思所描述的资本主义时代是一个日益分裂为两大对立阶级的社会,而这种"分裂"的根本原因在于资本主义的生产方式。马克思正是在此意义上着重分析了资本主义经济领域的秘密,并通过这种秘密的揭示来唤醒无产阶级对资本主义社会的认识,从而实现无产阶级的革命。在这一点上,马克思本人抓住了时代的本质规定性,但随着列宁的俄国革命的胜利(俄国革命的胜利并非严格按照马克思对社会主义革命的描述)以及斯大林主义的泛滥及其被做实为经济主义,使得人们开始反思马克思主义理论的合法性。其根本原因在于当代资本主义通过教育和福利制度改革,催生了在马克思思想中从未涉及的中产阶级,而这是新生社会运动的主力军,这同时意味着非典型社会运动的到来。"真实的状况是,左派政党已经演变成关注中产阶级的政党了,而这是对工人阶级来说是不利的。"[1]而后马克思主义理论的分析框架大抵就是在这种背景中产生的。中产阶级因为在物质生活上有了可靠的保障,这使得其取向更加偏向政治领域,而其手段则是对抗,而非革命。因此,后马克思主义才声称:"这就是为什么我们认为政治不是上层建筑,而具有社会本体论的地位。"[2]所以,当政治承担起了对抗的主要任务时,策略便成为后马克思主义的关键词,其指向便是所谓的霸权问题。

在这种时代背景中,阿尔都塞的思想便遭到了后马克思主义的唾弃。在此,需要探讨的问题在于:一方面后马克思主义确实在对政治和意识形态的描述中受到了阿尔都塞的影响,因为阿尔都塞在经历了1968年"五月风暴"之后,已经逐渐开始意识到政治与意识形态的重要性并撰写了具有开创性的关于马克思主义的意识形态理论;但另一方面后马克思主义并没有正视阿尔都塞对马克思主义理论进行重释的努力及其创新,而是笼统地将阿尔都塞扔进了历史

---

[1] Ernesto Laclau and Chantal Mouffe: *Hegemony and Socialist Strategy*, London · New York: Verso, 2001, p. xviii.
[2] Ibid., p. xiv.

垃圾堆里。阿尔都塞的努力与创新所得出的理论结果,即对历史决定论的批判、多元决定、无主体的过程、偶然唯物论都在以理论清场及理论背景的角色影响着后马克思主义对主体的匮乏、反历史决定论、霸权与偶然性逻辑的论述,尤其是阿尔都塞晚期的思想与德勒兹、福柯以及德里达的后结构主义思想相互交织在一起,而这些思想家也是后马克思主义所倚重的理论资源。

1. 意识形态与霸权:从科学到策略的转变

在经典马克思主义理论的论述中,意识形态与霸权所履行的功能基本一致,阿尔都塞就曾经指出,无产阶级之所以要形成统一的意识形态,就在于获得一种霸权或领导权。"这种意识形态围绕着统治阶级的根本利益而被统一起来,其目的在于保障葛兰西所说的那种统治阶级的领导权。"①在此,阿尔都塞的意图非常明显,就是要在与资产阶级斗争时,赋予马克思主义的意识形态以科学的内容,也就是说,相较于资产阶级意识形态的虚假性,阿尔都塞旨在从无产阶级的阶级斗争中为意识形态寻找一种具有真实内容的存在,因为经典马克思主义不承认马克思主义拥有意识形态理论。而阿尔都塞通过阶级意识的统一性问题以及资本主义生产关系的再生产问题,为意识形态寻找真实的内容。因为意识形态具有真实的内容便足以说明其是一个科学的概念,而在后马克思主义的解读中,阿尔都塞的意识形态理论便成了科学主义的牺牲品。为何在后马克思主义中,科学主义成了阿尔都塞理论的代名词?阿尔都塞通过"认识论断裂"而对马克思进行的新解读,为何成了科学主义?阿尔都塞之所以称马克思后期为科学的阶段,旨在说明马克思不再在资产阶级意识形态的话语中兜圈子,而是借助新的概念来剖析资本主义生产方式的基本内容及其内在矛盾,这就是阿尔都塞所谓的科学阶段。这与科学主义毫无关系。依据阿尔都塞晚期的自我批评,意识形态本身也是一个具有现实内容的科学概念,但这不排除阿尔

---

① 陈越编:《哲学与政治:阿尔都塞读本》,长春:吉林人民出版社,2003年,第240页。

都塞对意识形态的策略性使用。因为其毕竟不是一个经典马克思主义的范畴,而是一个被阿尔都塞所拯救出来的概念。在此意义上,意识形态与霸权概念便都是在经典马克思主义的理论论述之外寻求解释和理解社会现实的新概念。拉墨指出:"霸权概念并不能表现为在其自身的特殊性质中来定义的一种新的关系类型,而是为了填补在历史必然性链条中被打开的虚空。'霸权'将暗示着总体性的缺席,以及为了克服这种原初的缺席而诉诸重组和重新链接的各种尝试,这将可能使斗争获得一种意义,使历史力量得到一种充分的积极性。"①

显而易见,在拉墨的解释中,霸权概念本身并不具有自在的属性,而是对历史必然性断裂的一种重新填补;这同时也意味着社会整体性的坍塌,在这种碎片化的社会关系中寻找霸权的链接点。而霸权概念所指的就是马克思主义理论所没有覆盖的领域,后马克思主义希望霸权概念能够为这些没有被马克思主义覆盖到的领域中的社会运动提供合理的解释。由此可见,霸权概念已经发生了变化,"自葛兰西以来,霸权描述了资产阶级的资本主义社会形态如何能够更巧妙地宣传它的理想而不是使用武力来遏制革命反对派的发展。因此,在阿尔都塞的著作中,我们拥有了资产阶级意识形态国家机器概念或文化概念(例如教育体系或媒体)概念——它们传递出公认的资产阶级行为模式,即那些旨在限制异议发展的行为模式。武装力量仍然在背后作为最后的手段(压迫性国家机器)。然而,在拉墨对其经典地位的解释中,霸权是一个旨在掩盖马克思主义理论的裂缝的概念"②。毫无疑问的是,葛兰西与阿尔都塞对霸权和意识形态的论述,极大地补充了马克思主义关于政治斗争的议题,而这也成为拉墨从经济转向政治领域的重要理论,后马克思主义理论的一个重要旨趣就在于从经济领域转向政治领域。因为他

---

① Ernesto Laclau and Chantal Mouffe: *Hegemony and Socialist Strategy*, London·New York: Verso, 2001, p.7.
② [英]斯图亚特·西姆:《后马克思主义思想史》,吕增奎、陈红译,南京:江苏人民出版社,2011年,第22页。

们认为马克思主义关于经济领域的描述所追求的社会同一性以及由此催生出来的无产阶级的同一性问题已然在工人运动的历史中破产了。所以拉墨在霸权的谱系探讨中,直接对卢森堡、考茨基、伯恩斯坦进行论述,其目的就在于说明政治的自主介入对于无产阶级斗争的重要性。当然,其前提是驳斥历史决定论的"历史必然性"以及经济决定论对经济领域的重视。在这一点上,阿尔都塞早就做了大量的动作。

从后马克思主义对霸权的解释来看,其只是一个策略性概念,因为其只是在总体性与同一性实践出现断裂时才能发挥其功能。"霸权出现的一般领域是链接诸种实践的领域,'要素'还未明确化为'因素'的领域。在一个关系同一性的封闭体系中,每一个因素的意义是被完全确定的,因而不存在霸权实践的空间……正是因为霸权假定了社会系统的不完整性与开放性,所以霸权实践才能在只有链接实践所主宰的领域中发生。"① 在此,霸权概念便与链接实践联系在一起。链接实践的前提是社会本身是碎片化的存在,这是后马克思主义所坚持的基本判断。由社会碎片化存在所带来的虚空的社会空间,正是霸权的链接实践的用武之地。但问题在于,既然后马克思主义拒绝接受马克思主义关于阶级同一性及其社会同一性的论述,为何却又中意于链接呢?因为说到底,链接的最终结果也是要形成同一性的论断,要不然链接的意义何在?如果说社会存在本身是碎片化的且不能被同一性所覆盖,那链接本身也是徒劳的,因为异质性存在本身是不可能被链接的。那么,后马克思主义为什么要强调霸权链接实践呢?依笔者看来,其目的只是要在分析社会存在的范式中加入政治的因素。因为经典的马克思主义的基本论述中,政治对抗是要被还原到阶级对抗之中,这是社会日益分裂为两大对立阶级的产物。这也是马克思主义局限性的时代原因所在。

---

① Ernesto Laclau and Chantal Mouffe: *Hegemony and Socialist Strategy*, London · New York: Verso, 2001, p.143.

政治分析重回马克思主义的理论视域,是第二国际经济决定论"倒逼"的产物。所以后马克思主义指出:"我们将试图证明,经济的空间将自身建构为一种政治空间,正如在其他社会'层面'中一样,在政治空间中,我们将其特征化为霸权的实践是完全可行的。"①而阿尔都塞显然也意识到了这点,所以才有意识形态理论的面世。政治因素被阿尔都塞重视还在于其对列宁理论的解读,而后马克思主义也在列宁思想中汲取养分。后马克思主义认为霸权在列宁主义中扮演了重要的角色,"由于列宁主义,霸权概念成了由偶然的'具体情况'所要求的新的政治思考形式中的拱心石,因为帝国主义时代的阶级斗争便发生在此情形中"②。列宁的"具体情况具体分析"为政治介入无产阶级斗争开了先河,因为单就经济情形而言,无产阶级革命不可能发生;但就帝国主义发展的不平衡现状以及俄国内外政治形势而言,无产阶级可以在经济、阶级同一性之外寻得政治链接的可能性,从而促使俄国十月革命的胜利。而阿尔都塞对列宁的关注,主要表现在哲学与政治的关系问题上。阿尔都塞认为,理论必须具有政治性,也就是说,在由理论所指向的革命实践中必须要有政治分析的维度。因为阿尔都塞认为俄国十月革命的胜利归根到底是多元决定的产物,这其中就包括政治、经济以及意识形态的因素。阿尔都塞通过将政治与意识形态引入对资本主义社会的分析中,从而对经济决定论形成了尖锐的对抗,这也是之后的理论家们能够跳出第二国家经济决定论的重要因素。

就阿尔都塞对意识形态理论的发展以及赋予政治与意识形态地位以相对自主性而言,阿尔都塞对后马克思主义的影响是存在的,并且实质地表现为对经济决定论的拒斥。但是,不同点在于,虽然阿尔都塞提升了政治与意识形态等上层建筑构成要素的重要性,但其前提是为了维护马克思主义理论的一致性与纯洁性,而这是后

---

① Ernesto Laclau and Chantal Mouffe: *Hegemony and Socialist Strategy*, London・New York: Verso, 2001, p.77.
② Ibid., p.7.

马克思主义霸权理论所不能接受的。"非常重要的是,无论是在葛兰西那里还是在阿尔都塞那里,对霸权概念的进一步阐述所寻求的仍然是理论的纯洁性。"①阿尔都塞对马克思主义理论的纯洁性的维护是通过重新解释马克思主义的文本实现的,"(在阿尔都塞那里)它却是阅读或重新阅读马克思著作的结果"②,不像后马克思主义直接把马克思主义打发成经济决定论、历史决定论,阿尔都塞是在理论上为拒绝类似后马克思主义的这种解释提供马克思本人的理论资源。因为阿尔都塞本人根本就不认同将马克思主义解读为经济决定论、历史决定论的做法,这被阿尔都塞视为对马克思主义的曲解。可见,阿尔都塞对马克思主义理论的辩护是一种理论内部的反思和重构的结果,而在此意义上,后马克思主义则是一种理论外部反思的结果。"阿尔都塞的尝试就处在马克思主义这个历史点上:在去斯大林化和新资本主义的相对成功之后,如何能重建这种完整主义。"③而拉墨"他们关心的不是理论的纯洁性,而是结合,即'某种在各种因素之间建立一种关系,从而把这些因素的同一性修改为结合实践的结果的实践'"④。前者是在马克思主义的理论框架中来重塑这种同一性,而后者则试图将这种同一性转换为'结合实践'的产物,也就是说,这种同一性是由霸权链接实践填补马克思主义同一性断裂而实现的。

由此可见,从阿尔都塞的意识形态霸权理论到后马克思主义霸权理论的转换是由科学概念向策略概念的转换。阿尔都塞的意识形态概念之所以能被称为一个科学概念,在于无论是在对资本主义社会的分析中还是在阶级斗争中,其都具有真实的内容,而且阿尔都塞通过将意识形态定义为人与其生存条件的关系的方式将意识

---

① [英]斯图亚特·西姆:《后马克思主义思想史》,吕增奎、陈红译,南京:江苏人民出版社,2011年,第26页。
② [法]雷蒙·阿隆:《想象的马克思主义》,姜志辉译,上海:上海译文出版社,2007年,第103页。
③ 同上。
④ [英]斯图亚特·西姆:《后马克思主义思想史》,吕增奎、陈红译,南京:江苏人民出版社,2011年,第30页。

形态做实为人类生存的必然因素,其是人与周围世界发生关系的必然产物。通过这种方式,阿尔都塞将意识形态理论塞进了马克思主义理论,这对于马克思主义理论本身而言不能说不是一大贡献,因为它在不断地扩充马克思主义的解释空间。而后马克思主义对同一性与本质主义的拒斥,使得其霸权理论也成为一种策略性概念。这种策略性表现为如何在马克思主义所无法触及的地方或其所认为无法触及的地方,开展其霸权实践活动。这种在社会分析模式框架之外寻求由偶然性引起的霸权链接实践,是否存在机会主义之嫌?"摆脱本质主义不必然会解决所有的社会政治问题:脱离了任何理论依据的局部战略可能与纯粹的机会主义难以区分,并且左翼政治的传统的要求并不只是如此。"①这就是作为策略性概念的霸权所要面临的挑战。

2. 多元决定与政治自主性

阿尔都塞的多元决定论大致可以分为两个时期,即早期的《保卫马克思》和《读〈资本论〉》阶段以及后来的《在哲学中成为马克思主义者容易吗?》阶段。而拉墨认为阿尔都塞的多元决定的思想"似乎打开了描述一种新的链接概念的可能性,而这种链接本应开始于这种社会关系的多元特征。但这并没有发生。多元决定的概念在阿尔都塞的话语中趋于消失,而且其日益增长的封闭性导致了一种新变种的本质主义。这个过程开始于'论唯物辩证法',完成于《读〈资本论〉》。"②拉墨在没有思考阿尔都塞早期多元决定论的用意的情况下,便将阿尔都塞的多元决定视为一种本质主义的变种,更不要说阿尔都塞后来在多元决定上的论述。阿尔都塞在《论唯物辩证法》的开始部分就说明了多元决定的用意是在于"关于马克思主义辩证法的特殊性问题"③。阿尔都塞提出多元决定的首要

---

① [英]斯图亚特·西姆:《后马克思主义思想史》,吕增奎、陈红译,南京:江苏人民出版社,2011年,第45页。
② Ernesto Laclau and Chantal Mouffe: *Hegemony and Socialist Strategy*, London·New York: Verso, 2001, p.98.
③ [法]阿尔都塞:《保卫马克思》,顾良译,北京:商务印书馆,2006年,第154页。

旨趣就在于反对本质主义,其典型代表就是黑格尔的辩证法所催生的社会总体性理论。因为在马克思主义理论内部,由于信奉所谓的"颠倒说"而将黑格尔的辩证法直接嫁接到马克思主义理论上,其典型做法就是用物质、经济因素来取代黑格尔的"绝对精神",以此来加强马克思主义辩证法的唯物性和同一性。但这样一种理论变种的恶果就是第二国际的经济决定论,阿尔都塞对此是极力批评的。在这种理论背景中,阿尔都塞借助多元决定为马克思辩证法的特殊性做解释。这样的做法其实最具价值的成果便是反对经济决定论,而这是后马克思主义的基本任务之一。而且在《论唯物辩证法》中,阿尔都塞还有一个任务,就是通过多元决定来为马克思主义的政治实践即列宁和毛泽东思想寻求合理的解释。而列宁在俄国十月革命中所表现出来的对政治形势的分析,其实却成了后马克思主义论述霸权概念谱系的基本内容。"我们刚才看到的阿尔都塞多元决定也首先被用于驳斥斯大林主义的马克思主义,并使用马克思主义的语言来对作为'世纪大事件'的俄国革命进行解释成为可能。生产力与生产关系之间、经济矛盾和革命紧张之间的平行运动的最初理论,让位于一种相反的理论,这就是因结构不同而导致的发展不平衡、差异、'落后'和'先进'的理论。"①而阿隆对阿尔都塞多元决定的论述与后马克思主义的理论旨趣向大致相契合。

　　拉墨之所以说阿尔都塞多元决定论最终演化为一种本质主义的变种,原因在于其认为阿尔都塞的多元决定论仍然服务于另一个中心因素:"如果多元决定概念不能在马克思主义的话语中产生出对总体性的解构功能,这是因为,从一开始就存在将多元决定与阿尔都塞话语中的另一种中心因素相兼容的企图,严格说来,这个中心因素是与多元决定不相容的,即经济的最后决定作用。"②拉墨对阿尔都塞多元决定论所做的如此判断,大致有两个原因:首先,针

---

① [法]雷蒙·阿隆:《想象的马克思主义》,姜志辉译,上海:上海译文出版社,2007年,第113页。
② Ernesto Laclau and Chantal Mouffe: *Hegemony and Socialist Strategy*, London · New York: Verso, 2001, p.98.

对《读〈资本论〉》中结构主义方法对"整体"统一性的保留；其次，拉墨可能并没有阅读阿尔都塞后期对"归根到底……"所做的批判。阿尔都塞借助于结构主义方法来解释马克思主义的原因在于消除单一因素的决定模式，因为结构是一个缺席的原因。"作为不在场的效力，结构被界定为造成了某个结果的不在场原因，它已经超越了它的每个组成因素，其方式与能指超越所指的方式无异。"①这样一种方法的主要旨趣在于对抗宏大的主体，而阿尔都塞的结构主义的马克思主义则用来对抗经济决定论。要素与结构、要素与要素之间不再是直接的、单向的决定模式，而是通过结构的关系而相互作用。就阿尔都塞看来，这就在方法论分析上直接弱化了经济因素的地位，而是在诸多因素与作为整体的结构的关系之中推动历史的发展。拉墨对阿尔都塞的结构主义的马克思主义的解读只停留在阿尔都塞的策略性地使用的"作为整体的结构"上，况且其还是一种不在场的、非实体性的关系；而没有关注到结构主义的方法为多元决定所撕开的可能性以及为进一步推进去经济决定论所做的努力。不管怎样，"阿尔都塞在结构主义方法论之内对马克思主义思想的重构，也可以被认为创造了一种为混合形式的马克思主义所接受的思潮——拉墨显然从那一领域获得了激励。"②

至于拉墨仍然认定阿尔都塞的多元决定是最终服从于经济决定的论点，其大概没有认真关注阿尔都塞在《在哲学中成为马克思主义者容易吗？》中对"归根到底……"的论述。阿尔都塞首先引用了恩格斯致布洛赫的信来驳斥经济决定论："根据唯物史观，历史进程中的决定性因素归根到底是现实生活的生产和再生产。无论马克思或我都从来没有肯定过比这更多的东西。如果有人在这里加以歪曲，说经济因素是**为惟一**决定性的因素，那么他就是把这个命

---

① ［法］弗朗索瓦·多斯：《从结构到解构：法国20世纪思想主潮（上卷）》，季广茂译，北京：中央编译出版社，2004年，第407页。
② ［英］斯图亚特·西姆：《后马克思主义思想史》，吕增奎、陈红译，南京：江苏人民出版社，2011年，第110页。

题变成毫无内容的、抽象的、荒诞无稽的空话。"①由此可见,现实生活的生产和再生产不仅是经济层面的,按照阿尔都塞的理解,这种再生产本身还包括政治和意识形态领域的再生产。其次,"提出决定作用里的这个'归根到底'就起到了双重的作用:它把马克思从一切机械论的解释里截然地分离出来,同时在决定作用内部揭示了由一些不同的诉求所发挥的功能,即由辩证法所勾画的那样一种现实差异所发挥的功能。因此,这一地形学表明,只有在一个有所区分的、因此也是复合的和连接起来的整体中,才能把握经济基础归根到底的决定作用;在这样的整体中,归根到底的决定作用确定了其他那些诉求的现实差异、它们的相对自主性和它们反作用于基础本身的固有方式。"②显然,阿尔都塞对"归根到底"的理解是以差异为基础的,并且在此差异的基础上建立的整体是一种复合的和连接的整体。所以里格比在《马克思主义与历史学》中说:"最近对马克思的历史唯物主义最具影响力的一种解释是由阿尔都塞提出的……阿尔都塞的著作提供了一种原创性的尝试,他试图对'经济具有首要性'做出了一种非简约主义的解读。"③也就是说,阿尔都塞谋求一种以差异而非单一决定的解释模式。而后马克思主义重视霸权的"连接"功能的前提就是社会本身是差异化的存在,这才需要"连接"的出现。阿尔都塞认为"归根到底"是一种地形学的隐喻,其目的在于解构黑格尔的圆圈化的社会存在。阿尔都塞解读的意义在于反对经济决定论,并为对社会进行差异化描述、政治与意识形态的自治权打开了新的视域。

"阿尔都塞的结构主义的马克思主义仍然在后马克思主义的发展中发挥了它的作用,尽管这一点也不符合阿尔都塞的意图。我们

---

① 马克思、恩格斯:《马克思恩格斯选集(第四卷)》,北京:人民出版社,1995年,第695—696页。
② 陈越编:《哲学与政治:阿尔都塞读本》,长春:吉林人民出版社,2003年,第186页。
③ [英]里格比:《马克思主义与历史学》,吴英译,南京:译林出版社,2012年,第233页。

已经指出,对拉墨来说,阿尔都塞的多元决定如何暗示了社会及其行为者并不存在一种本质,从而站在了后现代主义的边缘上。就创造一种能够呈现出广泛的新近理论发展和表明马克思主义理论的未完成特征的'混合的马克思主义'而言,结构主义的马克思主义是较为成功的尝试之一。它同拉墨的规划之间的不同之处在于它继续信奉经典马克思主义的基本原则。"①这就是阿尔都塞思想与后马克思主义思想关联的隐晦之处,阿尔都塞在重释马克思主义以应对危机时,却无意识地影响了后马克思主义,而后马克思主义碍于阿尔都塞对经典马克思主义基本原则的坚持,而没有站在客观的立场对待其所受到的影响。

当然,拉墨对"政治"概念及其功能有自身的独特理解,墨菲在《政治的回归》中就指出:"政治不能被局限为一种制度,也不能被设想成仅仅构成了特定的社会领域或社会阶层。它必须被构想为内在于所有人类社会并决定我们真正的存在论条件的一个维度。"②在此,政治被提升为人类存在的存在论中的一个维度,就政治本身的属性而言,其确实是人类共同体生活的必要组成因素。按照墨菲的理解,政治关乎身份的差异,即他者的存在,在这种异质的存在中,对抗便是普遍的,正是在此意义上,墨菲认为:"任何一种我们/他们的关系类型,无论是宗教的、种族的、民族国家的、经济的或是其他的,都成了政治对抗的场所。"③墨菲对"政治"概念的转换在于,将作为各种斗争的政治目的反过来成为统摄各种斗争的普遍形式,即由政治行为转换为政治利益,也就是说,每一种社会行为本身都具有相应政治利益的考量,即使其本身并不是一种政治行为。在此意义上,政治的内涵便包括了经济在内的各种社会行为。按照墨菲对政治概念及其功能的理解,笔者认为其只是换了一种形式来实

---

① [英]斯图亚特·西姆:《后马克思主义思想史》,吕增奎、陈红译,南京:江苏人民出版社,2011年,第148页。
② [英]尚塔尔·墨菲:《政治的回归》,王恒等译,南京:江苏人民出版社,2005年,第4页。
③ 同上书,第3页。

现对社会行为的普遍化描述,正如其批评的马克思主义所采取的经济同一性描述一样。社会存在本身是多维度的,在各社会领域关系复杂且相互交织在一起的时代,任何一种单一化的描述都被后现代哲学证明为一种虚假的幻象。而阿尔都塞的结构主义和多元决定论在此仍然具有现实的解释力,它一方面将发挥统摄作用的结构隐去,同时又将社会存在的各种维度呈现出来,以此来摆脱任何本质主义的叙事。

阿尔都塞诉诸结构主义与多元决定的目的在于悬置被马克思主义解读为社会本质的经济同一性,而以一种不在场的结构来取代实体性的本质,并且通过多元决定的方式来提升社会各存在维度在社会分析中的作用。在这个意义上,阿尔都塞是典型的斯宾诺莎主义者,这也是为什么斯宾诺莎在当代激进政治思想中地位越来越重要的原因所在。拉墨的规划在于明确放弃这种同一性,哪怕是虚拟的同一性也要被驱除,但其又将同一性视为链接实践的结果。这种作为链接实践结果的同一性便要求在必然性链条的断裂处不断地实践这种链接,这也是霸权实践的空间。在此意义上,霸权的链接实践实际上是跟必然性相对的偶然性联系在一起。

就社会构成而言,拉墨认为:"不存在被单一的根本原则决定的社会,而只是由差异构成的整体领域。"[①]在差异的基础上,拉墨进一步指出:"必然性只能作为偶然性的领域的局部限制而存在。"[②]而由此引出的偶然性逻辑又将阿尔都塞晚期的思想与后马克思主义联系在一起。

3. 偶然、相遇与链接

拉墨拒斥马克思主义的同一性和必然性概念,而认为"同一性领域从来没有被完全的确认,它只是多元决定的领域"[③]。而将多元决定、同一性与偶然性联系在一起的正是阿尔都塞,"阿尔都塞首

---

① Ernesto Laclau and Chantal Mouffe: *Hegemony and Socialist Strategy*, London · New York: Verso, 2001, p.111.
② Ibid.
③ Ibid.

先开启了这种观念的先河：为了多元决定而牺牲了归根到底决定论，并且把偶然性与必然性纳入到新的关系中……"①在《矛盾与多元决定》附录中，出于反对经济决定论，阿尔都塞指出了偶然性与必然性的关系："必然性作为偶然事件的总结果而建立在偶然实践的基础上；因此，它真的是这些偶然事件的必然性。"②偶然事件之所以能成为必然性的基础，在于偶然事件本身就是社会存在的一部分。拉墨通过俄国革命阐述了这种新型的关系，"在俄国的事件中，因为错位将自身表现为积极的形势，这种形势使工人阶级的先进性成为可能——即以一定的方式参与到历史中去——而这使工人阶级与其在规定事件中假定要完成的任务之间的新型关系成为一种必然"③。拉墨认为，在俄国首先要发生革命的应该是资产阶级，但由于俄国资产阶级发展不成熟，以致其无法承担起此任务。而这就要求无产阶级冲破所谓历史必然性的规定，承担起本不属于他们自己的任务。而原本属于资产阶级的任务，由于俄国资产阶级发展不成熟这个偶然性因素，现在由无产阶级来承担，这就是偶然性变成必然性的过程。正是有了这种偶然性的出现，拉墨视之为霸权链接的工人阶级实践才能得以出现。同时，拉墨指出："霸权逻辑，作为一种链接和偶然性逻辑，已经开始决定着霸权主体的同一性"。④在此，拉墨借助这种链接和偶然性逻辑的帮助来重塑主体的规定性，将原来由经济利益所规定的无产阶级同一性转化为一种由偶然逻辑所实现的同一性所规定的霸权主体。由此看来，拉墨本身仍然未摆脱对同一性的追求，只是其将自身所追求的同一性规定为由多元性和非固定性的链接而成的同一性。"不固定性已经成为每一种社会同一性的条件。"⑤这就是拉墨在霸权链接的名义下将偶然性、

---

① [英]斯图亚特·西姆：《后马克思主义思想史》，吕增奎、陈红译，南京：江苏人民出版社，2011年，第31页。
② [法]阿尔都塞：《保卫马克思》，顾良译，北京：商务印书馆，2006年，第111页。
③ Ernesto Laclau and Chantal Mouffe：*Hegemony and Socialist Strategy*, London·New York: Verso, 2001, p.50.
④ Ibid., p.85.
⑤ Ibid.

必然性、链接、同一性联系在一起的方式。

而阿尔都塞在晚期提出的偶然唯物论中,其实已经实现了拉墨在霸权实践中所实现的理论构想。就偶然性与链接的关系来说,拉墨认为,正是因为有了必然性的断裂所带来的偶然性环节,使得链接本身有了发生的可能。而阿尔都塞在偶然与相遇的关系中,同样表达了类似的思想。阿尔都塞认为,世界本是按照必然性运作,原子在虚空中平行下落而相互没有交集,出于一种偶然性,原子本身脱离了原先的平行轨迹,这便使得诸原子发生了偏斜,相遇从而产生。在此,两者都是出于必然性逻辑的断裂,从而为偶然性及其随后的相遇或链接提供了绝对的前提。唯一的区别在于阿尔都塞这种模式是在哲学或存在论层面来论述两者的关系,而拉墨则是在具体的政治链接中来阐述。阿尔都塞的论述虽然是在存在论层面展开,但其指向却是政治实践,而且较拉墨更为彻底的是,此时阿尔都塞对政治实践的强调根本就不在经济和阶级利益同一性的框架中实现的,而拉墨却还在政治链接对抗经济决定所实现的同一性中策略地挣扎,反而却批评阿尔都塞仍然囿于本质主义之中。在晚期的偶然唯物论中,阿尔都塞对偶然性的强调并直接将德里达和德勒兹的思想纳入其中,表示阿尔都塞已经站在了后结构主义的门槛上了,而后结构主义对宏大叙事及宏大主体的解构,是拉墨霸权理论批评马克思主义的重要理论资源。所以拉墨说:"后结构主义是我们理论反思的主要来源,同时,在后结构主义的领域中,解构和拉康主义的理论在我们形成霸权概念的过程中具有决定性的重要作用"。①

阿尔都塞在偶然唯物论中对马基雅维利以及卢梭的强调,都在于将政治实践的叙事方式转向一种事件化的方式。这意味着政治实践本身将不再从经济—阶级利益的同一性出发,而是以形势为基础。简单说来,这意味着在历史进程的某个时刻,由于局部形势的

---

① Ernesto Laclau and Chantal Mouffe: *Hegemony and Socialist Strategy*, London・New York: Verso, 2001, p. xi.

偶然性爆发，使得原先的同一性逻辑无法解释，这便需要实践主体依据形势而以实践的方式推进政治实践。阿尔都塞仍然是在列宁的政治实践中寻找理论和现实的支撑，因为俄国十月革命的成功在阿尔都塞眼中就是这一事件化叙事的最好例证，而拉墨本人亦是在此寻求霸权链接实践的理论和现实支持。但阿尔都塞比拉墨彻底的地方在于：阿尔都塞通过形势与事件，将所有的主体同一性问题、政治与经济等各社会层面的决定关系问题都转化为一种策略问题，其主轴不仅是对这些因素的分析，而是在于如何在形势和事件的局势中促进政治实践的展开。这也是阿尔都塞后来被人批评已经放弃马克思主义的原因所在。但这在阿尔都塞看来并非如此，因为他对辩证唯物主义有自己独特的理解。这在前一章中已经详细论述过。

拉墨之所以要借助偶然性与链接，目的在于为霸权寻得合法的基础。因为偶然性与链接问题，涉及对马克思主义关于阶级任务与经济分析的关系问题。拉墨认为："经济领域不是一个从属于内生性法则的自我调节空间；对于社会主体来说，不存在一个能够确定最终阶级核心的建构性原则，也不存在由历史利益所确定的阶级立场。"[1]在拉墨看来，在马克思主义理论中，阶级任务是与经济分析联系在一起的。只有通过取消单一经济分析的模式，阶级的任务就将不复存在，而这是偶然性的前提。"如果任务不再与阶级存在任何**必然**的联系，那么，它的同一性便只能通过霸权形势内的单独的链接而被给予。因此，它的同一性就变成了一种纯粹关系的同一性。"[2]通过解构阶级与其任务之间的必然联系，拉墨将其称为"关系性的同一性"而非本源性的同一性。而这种关系使政治实践的任务本身不再是由政治实践的唯一的被选中的阶级来完成，拉墨正是在此意义上扩大了政治实践的主体范围，为各种新社会运动的合理

---

[1] Ernesto Laclau and Chantal Mouffe: *Hegemony and Socialist Strategy*, London · New York: Verso, 2001, p. 85.

[2] Ibid., p. 86.

解释提供了理论保障。

阿尔都塞借助形势、偶然、相遇与事件概念,目的在于为政治实践寻求一种非决定论的模式。在这一点上,阿尔都塞与拉墨都分享着共同的理论背景。拉墨虽然没有在著作中论述"事件",但其所借助用来证明其霸权理论的案例,在阿尔都塞思想维度看来,都是事件化的叙事。因为按照拉墨的理解,偶然性对必然性断裂的填补,其必然表现为一种事件。事件的意义在于其与当下普遍性原则之间的不兼容,而霸权链接所实现的实践,最终其实是以"事件"形式出现的。这也是"事件政治学"在当今激进政治理论中扮演重要角色的原因所在,巴迪欧的《存在与事件》就在这种逻辑中展开,这毫无疑问是受到阿尔都塞的影响。政治实践事件化的叙事,意味着以马克思主义为原则的无产阶级革命运动的远去,而今其表现的方式就是各种新社会运动,例如对女性主义、生态问题、议会斗争、恐怖主义、种族、民族等问题。在这些新社会运动所引发的局部环境的改变中寻求政治实践的可能性是当今激进政治理论所追求的。而拉墨的霸权链接实践便在这种形势中寻求实现的机遇。

4. 主体、话语与意识形态

关于主体问题,阿尔都塞有过专门的理论分析,在《意识形态与意识形态国家机器》中有一节的论题就是"意识形态把个人传唤为主体"。在阿尔都塞的论述中,主体是与意识形态联系在一起,但其中介是话语,这在他具体分析基督教意识形态时可以得到证明。阿尔都塞的意图非常明显,即通过意识形态而生产出主体,通过主体生产出意识形态,这就是所谓的镜像结构。"所有意识形态的结构——以一个独一的绝对主体的名义把个人传唤为主体——都是**反射的**,即镜像的结构;而且还是一种双重反射的结构:这种镜像复制是构成意识形态的基本要素,并且保障意识形态发挥功能。"[①]在此,意识形态和主体都履行着同一性的任务,但这暗示着,在人作

---

① 陈越编:《哲学与政治:阿尔都塞读本》,长春:吉林人民出版社,2003年,第370页。

为主体之前,其本身是一种差异化的存在,否则就不存在所谓的"传唤"过程。在此,意识形态便履行着被后马克思主义称为链接的霸权功能。因为阿尔都塞指出:"主体之所以是构成所有意识形态的基本范畴,只是因为所有意识形态的功能(这种功能定义了意识形态本身)就在于把具体的个人'构成'为主体。"①在此,阿尔都塞提到了"具体的个人",毫无疑问,"具体的个人"指向的内容是一种非同一化的存在,而是拥有自身独特内容的具体存在。阿尔都塞进一步指出,这些"具体"的内容还表现在具体的日常实践及其仪式中,"你我从来都是主体,并且就以这种方式不断地实践着意识形态承认的各种形式;这些形式可以向我们保证,我们的确是具体的、个别的、独特的,(当然也是)不可替代的主体"②。这些具体的主体向意识形态主体的转变不是一个自动的过程,其中有诸多的中介,比如教育、宗教仪式、法律等,其中最重要的是话语。当然,这种话语并不是简单意义上的"言语",而是可以代表意识形态进行交往对话的话语。阿尔都塞所做的典型分析是基督教意识形态中的话语功能。正是由于上帝与彼得、摩西之间的话语,才使得基督教的意识形态和主体形成了一种互构的形态。而后马克思主义关于主体的范畴,也是从"话语结构"中展开的。拉墨指出,《霸权与社会主义策略》中关于主体的论述都是指"话语结构中的'主体立场'"③。拉墨之所以要在"话语结构"中探讨"主体"范畴,原因在于其认为每一种主体都是一种话语立场。"因为每一个主体立场都是一种话语立场,所以主体分享了每一种话语的开放特征,随之而来的结果便是,各种立场都不能完全固定在一个差异化的封闭体系中。"④在拉墨看来,话语本身是一个开放的体系,这就导致作为话语承载者的

---

① 陈越编:《哲学与政治:阿尔都塞读本》,长春:吉林人民出版社,2003年,第361页。
② 同上书,第363页。
③ Ernesto Laclau and Chantal Mouffe: *Hegemony and Socialist Strategy*, London · New York: Verso, 2001, p.115.
④ Ibid.

主体的开放性。这种开放性则预示着主体本身是不可能被还原到一种同一化的存在中。而拉墨认为,霸权链接便在这种不可同一化的过程中发挥作用,因为,"主体范畴的特征既不能通过'主体立场'分散的绝对化而被建立,也不能通过围绕'先验主体'平等的绝对同一化而被建立。主体范畴被相同的模糊不清、不完整性和多义的性质所渗透,而多元决定就是将其指派给每一种话语同一性"[①]。拉墨正是在此意义上认为"多元决定的游戏"使得霸权链接成为可能。

就主体而言,阿尔都塞希望通过意识形态的"传唤"功能而使个体变成主体,从而确保主体的同一性,并且在意识形态与主体的互构结构中强化其同一性。与阿尔都塞不同,拉墨通过将主体转化为一种话语立场,并且指认这些话语立场具有开放性,同时还受到"不完整性"和"多义性"的影响而不可能重新回归到同一性当中去。这就为霸权链接开辟了无穷的空间,在此意义上,霸权链接将是永恒的。通过比较阿尔都塞与拉墨的论述,笔者认为其中仍然存在着值得商榷的问题。首先,作为主体的话语立场,其自身是否是一种科学的话语。科学的话语是指具有一种不可置疑的普遍性和正确性,这样的话语则是不需要通过交谈而实现,因为其科学性保证了其普遍性。显然,在拉墨的论述中,作为主体立场的话语是一种非科学的话语,因为其存在诸多含混和多义性。按此意义来理解,那么每种话语立场背后必然有其自身的诉求,就阿尔都塞的思想来解读的话,其必然有意识形态的支撑。而意识形态的本质特征之一就是追求同一性,这是否就意味着每种话语都有一种同一性的诉求。由此可见,无论话语立场是科学的还是意识形态的,其仍然是在同一性范畴中或追求同一性范畴的过程中。当然,拉墨为了给霸权链接留下空间,指明各种话语之间的开放性保证了这种链接的可持续性。因为拉墨认为同一性已经不再具有合法性,而应该在这

---

① Ernesto Laclau and Chantal Mouffe: *Hegemony and Socialist Strategy*, London・New York: Verso, 2001, p.121.

种持续的断裂中进行霸权链接。但拉墨没有说明清楚的问题是,霸权链接是因为无法实现同一性还是因为根本就不追求同一性。按照拉墨的理解,霸权是在同一性和必然性坍塌之后,作为一种缝合概念而出现。但缝合本身是出于同一性和必然性的诉求吗?难道对同一性和必然性断裂的缝合本身不就是在追求同一性和必然性吗?**只是拉墨不再以经济作为黏合剂,而是将政治实践的各种实践行为作为黏合剂**。简单说来,经济不再是唯一的黏合剂,发生于当代政治实践的各种新社会运动都在不同场合、不同时段承担黏合剂的功能。

拉墨不以经济分析作为黏合剂,其本身是有区域限制的,所以西蒙·托米和朱尔斯·汤申德指出,后马克思主义所追求的"是后福特主义、后工业主义和后现代主义以及被确立为'工人阶级已死'的产物,但是,最近发生于发展中国家的事件提醒我们,世界人口的绝大部分都还生活在类似于《资本论》所描述的状况之中"①。也就是说,拉墨的理论论断仍然可以被视为西方中心主义的,其本身就不具有多元化的内在旨趣。莱文的在《辩证法内部的对话》中亦提到,"后马克思主义……是对后工业化、后贫穷和全球第一世界成员的规划。它也许并没有对世界上经济发展相对落后的成员的需要进行呼吁",并且指认"后马克思主义不是一个一般的术语,而是一个适用于大西洋世界的概念"。② 这充分显示后马克思主义的分析本身是非多元化的。拉墨以政治领域为起点的分析模式本身是在经典马克思主义的传统之外打开了分析当代资本主义的新视野,但其置经济分析于不顾的态度,本身是缺乏合理性的依据。在此,我们能否这样理解,政治领域的多元诉求本身是否能够被理解为经济利益多元的表象。在此需要澄清的是,经济利益本身不再是经典马克思主义所主张的经济—阶级利益,而是多元化的利益主

---

① Simon Tormey and Jules Townshend: *Key Thinkers from Critical Theory to Post-Marxism*, London: Sage Publications, 2006, p.217.

② [美]诺曼·莱文:《辩证法内部的对话》,张翼星等译,昆明:云南人民出版社,1997年,第8、9页。

体。可见,需要抛弃的不是经济利益的分析模式,而是在还原论意义上的单一经济—阶级利益分析模式。在这个意义上,马克思所开创的历史唯物主义仍然是有效的。

其次,拉墨对"主体"范畴的保留意味着其仍然寄希望于通过主体的力量来参与政治实践。只是该"主体"是一种混合主体,不再是马克思主义传统中的主体,因为拉墨认为马克思主义的"主体是社会阶级,其同一性是围绕着由他们在生产关系中的位置所决定的利益建构起来的"①。所以拉墨就拒斥以生产关系为分析模式的主体—阶级论,而是首先将政治纳入作为建构主体的因素之一,并且同时将性别主体、生态运动主体等主体都纳入主体因素的谱系之中。这可见拉墨仍然是在主体力量的分析模式中思考政治实践,而不像奈格里直接诉诸"多众",从而彻底抛弃马克思主义的主体概念。但是按照阿尔都塞的理解,主体天然就是意识形态的,其目的就在于塑造集体的利益。既然霸权链接是如此的根本,那么为什么还要保留这个意识形态很浓的概念呢?没有"主体"的链接理论是否更能体现霸权链接的功能? 可见,"霸权绝不是一种解决理论危机的办法,而是社会碎片化的产物"②。晚期阿尔都塞在偶然唯物论中就从早期的批判作为资产阶级意识形态概念的主体转向了彻底的抛弃主体概念,更指出历史是无主体的过程。阿尔都塞放弃"主体"概念并不意味着放弃作为政治实践主体的物质存在,也就是说,总有一种力量会在形势的变换中承担起革新社会的重任,而不是固定在某个主体上,就像俄国和中国的无产阶级直接承担起资产阶级革命的任务一样,因为这按照经典马克思主义理论来说是不可能的。对马克思主义某些理论的修正、重塑甚至否定并不妨碍我们继续忠于马克思主义的启示。这可能是阿尔都塞对于马克思主义的重要意义所在。

---

① Ernesto Laclau and Chantal Mouffe: *Hegemony and Socialist Strategy*, London · New York: Verso, 2001, p. 118.
② [英] 斯图亚特·西姆:《后马克思主义思想史》,吕增奎、陈红译,南京:江苏人民出版社,2011年,第24页。

"阿尔都塞是一个有趣的例子,因为具有讽刺意味的是,他的计划是恢复马克思主义的理论权威,反而为后马克思主义规划开辟了一些非常有希望的探究路线。"①这就是阿尔都塞与后马克思主义关系之隐晦所在,但这折射出如下三个问题:

第一,阿尔都塞与后马克思主义所共同面对的马克思主义的危机是一个现实的真问题。同时,这也意味着阿尔都塞与后马克思主义都是处在马克思主义理论的启示之中,都在为马克思主义的理论事业进行理论实践。就其对马克思主义理论的修正与重塑而言,两者都属于麦克莱伦称之为"马克思以后的马克思主义"的理论遗产之中。在此,关键的问题还是如何看待马克思主义理论的特质。按照阿尔都塞的说法,为了维持、巩固和发展历史唯物主义对社会现实的解释力,我们必须求助于马克思主义哲学即辩证唯物主义。诺曼·莱文坚持认为后马克思主义是在以一种发展形式坚持马克思主义的事业,"后马克思主义涉及马克思主义思想的继续发展。它是马克思主义不断发展的、历史的另一个阶段……后马克思主义在后工业世界的任务是工业劳动背景中对于民主的分析。后马克思主义建立在马克思主义不是僵化的教条而是一种方法的信念上,意识到历史是本体论,马克思主义必须按照它发现自身所处的不同历史时刻而重新定义自己"②。这也是马克思主义作为一项事业得以不断向前推进的必然认识,阿尔都塞也是在此意义上来论述作为马克思主义哲学的辩证唯物主义。那种一味放弃马克思主义理论的行为并不是在理论上积极地对待马克思主义的危机,而是对危机的逃避。只有在马克思主义理论内部与其所处历史时刻的规定性之间的关系中寻求实现对马克思主义危机的应对与解答,才是在理论上站得住脚的辩护。

第二,阿尔都塞对马克思主义的重塑与后马克思主义理论规划

---

① [英]斯图亚特·西姆:《后马克思主义思想史》,吕增奎、陈红译,南京:江苏人民出版社,2011年,第29页。
② [美]诺曼·莱文:《辩证法内部的对话》,张翼星等译,昆明:云南人民出版社,1997年,第5页。

的相遇,表明两者在面对马克思主义理论危机时,都诉诸了相应的理论策略。其不同在于,阿尔都塞仍然在马克思主义理论内部进行理论实践,其主要贡献在于马克思主义的意识形态理论、多元决定以及结构主义的马克思主义;而后马克思主义则试图在马克思主义理论的断裂处寻找霸权实践的可能性。阿尔都塞对经济决定论的驳斥诉诸马克思辩证法的特殊性及其多元决定理论。阿尔都塞在此过程中也着重分析了马克思辩证法与黑格尔辩证法的区别,并在多元决定论的基础上深化了马克思主义辩证法的内涵。与以拉墨为代表的后马克思主义不同,阿尔都塞的意图在于驳斥经济决定论并且在经济、政治和意识形态等的多元置换中来提升社会各存在领域在社会分析模式中的地位和作用,但其仍然不放弃经济因素作为一种主导因素。拉墨首先直接否定了经济的主导地位,进而在批驳经济决定论及其必然性的过程中,强化政治的主导作用,因为他们认为社会本身并不是一个同质化的整体,而是各领域相链接而成的,而政治在这种链接中扮演着主导角色。在两者的论述中,政治自主性的提升意味着政治实践领域的扩充,也意味着斗争形式的多样化。

第三,后马克思主义与阿尔都塞的理论规划的最终指向及其实践途径的差异。阿尔都塞的理论规划在于破除对马克思主义的教条化认识和目的论解读,将马克思主义理论向各社会存在维度开放,从而摆脱经济—阶级利益分析模式,使得马克思主义能够对社会各存在领域有清晰的把握,其最终方式仍然是寄希望于以革命的形式来建立新社会。而后马克思主义的理论规划的最终目的在于倡导一种激进民主,其使命在于"深化民主革命并连接多种多样的民主斗争"[1]。后马克思主义认为,激进民主能够为新社会运动提供一种"共同性表述",墨菲将此称为"共识"(common sense)[2],这

---

[1] [英]尚塔尔·墨菲:《政治的回归》,王恒等译,南京:江苏人民出版社,2005年,第23页。
[2] 这里涉及墨菲与哈贝马斯的区分,墨菲认为他与哈贝马斯的区别在于他自身拒绝作为现代性基础的启蒙规划(政治规划与认识论保障),即"不像哈贝马斯,我们认为在这种规划中启蒙的认识论视角不再会有任何作用"(参考《政治的回归》第13页)。

种共识"能够转换不同群体的身份,从而使每一个群体的要求都能够遵照民主等值性原则而与其他群体的要求相连接"①。墨菲之所以有这种考虑是因为其认为存在一种"民主等值性原则",笔者认为,"民主等值性原则"只具有形式上的普遍性而不具有内容上的普遍性,也就是说,社会之所以要求民主,其主要原因是有不同的诉求(政治、经济、文化、宗教等),但都是通过共同的形式即民主的方式参与斗争,那么,内容上的普遍性通过什么方式来实现,这仍然是一个悬而未决的问题,按照后马克思主义的理论规划,这种内容上的普遍性只能在统一的形式(民主)上达成暂时的和解,而无法根本实现,因为这是与其前提相矛盾的即对同一性的拒斥。所以在这个意义上,后马克思主义的理论规划只具有策略上的意义,而无纲领上的意义。

第二节 阿尔都塞与当代激进政治理论

作为巴黎高师几代激进知识分子的精神导师,阿尔都塞的思想以不同的方式对当代激进理论产生了深远的影响。这些"不同的方式"包括直接的继承、坦诚的对话以及公开的批评,但这些都毫无疑问构成了阿尔都塞与当代激进政治理论图式的基本框架。当代激进政治理论所借助的多种思想资源都是通过中介阿尔都塞思想才得以完成的,这表现在阿尔都塞对马克思、列宁和毛泽东思想的解读、对拉康精神分析方法、结构主义方法,甚至后结构主义方法的引入以及对斯宾诺莎的关注,所有这些都成为当代激进政治的理论起点。虽然当代激进政治理论在某些理论判断上与阿尔都塞思想有重合、有出入甚至是反对,但这并不妨碍阿尔都塞对当代激进政治的影响,德里达在阿尔都塞葬礼上的致辞就在表达这层意味:"路

---

① [英]尚塔尔·墨菲:《政治的回归》,王恒等译,南京:江苏人民出版社,2005年,第23页。

易·阿尔都塞穿越了那么多生活——我们的生活、首先是穿越了那么多个人的、历史的、哲学的和政治的冒险,以他的思想和他的生存方式、言说方式、教学方式所具有的辐射力和挑战力,改变和影响了那么多话语、行动和存在,给它们打上了印记,以至于就连最形形色色和最矛盾的见证也永远不可能穷竭它们的这个源泉。事实上我们每个人都与路易·阿尔都塞有着不同的关系(我说的不光是哲学或政治)……事实上,无论在当代还是在别的时代,在学术圈内还圈外,在尤里姆街还是法国的其他地方,在共产党和其他党派内还是超越于所有党派,在欧洲还是欧洲以外,路易对于他人而言都是完全不同的。"①而且,在后来的一次访谈中,德里达还说:"实际上,《马克思的幽灵》可以被看作是为悼念路易阿尔都塞而写的,虽然是间接的致意,但是充满了友情、怀念以及略微的伤感。"②阿尔都塞思想的这种棱镜效应在于其思想本身所具有的多重维度,这并不是说其思想的无原则性,而是表明阿尔都塞正是以一种开放、对话的方式推进其理论实践。这同时也意味着阿尔都塞时代的思想特征,这样的思想特征与马克思主义的历史命运、后工业时代资本主义社会的现状是密不可分的。正是在这个意义上,阿尔都塞思想作为一种渗透到历史现实中的思想资源而与当代激进政治理论有着千丝万缕的关系。

本节将就阿尔都塞与后结构主义、身体理论展开阿尔都塞与当代激进政治理论的关系。

一、阿尔都塞:马克思主义与后结构主义对话的规定者

阿尔都塞思想与后结构主义相遇的契机在于马克思主义。后结构主义的诸多代表(利奥塔、福柯、德里达、德勒兹)都是经由马克思主义走向后结构主义,因为二者有着共同的敌人黑格尔。后结

---

① 陈越编:《哲学与政治:阿尔都塞读本》,长春:吉林人民出版社,2003年,第510页。
② [法]德里达、卢迪内斯库:《明天会怎样》,苏旭译,北京:中信出版社,2002年,第132页。

构主义的这些代表早年都试图在马克思主义哲学中寻找到对黑格尔哲学的批判,但法国独有的马克思主义传统却使得马克思主义与黑格尔哲学日趋合流。正是在日趋合流的时代里,阿尔都塞作为独自将马克思主义与黑格尔主义决裂的思想家,其理论实践正好契合了后结构主义的理论规划。于是,阿尔都塞与后结构主义相遇了。正是在此意义上,阿尔都塞成了"规定马克思与后结构主义之间遭遇的问题式框架的先驱者"①。后结构主义的代表人物(利奥塔、福柯、德里达、德勒兹)中,福柯与德里达是阿尔都塞的学生,其亲身聆听了阿尔都塞对马克思的重新解读,并在这种重读中寻求马克思与黑格尔断裂的主要方式。在此问题上,福柯说:"我所希望的不是修正、不是回复到一个真正的马克思,而是通过有把握的阐述一举解放马克思,以便破除被党派如此长期地封闭、贩运和挥舞着马克思的教条。"②而摆脱教条化的马克思主义亦是阿尔都塞重读马克思的一个重要目标之一。而德勒兹则与阿尔都塞保持着书信来往。也就是说,正是通过中介阿尔都塞对马克思与黑格尔关系的重新定位,早期后结构主义才得以寻得批判黑格尔哲学的框架,从而展开后结构主义的基本论述。

马克思主义、阿尔都塞与后结构主义独特的遭遇方式及其理论交集,首先应该回溯到法国独特的马克思主义传统中。20世纪20年代以前,法国马克思主义并不是以马克思本人的学说为主要思想,因为它有法国空想社会主义的历史传统以及蒲鲁东主义的传统。在此意义上,"对于法国而言,马克思主义是一个后来者"③。这意味着马克思的经典思想还并没有真正进入法国知识界和工人运动中,"其他的名字——布朗基,蒲鲁东,索列尔——统治着法国的工人运动,并且法国的知识分子倾向于以一种敌意和轻蔑的态度

---

① 复旦大学当代国外马克思主义研究中心编:《国外马克思主义研究报告2011》,北京:人民出版社,2011年,第426页。
② [法]福柯:《结构主义与后结构主义,福柯集》,钱翰译,上海:上海远东出版社,1998年,第513页。
③ Simon Choat: *Marx through Post-Structuralism*, London: Continuum, 2010, p.10.

来看待马克思主义哲学"①。这是马克思主义哲学在当时法国的现状,这种现状的改变直到马克思早年的《1844年经济学哲学手稿》的出版并被翻译成法文版才得到彻底的扭转。这样的一种"扭转"意味着马克思本人的思想才真正开始进入法国的知识界和工人运动中,同时也意味着黑格尔元素在马克思主义哲学中的突起。这样一项工作首先得益于科耶夫与伊波利特在法国传播黑格尔哲学,使得法国知识界掀起了一股黑格尔哲学热,这无疑会影响到法国的马克思主义理论家。在这股风潮的影响下,"列斐伏尔、戈德曼、萨特以及梅洛-庞蒂都以自己不同的方式推进了主体性的、人道主义的、黑格尔主义的马克思主义"②。从此,黑格尔主义的马克思主义便蔚然成风,并成为整个西方马克思主义研究的主导范式,当然这首先肇始于卢卡奇的《历史与阶级意识》。从此,马克思主义便以黑格尔主义的方式占据了法国"二战"后的整个理论舞台。而这也构成阿尔都塞与后结构主义面对马克思主义时的理论背景,阿尔都塞与后结构主义思想的兴起也意味着对传统法国马克思主义理论框架的抛弃。马克思主义研究的实质转换直至20世纪60年代开始,"1960年以后,马克思以一种不同的方式呈现出来,吸收新的思潮并且参与新的主题"③。这些新的思潮与主题便与结构主义、后结构主义的方法和规划息息相关。

在马克思主义黑格尔化的过程中,法共亦扮演了重要的角色,而阿尔都塞理论实践的最初目的就在于以一种理论的方式介入法共的政治。这种理论实践的目的就是直指法共内部的人道主义的马克思主义,这种状况源于苏共二十大以后,斯大林主义在理论上的破产,使得去斯大林化的过程中出现了以突出人的主题为中心的人道主义的解释。"斯大林的边缘化及其遗产留下了理论的空白,而这被由加罗蒂新确立的党内知识分子领袖主导的人道主义的马

---

① Simon Choat: *Marx through Post-Structuralism*, London: Continuum, 2010, p.10.
② Ibid.
③ Ibid., p.9.

克思主义所填补。党内黑格尔主义、人道主义的马克思主义的膨胀得益于外部理论运动的帮助:不仅有在马克思主义内部突出人的地位的本土思想的努力,也有将卢卡奇、柯尔施和马尔库塞翻译成法语的努力。因此,直到1960年,党内外的马克思主义都建基于黑格尔哲学中,从青年马克思思想中吸取养分:人成为马克思主义的中心。"①这在阿尔都塞看来则是重新坠入了资产阶级意识形态之中,因为,"以往的唯心主义哲学(资产阶级的哲学),其全部领域和阐述('认识论'、历史观、政治经济学、伦理学和美学等等)都建立在人性(或人的本质)这个总问题的基础上"②。阿尔都塞认为,这种重新滑回到资产阶级意识形态的趋势,不仅有曲解马克思主义的理论后果,更有重要的政治后果。所以,阿尔都塞才着重强调和论证马克思的"认识论断裂"、批判青年马克思思想中的黑格尔因素并且最终指向对黑格尔哲学的批判。因此,"阿尔都塞嘲笑人道主义,反对青年马克思,试图在马克思思想中清除掉黑格尔主义的残余,并且寻求建立将马克思主义视为一种科学的论述,同时称赞列宁。阿尔都塞的工作是独特的,并且难以将其简单地分类"③。正是阿尔都塞的这种独特路径,成为其与后结构主义相遇的重要契机。

后结构主义通过阅读马克思的文本来寻找对黑格尔哲学的批判,而这种"阅读"是借助阿尔都塞实现的。"对阿尔都塞的关注将会成为确立后结构主义对马克思阅读的独特性的一个重要步骤。"④阿尔都塞在《自我批判论文集》中提到他就马克思主义理论的澄清而诉诸的"三大批判"即对人道主义、历史主义和黑格尔的批判。正是在这"三大批判"中,后结构主义与阿尔都塞分享了共同的主题,"在阿尔都塞的工作中,我们发现了后来的后结构主义与马克思结合的先驱。阿尔都塞对'3H'有着自己的斗争,并且在将

---

① Simon Choat: *Marx through Post-Structuralism*, London: Continuum, 2010, p.11.
② [法]阿尔都塞:《保卫马克思》,顾良译,北京:商务印书馆,2006年,第223页。
③ Simon Choat: *Marx through Post-Structuralism*, London: Continuum, 2010, p.18.
④ Ibid., p.17.

马克思定位为反人道主义、反历史主义和反黑格尔主义的论述中,阿尔都塞预测到了后来被利奥塔和德里达、福柯和德勒兹所提出的诸多主题"①。后结构主义借助阿尔都塞的论述,主要表现在对马克思哲学的定位及其与黑格尔的关系,其在很大程度是循着阿尔都塞敞开的主题向前走,而不是在实质的内容上受阿尔都塞的影响。因为后结构主义以其自身的方式推进了由阿尔都塞所暗示的相关主题的研究。在此意义上,阿尔都塞对后结构主义的影响主要表现在理论框架上,表现在后结构主义接近马克思的方式及其反对黑格尔的方式。

首先,让我们来看看阿尔都塞如何以将马克思从黑格尔哲学中拯救出来的方式影响了后结构主义。与阿尔都塞的理论规划一样,后结构主义对黑格尔的社会总体论持批判态度,因为两者都对本质主义的论述加以批判。阿尔都塞批判黑格尔的"总体"范畴在于其具有双重的本质主义诱惑:"因为在所谓的总体里面总会出现双重的诱惑,一方面使我们把它看作一种将一切表现形式饱览无余的、无所不在的本质,另一方面(其实是一回事)又使我们把它看作一个圆圈或者球体(这个隐喻使我们再次想起黑格尔),并在那里面发现一个可以作为它的本质的中心。"②对本质主义的反对是后结构主义理论规划的主要内容之一,阿尔都塞对黑格尔本质主义的批判正好符合后结构主义的理论旨趣,"像阿尔都塞一样,德勒兹并不希望依靠黑格尔主义本质与现象二分以及将社会视为一个有机总体或固定统一性的方式来思考社会"③。德勒兹以"社会机器"概念表达各社会内部差异化的且流动性的连接,以此来对抗黑格尔的总体范畴。在这一点上,阿尔都塞无疑是后结构主义的先驱,因此,"德勒兹认为,阿尔都塞因为他的'使马克思从黑格尔中解放出来'

---

① Simon Choat, *Marx through Post-Structuralism*, London: Continuum, 2010, p.18.
② 陈越编:《哲学与政治:阿尔都塞读本》,长春:吉林人民出版社,2003年,第191页。
③ Simon Choat, *Marx through Post-Structuralism*, London: Continuum, 2010, p.135.

的工作而值得被赞扬"①。也就是说,阿尔都塞通过批判黑格尔本质主义的方式使得马克思与马克思主义能够获得一种新的理论效应,而后结构主义正是以这种方式接近马克思。为了实现马克思与黑格尔的决裂,阿尔都塞通过多元决定、结构因果性来阐述马克思的辩证法之于黑格尔辩证法的差别,从而在多元和差异存在的社会中实现与黑格尔哲学的决裂。最后,阿尔都塞以偶然唯物论的方式达到了对黑格尔哲学的彻底批判即观念论批判。阿尔都塞晚期对观念论的定义及其批判,更是与后结构主义有着相互影响的关系。在《相遇的哲学》中,阿尔都塞指出:"我想,我们可以通过这个事实来指认观念论,即观念论被一个分为两方面的单一问题所萦绕,因为理性的原则既与起源有关,又与目的有关:事实上,起源非常自然地一直与目的相关。进一步说,在观念论中,起源的问题是一个源于目的问题的问题。通过预测自身,目的(世界的意义、历史的意义、世界和历史的终极目的)将自身回投到并且回投进起源的问题中。任何事物的起源问题一直表现为一种观念的功能即它拥有它的目的。"②乔特在《马克思穿越后结构主义》一书中认为,阿尔都塞对观念论的定义为后结构主义真正阅读马克思、阅读唯物主义提供了重要的理论资源。"我将使用的观念论观念是借助于另外一个思想家:路易·阿尔都塞。对于阿尔都塞来说,观念论是关于起源和目的的哲学,它依靠于一种本体论——在此用世界的本质属性概念来定义——和一种目的论——将所有事件与预先建立的目的相联系。为了寻求颠覆马克思的本体论和目的论,后结构主义推进了阿尔都塞的观念论批判,揭示了一种不同的马克思并且帮助我们思考唯物主义是什么样的。"③在这个意义上,后结构主义的观念论批判是源于阿尔都塞对观念论的界定与批判。当然这里有一个重要的关节点在于阿尔都塞对观念论的批判是为了批判对马克思主义进

---

① Simon Choat: *Marx through Post-Structuralism*, London: Continuum, 2010, p.131.
② Louis Althusser: *Philosophy of the Encounter*, edited by François Matheron and Oliver Corpet. London·New York: Verso, 2006, pp. 217-218.
③ Simon Choat: *Marx Through Post-Structuralism*, London: Continuum, 2010, p.3.

行的粗俗理解,这主要表达为第二国际的经济决定论,经济决定论认为只要颠倒黑格尔便成了马克思,即用物质、经济取代黑格尔的精神,而这在阿尔都塞看来仍然是观念论的变种。可见,阿尔都塞对观念论的批判不仅是对黑格尔哲学的批判,而且也是对庸俗马克思主义的批判,而这是后结构主义能够真正阅读马克思的理论前提。

其次,阿尔都塞的理论反人道主义及其对主体性概念的批判,是后结构主义对主体解构的理论先声。为了解构主体概念,阿尔都塞一方面批判主体概念是伴随着资产阶级意识形态而兴起的,其只是时代产物。更加彻底的做法是,为了打破主体概念的假象,阿尔都塞批评黑格尔哲学并非以主体为中心概念,因为在"自然哲学"阶段,主体根本就不存在。最后,阿尔都塞诉诸意识形态理论的质询功能而将主体予以解构,并用意识形态取代了主体概念,"通过归纳,意识形态的功能导致了主体的创造,但这里的主体绝对服从他们被指定的位置。就像被神秘化的神秘力量客体一样,这些客体是由新的历史主体(意识形态)呈现出来的"[①]。基于此,阿尔都塞以意识形态的功能来解构主体所具有的独立存在,而将其打发为一种意识形态的产物。而主体的功能只能通过意识形态和结构的安排才能实现,于是结构便成为规定主体地位及其角色功能的基本要素。这便是结构主义对主体的解构,这样一种由意识所建构的主体到由意识形态和结构所塑造的主体的转变,被视为从现象学到结构主义的转变。德里达和福柯早年都在结构主义的思潮中汲取养分,"德里达一开始就是一位结构主义思想家,尽管他站在洁身自好的立场上:'因为我们还要依靠结构主义的丰富多产养家糊口,所以摧毁我们的梦想有些为时尚早'。当然,这只是在 1963 年,那时这个前程似锦的纲要依然容光焕发;德里达热情洋溢地赞美结构主义,在他看来,结构主义远不只是一种简单的方法或新的思想形式。那

---

① [法]弗朗索瓦·多斯:《从结构到解构:法国 20 世纪思想主潮(上卷)》,季广茂译,北京:中央编译出版社,2004 年,第 410 页。

时候,结构主义是一种全新'观测探险,是关于质疑任何对象的方式的改变'"①。而早年的福柯所撰写的《规训与惩罚》就通过规训与身体的维度而不是主体的维度,来描述历史,而后来的《词与物》、《知识考古学》更是在一种是结构主义历史化的操作中反对主体,"无论如何,《词与物》和《知识考古学》是血肉相连的。它们同是由结构主义遗产支撑的,还一同抨击主体论;因为即使福柯走向了历史化,问题的焦点依然是主体,如同它在结构主义最初的日子里那样"②。可见,福柯对知识类型的探索形成于结构主义范式转变的时期,这使反人道主义、反主体、历史化的描述应用于新的知识类型。在福柯看来,传统的知识类型是以主体自觉的理性建构为主的知识,其中最核心的环节就是主体建构。"《知识考古学》的主题包含着肯定和否定的两个方面:肯定方面是阐述以话语构成理论为基本内容的考古学,否定方面是清除认识论的障碍——人类中心主义或人本主义。"③前个主题在《作者是什么》这篇文章中,福柯就通过"话语"的形式而避开"主体"。因为福柯认为,话语本身是被置放在社会制度、社会结构的系统中,这就使得话语本身不是出于主体的独特创作,而是被社会制度、社会结构所支配的。在这一点上,福柯与阿尔都塞站在了同一条战线上,这是为什么有人评论认为"福柯的'话语构成'实际上是'关于意识形态关系和意识形态对象构成的唯物主义历史理论。'这里暗示了福柯与阿尔都塞在理论上的同盟关系"④。而后一个主题对人类中心主义或人本主义的清除更是阿尔都塞反人道主义的主要内容。无论是德里达还是福柯,其理论实践一直沿用了脱胎于阿尔都塞的结构主义反人道主义,其中心环节就是使作者、主体和言说者非中心化。晚期阿尔都塞在《相遇的哲学》中更是放弃了主体概念而走向了"无主体的过程",而这

---

① [法]弗朗索瓦·多斯:《从结构到解构:法国20世纪思想主潮(上卷)》,季广茂译,北京:中央编译出版社,2004年,第27页。
② 同上书,第321页。
③ 刘北成编著:《福柯思想肖像》,上海:上海人民出版社,2001年,第197页。
④ 同上书,第209页。

与福柯反对主体、诉诸历史化的叙事异曲同工,而此时的阿尔都塞与后结构主义的关系更是相互影响的因素多于早期后结构主义直接受阿尔都塞的影响。

最后,阿尔都塞晚期的《相遇的哲学》中关于偶然、相遇及其"历史无主体的过程"等论述,与后结构主义对历史和资本主义社会的论述互为犄角关系。阿尔都塞的晚期思想在很大程度上是与后结构主义的论述是相互交织在一起的,甚至是受后结构主义的影响,"阿尔都塞的后期著作提供了证据显示他反过来受后结构主义影响"①。阿尔都塞在《相遇的哲学》中径直就将德里达、德勒兹归类为偶然唯物主义的思想之列,可见阿尔都塞后期阅读过他们的著作。在此,笔者不求细究阿尔都塞晚期思想与后结构主义之决定关系,而是尽力呈现两者在某些概念和基本判断上的一致性,以显示其学术关系。

本文第四章关于偶然唯物论的论述中已经提到,阿尔都塞将"虚空"作为偶然唯物主义的一个重要出发点。在论述斯宾诺莎的虚空思想时,阿尔都塞认为,"虚空是哲学本身",这来源于一种"批判的劳作","正如德里达所说的,源于海德格尔的'解构'的劳作"②。德里达将海德格尔的工作视为一种对传统哲学的解构,其自身亦是在"解构"的主题上展开其理论论述。阿尔都塞认为,这种解构清除了传统哲学的偏见,而将一种事实呈现出来。在阿尔都塞看来,这种解构便是偶然唯物主义的一个重要理论步骤,因为这体现了相遇的唯物主义的基本特征,"相遇的唯物主义就包含在如下的命题中……'延异'(dissemination)对于假定(postulate)——每个能指(signifier)都有一种意义——的首要性(德里达)"③。阿尔都塞认为,德里达的"延异"对于传统理论中的"假定"、"能指"而言,都是一种否定性的论述,说到底就是一种虚空。所以,阿尔都塞

---

① Simon Choat: *Marx through Post-Structuralism*, London: Continuum, 2010, p.8.

② Louis Althusser: *Philosophy of the Encounter*, edited by François Matheron and Oliver Corpet. London·New York: Verso, 2006, p.178.

③ Ibid., p.189.

在后面进一步强调指出否定、缺席对于在场的首要性时,便指出"换言之,这就是缺席对于在场的首要性(德里达)"①。德里达对"在场形而上学"的批判,正好契合了阿尔都塞相遇哲学的理论规划,这也意味着阿尔都塞本人对德里达著作的阅读并持认同态度。

在资本主义社会的分析上,阿尔都塞通过偶然唯物论来解读资本主义的生产方式,这集中表现在"货币所有者"与"劳动力所有者"之间的"相遇"。阿尔都塞说:"马克思解释道:资本主义的生产方式源于'货币所有者'与被剥夺到只剩下劳动力的无产阶级的'相遇'。"②阿尔都塞指出,正是这种"相遇"产生了并且得到持续存在,资本主义生产方式才得以继续,而阿尔都塞对"相遇"的发生与否所做的注释表明这个观点是源于德勒兹的《反俄狄浦斯》。③ 这表明了阿尔都塞在此问题上与德勒兹的相似性。但毫无疑问,"相遇"概念是由阿尔都塞率先提出来并运用于资本主义的分析,"德勒兹思考由阿尔都塞提出的相遇:自由工人与自由货币的相遇:'当没有规定性(unqualified)的财富与没有规定性的工人合流时,资本主义便诞生了。'准确说来,这是马克思所言说的,而德勒兹则是以阿尔都塞式的方式来阅读马克思:结合既不是必然的,也不是前定的,而是偶然,偶然相遇;相遇也可能不发生"④。在这个论述上,阿尔都塞与德勒兹的论述基本一致。这也是后结构主义对马克思理论遗产的继承,对马克思主义思想的拥抱,"这种拥抱简单地再次证明:用德里达的话来说,我们都是马克思的继承人,不管我们是否知道:如果不持续重申马克思的洞见,我们不可能谈论资本主义,不可能开始批判社会,甚至不可能叙写历史"⑤。而后结构主义对马克思的阅读则是中介阿尔都塞而实现的,这也是阿尔都塞被后

---

① Louis Althusser: *Philosophy of the Encounter*, edited by François Matheron and Oliver Corpet, London・New York: Verso, 2006, p.191.
② Ibid., p.197.
③ 详见 Louis Althusser: *Philosophy of the Encounter*, edited by François Matheron and Oliver Corpet, London・New York: Verso, 2006, p.197 以及第 207 的注释 65 页。
④ Simon Choat: *Marx Through Post-Structuralism*, London: Continuum, 2010, p.133.
⑤ Ibid., p.156.

结构主义赞扬的原因,"阿尔都塞对马克思的阅读被后结构主义赞扬是有充足的原因:后结构主义是建立在阿尔都塞工作的基础上,并且利用了阿尔都塞的洞见"①。

阿尔都塞的相遇的哲学及其反历史主义的思想,也是后结构主义对历史论述的一项重要参照系。阿尔都塞在《读〈资本论〉》中就专门对历史主义进行了批评,并且指出马克思主义不是历史主义。阿尔都塞指出,作为一切历史主义的基本结构的"同时代"范畴是黑格尔关于逻辑与历史统一的翻版,其抹杀了每一个时代的现实存在的差别,从而将"历史"变成了意识形态的历史。阿尔都塞指出,同时代作为一种结构,"被强加于马克思主义的整体结构,从而改变了马克思主义的整体结构,消除了它的不同层次之间的实际差别。马克思主义的历史就是'重新变成'意识形态的历史概念,时代的现实存在范畴和连续性范畴"②。阿尔都塞对历史主义的批判就是要将马克思关于社会存在的差异化表现出来,尤其是要表现政治、经济和意识形态层面的差异,而不是将其视为一种本质存在的同一化。

阿尔都塞对马克思历史理论的论述,首先是围绕着"马克思主义是不是历史主义"展开的,而这同时又与阿尔都塞称之为"经验主义意识形态"联系在一起。关于马克思主义与历史主义的关系问题,其实马克思主义理论内部早已有过论述,阿尔都塞之所以要重提此问题,在于其认为此问题"涉及历史唯物主义和辩证唯物主义之间的关系,也就是说,涉及作为整体来看的马克思著作的意义问题,最终涉及现实历史和马克思主义理论之间的关系"③。理论与现实及其历史的关系,是检验理论科学性的前提,马克思主义亦不例外。马克思主义之所以会引起诸多的"批评",其中很大一部分原因来自对马克思主义历史理论的指责,认为其并没有正确地描述

---

① Simon Choat: *Marx Through Post-Structuralism*, London: Continuum, 2010, p.156.
② [法]阿尔都塞、巴里巴尔:《读〈资本论〉》,李其庆、冯文光译,北京:中央编译出版社,2001年,第158页。
③ 同上书,第134页。

社会现实及其历史,同时对未来社会的建构带有目的论的倾向。就马克思主义历史理论的论述而言,当代理论界主要围绕两个主题展开,一个是所谓的"过渡理论"即各种社会生产方式及其所建构的社会形态之间是否存在必然的"过渡"理论,其代表作就是辛德斯与赫斯特的《前资本主义生产方式》,其主旨在于表明不存在一种能够普遍适用的生产方式过渡理论,认为其都带有目的论的倾向;其二是关于社会发展动力问题的讨论,其主题最终还是回归马克思主义理论中经济基础与上层建筑的关系问题,后马克思主义对经济决定论的拒斥,在一定的程度上就意味着对社会及其历史发展动力模式的思考,其实质指向其实是社会发展的未来向度应该基于何种规划,但其前提是对一种历史理论的基本判断。由此可见,关于马克思主义历史理论的探讨,其既关乎社会历史,又关乎现实存在,同时又指向未来社会的规划,正是在此意义上,阿尔都塞更加推崇马克思主义历史理论作为唯一的科学。从马克思指出"一切社会的历史都是阶级斗争的历史"时,马克思主义的历史理论就不仅仅是一种理论或历史学研究方法,其同时还与政治事件、阶级斗争与阶级利益相关联。所以,阿尔都塞说,马克思的科学发现是一种"政治事件","因为马克思的科学发现从一开始就已经是而且也越来越变成是一场激烈的和无情的阶级斗争的对象与赌注。在马克思说明人类的历史是阶级社会的历史,因此是剥削和阶级宰制的历史,因而最后是阶级斗争的历史,以及他说明剥削和资本主义宰制的机制时,它就直接跟统治阶级的利益相冲突了"。[①] 就马克思主义历史理论而言,阿尔都塞所要澄明的是,马克思主义的历史理论不是历史编纂学,而是关乎社会发展形态及其改造世界的理论,其根本目的在于澄清由经验主义意识形态遮蔽的社会现实,从而为把握社会现实和建立新世界提供理论支持。

在本章开始处,笔者就已经提到,阿尔都塞时代的马克思主义

---

① [法]阿尔都塞:《自我批评论文集》,杜章智、沈起予译,台北:远流出版社,1990年,第180页。

理论是处于危机中的马克思主义理论,其中很大一部分内容便是指向马克思主义的历史理论,而典型的论述便是把马克思主义的历史理论描述为一种历史主义。阿尔都塞认为这是一种彻头彻尾的误解,"这种误解在于这种一种'差错',这种差错把马克思主义**看作是**历史主义,更为激进的是,把它看作是'**绝对历史主义**'。这一论述所引起了关于历史科学同马克思主义哲学的关系,马克思主义理论同**现实历史**关系问题的争论"①。阿尔都塞明确地意识到,历史主义与人道主义是建立在同一意识形态框架之上,那么这种历史主义的解读,在特殊环境中亦发挥了重要的作用,但这都是一种暂时的策略性运用。阿尔都塞指出:"这种解释是在1917年革命前一个时期,特别是这一革命以后的年代里反对第二国际的机械论和经济主义的重要斗争中产生的。"②阿尔都塞承认这种解读的历史功绩"就像在二十大揭露'个人迷信'的教条主义的罪行和错误前夕重新复活的这种解释具有某些历史意义一样"③。人道主义与历史主义的解读,在早期虽然具有"革命"意义,但随着其自身逻辑的发展便脱离了马克思主义理论的基本精神,所以阿尔都塞说"这种复活绝不能成为我们判断它的初始状态的历史意义的标准"④。因为阿尔都塞清楚地看到,对马克思主义所做的历史主义的解读,最终会混淆马克思主义历史理论的对象,而这是马克思主义历史理论的最初出发点。

就历史理论的对象问题,阿尔都塞对历史主义进行了两项考察。第一,历史主义对马克思的误解,并且指出马克思关于历史理论的论述是历史主义。阿尔都塞将其论点概括如下:"关于历史对象的任何科学(特别是政治经济学)都涉及既与的历史对象、现实存在、已经成为过去历史的结果的对象。全部认识活动从现实存在

---

① [法]阿尔都塞、巴里巴尔:《读〈资本论〉》,李其庆、冯文光译,北京:中央编译出版社,2001年,第34页。
② 同上书,第135页。
③ 同上。
④ 同上。

出发,涉及已经生成的对象,因而只是现实存在对这个对象的过去的反映。"①阿尔都塞认为,历史主义所诉诸的方法是一种隐蔽的经验主义方法,其自身无法在诸多对象中发现能够真正表现现实存在的对象。这便涉及第二项考察,即"现实存在的'自我批判的特定条件'"。阿尔都塞说:"为了使现实存在的自我意识的回溯不再成为主观的,这个现实存在必须能进行自我批判,以便达到**科学自身**。"②这就要求历史本身跳出现实存在的范围,从而跳出经验主义的直接性。而对马克思主义做历史主义的解读,就是囿于时间逻辑的直接呈现,从而将马克思主义的历史理论打发为一种经验主义的意识形态。阿尔都塞说,这是黑格尔哲学的复活。

就历史主义在马克思主义理论内部而言,阿尔都塞着重分析了葛兰西的思想。阿尔都塞认为,葛兰西对马克思主义的历史主义的解读,源于克罗齐的影响,"葛兰西打算用费尔巴哈把思辨'颠倒'为'具体'哲学的相同的术语来对待克罗齐的历史主义。他要'颠倒'克罗齐的思辨的历史主义,使它重新用脚站立起来,成为马克思主义的历史主义,从而发现显示历史,'具体的'哲学"③。按照阿尔都塞的理解,葛兰西的"颠倒"在于切断与形而上学的联系,在于回归一种实践哲学,从而具有"批判的和论战的意义","这些论断的首要作用是:(1)根绝一切对马克思主义哲学的形而上学的解释;(2)以'实践'概念的形式指明在何处和如何建立马克思主义的概念,以便割断同先前的形而上学的一切联系"④。阿尔都塞在此之所以认同葛兰西对马克思主义的历史主义论述,关键在于葛兰西同时强调了马克思主义在具体现实中所具有的实践作用。正是在实践的名义下,葛兰西将"世界观"或"意识形态"转化为一种历史实践活动,正是在此意义上,阿尔都塞肯定了葛兰西的历史主义论述,

---

① [法]阿尔都塞、巴里巴尔:《读〈资本论〉》,李其庆、冯文光译,北京:中央编译出版社,2001年,第138页。
② 同上书,第139页。
③ 同上书,第153页。
④ 同上书,第145页。

并且指出"马克思主义只有在其理论本身中思考这种对历史、对社会各阶层乃至对人们日常行为的认识条件才能成为历史的理论"①。虽然在内容上,阿尔都塞认同葛兰西的论述,但就其概念表达而言,阿尔都塞认为其并没有提供积极的概念,因此在马克思主义理论内部容易引起误解。就葛兰西将克罗齐的"思辨的历史主义"转化为"具体的"历史主义而言,阿尔都塞认为其实际上是在强调马克思主义的唯物主义维度(历史唯物主义和辩证唯物主义)。但就葛兰西论述而言,阿尔都塞认为其会产生三个疑惑:第一,其只强调历史,而不强调唯物主义,因为其认为"唯物主义"与形而上学相关;第二,其只谈及历史唯物主义,忽视了辩证唯物主义;第三,葛兰西混淆了历史唯物主义和辩证唯物主义的区别。所以,阿尔都塞说:"葛兰西往往倾向于用同一个术语把历史科学理论(历史唯物主义)同马克思主义哲学(辩证唯物主义)统一起来,并把这种统一思考为一种'世界观'或一种总之能够同旧的宗教相比较的'意识形态',同时,他也倾向于按照'有组织'(即历史上占统治地位和起作用的)意识形态同现实历史的关系的模式来思考马克思主义科学同现实历史的关系并且最终按照能够说明'有组织的'意识形态同它的时代的关系的直接表现关系的模式来思考马克思主义的科学理论同现实历史的关系。在我看来,葛兰西成问题的历史主义就在于此。"②在此,阿尔都塞认为葛兰西通过"世界观"或"意识形态"来理解马克思主义的历史理论时,使得马克思主义理论失去了自身科学的性质,"葛兰西如此强调世界观同历史观在实践上的统一,以至于他忽视了马克思主义理论同先前的一切有组织的意识形态的区别。这个区别就是马克思主义理论的**科学**认识的性质。"③其次,这种直接的表现关系成就了葛兰西的绝对历史主义,这在阿尔都塞看来是混淆了马克思与黑格尔之间的区别。"由于他没有把马克思

---

① [法]阿尔都塞、巴里巴尔:《读〈资本论〉》,李其庆、冯文光译,北京:中央编译出版社,2001年,第146页。
② 同上书,第149页。
③ 同上书,第151页。

主义哲学同历史理论明确区分开来,马克思主义哲学也遭到了同样的命运:葛兰西把它同现实存在的历史直接联系在一起。这样,哲学就像黑格尔所希望的那样(克罗齐继承了这种观点)成为'哲学史',最终成为历史。一切科学,一切哲学就其现实基础来说都是现实历史,因此,现实历史本身也可以说是哲学和科学。"①这种直接的表现关系无疑是受黑格尔历史哲学的影响,阿尔都塞认为,这种直接的表现使得科学向历史的跌落是科学向经验主义意识形态的跌落,同时,这也表现了葛兰西否定了历史科学与马克思主义哲学之间的差别。在阿尔都塞看来,这种"跌落"仍然没有跳出费尔巴哈哲学的总问题,"从理论上把马克思主义解释为历史主义的做法并没有跳出费尔巴哈以来思辨同实践、抽象同'具体'的这种'颠倒位置'借以进行的**绝对界限**:这些界限是由升华为黑格尔思辨的经验主义的总问题所规定的,任何'颠倒位置'都不可能使我们摆脱这些界限"②。同时,这种"跌落"造成了马克思主义理论内部的重大误解,"对马克思主义的历史主义的解释会造成的最后结果是实践上否定历史科学(历史唯物主义)和马克思主义哲学(辩证唯物主义)之间的差别"③。就此而言,阿尔都塞对历史主义的批判,一方面在于指明此种解释重新复活黑格尔的本质,另一方面在于拯救辩证唯物主义;既保留马克思主义的科学性,又保留马克思主义哲学的革命性。

在此,马克思的"历史"概念便不再是以概念和人的本质的表现为依托的意识形态历史。这种对历史研究的差异化关注,也是后结构主义所关注的,尤其是福柯。福柯的《知识考古学》就在于为研究历史提供一种有关差异意识的方法论,"福柯认为,就历史研究而言,认识论已经发生了变化,即不连续性观念(包括不连续、断裂、临界点、界限、系列和转型等观念)在历史学中变得重要了。这种变

---

① [法]阿尔都塞、巴里巴尔:《读〈资本论〉》,李其庆、冯文光译,北京:中央编译出版社,2001年,第151页。
② 同上书,第157页。
③ 同上书,第156页。

化可以追溯到马克思,至今尚未完成"①。同时,"福柯还主张放弃'整体历史'意义上的'历史'概念。他认为,历史学正在从'整体历史'向'综合历史'转变。其差别在于,整体历史要重构整个文明,确立一个同质关系系统,而综合历史关注的是系列、区分、界限、层次的差异、变异、历时性具体事物,重复的特殊形式,各种可能的关系"②。不同之处在于,阿尔都塞是在与黑格尔的总体范畴以及人道主义斗争的理论批判中描述了历史主义的基本论述并加以批判,而福柯则是将这种对历史主义批判的历史研究方法运用到具体的专门史的研究中。"阿尔都塞对历史主义的批判,尤其是早期的《读〈资本论〉》中,与福柯对历史方法的声明有诸多平行之处。二者的不同可能在于阿尔都塞从事的是稍微有点抽象的,对传统历史的理论批判,而福柯在他的工作中实践了这种批判,通过将这种替代方法运用于研究真实的事件,而实践了这种批判。"③可见,对历史主义的批判在阿尔都塞的思想中还只是一个理论框架,而在福柯的工作中则已然成为研究历史的具体方法。

而阿尔都塞通过偶然唯物论论述世界由于原子偏斜相遇产生,从而描述历史并非如黑格尔所描述的那样,具有起点和终点,阿尔都塞晚期信奉一种偶然性的历史。阿尔都塞认为,历史是在形势与相遇中造就的,并且指出"我们必须将必然性思考为一种正在成为必然性的偶然相遇"④。尤其是后期阿尔都塞对尼采思想的关注,使得阿尔都塞对历史的论述更加倾向于后结构主义的论述,德勒兹在《反俄狄浦斯》中提及:"普遍历史就是偶然性历史,而不是必然性的历史。断裂、界限与非连续性。因为伟大的偶然是必然的,那么令人惊奇的相遇便在某个地方发生了,或在之前发生了,或者根

---

① 刘北成编著:《福柯思想肖像》,上海:上海人民出版社,2001年,第198页。
② 同上书,第200页。
③ Simon Choat: *Marx through Post-Structuralism*, London: Continuum, 2010, p. 105.
④ Louis Althusser: *Philosophy of the Encounter*, edited by François Matheron and Oliver Corpet. London · New York: Verso, 2006, p. 194.

本没发生。"①可见,就历史研究而言,晚期阿尔都塞与德勒兹基本走在了同一个方向上。

二、阿尔都塞的身体理论:身体、权力与意识形态

阿尔都塞在自传《来日方长》中提到:"最使我感到吃惊的是斯宾诺莎的**身体**理论,而心灵(被错误地翻译为灵魂和精神)是指观念,它自身被这个术语错误地表达。虽然我们忽视了太多的身体潜能,斯宾诺莎认为,身体作为一种潜能,其既是一种力量,也是一件对世界开放的、公正的礼物……正是斯宾诺莎在一个例子中惊人地认为:恐惧就是希望……身体与灵魂的关系是唇齿之间关系。"②阿尔都塞试图通过斯宾诺莎的身体理论来提升身体的地位,并实现与观念、心灵的平行存在,这也是阿尔都塞晚期寻求批判观念论的一条路径。阿尔都塞对观念论的批判,目的在于削弱思维或者精神对于身体的优势地位,这是自古希腊以降的传统即身体是灵魂的监狱。阿尔都塞认为其对斯宾诺莎的理论债务在于身体观念,并且指出斯宾诺莎所述的身体概念"具有'不为我们所知的'力量,当我们的身体发展了其倾向的活动性、它的美德(virtus)或力量时,心灵将会变得更加自由。因此,斯宾诺莎为我提供了一种身体的思想概念,或者说用身体思考的概念,或者更好地表达为身体自己的思想"③。在此,阿尔都塞显然是借助斯宾诺莎的思想来将身体与思维或心灵视为一体,相互不再是直接的单一决定关系。斯宾诺莎在《伦理学》中明确提到:"心灵与身体是同一个体,不过一时由思想这个属性、一时由广延这个属性去认识罢了。"④阿尔都塞将心灵与身体的平行存在比作类似于伊壁鸠鲁的原子平行论,任何一方都不

---

① 转引自 Simon Choat: *Marx through Post-Structuralism*, London: Continuum, 2010, p. 133.

② Althusser: *The Future Lasts A Long Time and The Facts*, London: Chatto & Windus, 1993, p. 218.

③ Ibid., p. 241.

④ [荷兰]斯宾诺莎:《伦理学》,贺麟译,北京:商务印书馆,1997年,第67页。

决定对方。斯宾诺莎的观点也表达了同样的内涵:"斯宾诺莎最著名的理论性论断之一就被称为平行论;它不仅在于否定心灵与身体之间有任何真实的因果关系,而且也不承认任何一方高于另一方。"①正是在这个意义上,身体从心灵、思维中解放出来并且展现其无限可能性。阿尔都塞认为,身体的内涵并不为我们所知晓,"因为我们仅仅知道两种属性,即广延与思维,所以我们并不知道身体的全部力量,正如当它开始思考时,我们并不知道欲望的这种未曾料到的力量。其他的属性涵盖了可能性与不可能性的全部范围。事实是存在着无数的属性,并且它们不为我们所知,并且为它们的存在打开了道路,为它们的偶然属性提供了一种开放的状态"②。正是基于斯宾诺莎的身体理论的启示,阿尔都塞逐渐意识到欲望、潜意识等对于人的重要性,所以他在自传中说:"我在这种相同的理论中,惊人地发现了弗洛伊德利比多概念的先声。"③这种对身体的欲望的生产能力的描述则在后来德勒兹的《反俄狄浦斯》中表现得淋漓尽致,德勒兹将生产与欲望等视为一个内在的原则关系,使其成为唯物主义精神病理学的主要对象。

阿尔都塞借助于斯宾诺莎的身体模式思考的并不是身体的各种功能形式,而是要指明身体本身所具有的无限属性,而这些属性是与思维、心灵等平行存在的。这就意味着思维、心灵对身体的贬低是无效的,而一切以心灵、思维、理性来描述、定义人类存在及其历史的图式都是片面的。这个意义上,身体也应成为塑造历史的重要因素,而福柯的《规训与惩罚》就是在此种意义上展开的。

而对身体与权力、意识形态之间关系的思考,仍然要回到1968年"五月风暴"中去。

---

① [法]德勒兹:《斯宾诺莎的实践哲学》,冯炳昆译,北京:商务印书馆,2005年,第21页。
② Louis Althusser: *Philosophy of the Encounter*, edited by François Matheron and Oliver Corpet, London · New York: Verso, 2006, p.177.
③ Althusser: *The Future Lasts A Long Time and The Facts*, London: Chatto & Windus, 1993, p.218.

"能掌握自己的身体吗?""她属于自己而不是国家""不能安置自己身体和不能决定如何运转者乃奴隶",这些都是 1968 年"五月风暴"的口号与标语,它们在申诉着身体的权利,以此来对抗僵硬的社会规制。这些口号与标语,从侧面表现了现代个人深层的生存状况与普遍的焦虑,而其矛头直指战后资本主义社会的现状。"二战"后资本主义社会在经济上获得了高速发展,这一方面得益于社会的集约化管理以及官僚制的高效率;另一方面更是强化了社会的官僚化。在这种背景中,年轻的一代便被笼罩在一种极其压抑的社会气氛中,"五月风暴"便是这种压抑的一次集中释放。从这个意义上讲,五月运动并不是工人运动的产物,而是一种新社会运动的雏形,表达着各种新的主题和需求,其目的直指常态社会、常态政治的压抑。正是在此意义上,社会成为一株食人花。而"五月风暴"对身体权利的申诉,表达的就是身体与政治、权力、意识形态的关系问题。在五月运动的触动下,福柯的《规训与惩罚》与德勒兹的《反俄狄浦斯》都是对此问题的回应,而阿尔都塞的《意识形态与意识形态国家机器》亦不例外。"与同时代的其他著作,例如德勒兹的《反俄狄浦斯》(1972)和福柯的《规训与惩罚》(1975)一起,阿尔都塞写于 1968 年动乱之后的论文《意识形态与意识形态国家机器》构成了对走向革命的失败的思考。"[①]这些著作都反映了对当代资本主义社会的批判,其落脚点就在于如何理解当代资本主义社会中个体与社会之间的关系问题。阿尔都塞的《意识形态与意识形态国家机器》就在于展示资本主义社会中意识形态国家机器无论是对人的肉体(镇压性的国家机器)还是对人的思维(意识形态国家机器)的钳制。在这种统治模式中,意识形态并不是以政治因素的外观出现的,而是作为一种复杂的社会功能而出现的。所以,福柯在《规训与惩罚》中指出:"对惩罚机制的研究并不单纯限于其'镇压'效应和'惩罚'效应,而是将它们置于惩罚机制可能产生的一系列积极效应中,即使这些积极效应乍一看似乎是边缘性的。这样也就是把惩

---

① Warren Montag: *Louis Althusser*, New York: Palgrave Macmillan, 2003, p.64.

罚视为一种复杂的社会功能。"①在这种"复杂的社会功能"中,个体无论在肉体上还是在精神上都受到相应的"矫正",比如监狱、教堂、学校等。而阿尔都塞认为正是意识形态国家机器扮演了这些"矫正"功能,才使得资本主义社会能够继续下去。

在阿尔都塞看来,意识形态的功能就在于生产关系的再生产,而生产关系的再生产根本上意味着阶级剥削的再生产。而阶级剥削在资本主义社会中表现为资产阶级对无产阶级劳动的剩余价值的榨取。在马克思看来,资本家与无产者通过缔结契约的形式即货币与劳动力的交换来实现合作。这看起来跳出了奴隶制时代靠肉体惩罚的方式来获得的合作。但是阿尔都塞认为这种所谓的"契约"是虚假的,其是由意识形态国家机器(教育体系)所灌输的结果。马克思说得很清楚,工人只有出卖自己的劳动力才能获得基本的生活资料,这些生活资料只足以维持工人的肉体生活需要以及繁衍下一代的需要,其条件都只是围绕着肉体的基本需求展开的。阿尔都塞否认这种将肉体与心灵分离的论述,即肉体惩罚时代已经进入历史,而资本主义社会是靠相互平等的自由契约而完成的。阿尔都塞认为,无论是肉体的惩罚还是平等契约合作,都是在意识形态国家机器的范围内完成的,且其物质形式都表现在警察、监狱、教堂、学校等设置中。"作为一个优秀的斯宾诺莎主义者,阿尔都塞反对这种站不住脚的对立,反对肉体与灵魂、强力与同意的分离,阿尔都塞改造了这个概念,但保留了其名字,剔除了其所有的内涵但保留了其物质存在。"②阿尔都塞通过意识形态所具有的物质存在属性,证明了肉体与灵魂、强力与同意分离的虚假性,进一步说明了资本主义社会中肉体、权力与意识形态的关系。福柯将资本主义的这种虚假性描述为一种"惩罚作用点的置换":"这样,在这种惩罚日益宽松的现象背后,人们可以发现惩罚作用点的置换,而且可以看

---

① [法]米歇尔·福柯:《规训与惩罚》,刘北成、杨远婴译,北京:三联书店,1999年,第24—25页。
② Warren Montag: *Louis Althusser*, New York: Palgrave Macmillan, 2003, p.65.

到,通过这种置换出现了一个新的对象领域,一个新的事实真理体系以及一大批在刑事司法活动中一直不为人们所知的角色。一整套知识、技术和'科学'话语已经形成,并且与惩罚权力的实践愈益纠缠在一起。"①福柯认为,虽然肉体酷刑的场面已经远离了现代社会,但是惩罚肉体的规训并没有减少,而只是置换了操作的地点,进入了纪律、监狱等领域。用阿尔都塞的话来说,意识形态国家机器成了新时代的刑罚场,其彻底性不仅在于对肉体的监控与惩罚,也在于对思维的"塑造"与"赋形",甚至在更严重的意义上控制着人们的记忆。在这个意义上,阿尔都塞与福柯有着深层的相似性,"对于阿尔都塞而言,意识形态被充分地物化,足以产生最终导致肉体急剧变化的召询,主体是通过这一变化而诞生的。'被召询的个体转变了。通过这种简单的肉体上的180度的转变,他变成了主体'。如果说规训机构并非国家意识形态机器,那么,它们之间毕竟存在着一些深层的相似性。首先,两者都是从纯物质的角度被思考的。它们是这样一些机制,其生产主要由与之相关的特殊的设备来承担,对于福柯来说,这些设备中当然包括一些人类的思想和知识;而对于阿尔都塞来说,它包括一些对统治阶级的描述。但是,这些机制只有从内在于纪律或意识形态机制的效率中获得自身的价值……其次,纪律和意识形态有一定的灵活性,例如它们为了增加活动能力可以放弃开始的那些沉重的设备。在召询过程中,意识形态倾向于弃置意识形态机器的特殊性,为了能同样在另外一些其镇压作用的国家机器中(例如警察)发挥作用。纪律在行为产生过程中以同样的方式分散于这个社会团体之中并在其中传播,以便处罚规范从此就可以互相沟通"②。同时,阿尔都塞拒绝将肉体与灵魂分开,并且认为国家机器(对肉体的镇压、改造)和意识形态国家机器(对思维的改造)是相互交织在一起的。"如果我们严格地理解

---

① [法]米歇尔·福柯:《规训与惩罚》,刘北成、杨远婴译,北京:三联书店,1999年,第24页。
② [英]莱姆克:《马克思与福柯》,陈元译,上海:华东师范大学出版社,2007年,第41—42页。

阿尔都塞的'我们用身体思考',那么我们将不再把暴力和意识形态之间的区别理解为外在和内在的区别、作用在身体上和作用在心灵上之间的区别。相反,我们被迫接受强力和同意的'同体性',即并没有单纯的对心灵的说理,除非这种说理被界定为它是内在于强力的,无论这种强力是强是弱,这里提到的强力或者是使我们遭受痛苦、灾难或死亡,或者是不为人们所知的物理的、控制着身体或空间,但并不带来痛苦与伤害。"① 正是在这个意义上,阿尔都塞才说,"意识形态把个人传唤为主体",即身体与心灵的同一。这同时也表述了身体、心灵与意识形态之间的关系。毫无疑问,在阿尔都塞看来,意识形态国家机器从肉体和心灵两个方面控制人,用福柯的话来说便是权力与身体的关系。从更广泛的意义上来说,这都属于"权力关系的外在方面"即"强调权力的外在方面,其特征之一就是通过自己的力量产生身体行为、联想以及最终产生一种主体—功能",而"阿尔都塞1970年发表的《意识形态与意识形态国家机器》以及福柯的1975年出版的《规训与惩罚》均走的是第一条道路(即外在方面)。尽管屈服于意识形态国家机器的逻辑与服从惩罚的逻辑不尽相同,但在这两种情况下,主体觉得是根据最初的一种个体形式被确定,这种形式是一种必要的虚构,目的是为了展示在社会关系中主体的产生。对于阿尔都塞来说,这就是要肯定'意识形态通过主体范畴的运转把具体的个体召询成具体的主体'。对于福柯来说,必须研究的是'一个人演变成主体的方式'。重要的是主体觉得被一种权力关系,即意识形态或纪律所确定,这一关系通过对主体的肉体和精神施加影响从而迫使他屈服"。② 福柯认为,惩罚"最终涉及的总是肉体,即肉体及其力量,它们的可利用性和可驯服性,对它们的安排和征服……权力关系直接控制它,干预它,给它打上标记,训练它,折磨它,强迫它完成某些任务、表现某些仪式和发

---

① Warren Montag: *The Soul is the prison of the body: Althusser and Foucault, 1970 - 1975*, Yale French Studies, No.88, 1995, p.69.

② [英]莱姆克:《马克思与福柯》,陈元译,上海:华东师范大学出版社,2007年,第40—41页。

出某些信号"①。而身体、权力与意识形态之间的关系问题更是成为当代激进政治理论对身体问题关注的焦点。通过对身体问题的关注来反映当代社会中的权力结构，从而为新社会运动提供更多突破口。

---

① ［法］米歇尔·福柯：《规训与惩罚》，刘北成、杨远婴译，北京：三联书店，1999年，第27页。

结　　语

　　1977年,阿尔都塞在法国政治科学学会发表了著名的演讲,演讲的题目叫作"马基雅维利的孤独",在这篇演讲中,阿尔都塞说道:"只要我们注意马基雅维利的思想给每一个试图面对它的人所强加的那种分裂,那么谈论他的孤独就是可能的。"①在笔者行将结束本书,试图给阿尔都塞思想一个清晰的轮廓时,笔者发现,原来阿尔都塞也是孤独的。这种孤独,在笔者看来,可能是源于某些误解,也可能是源于某种傲慢的理论主义偏见,这也许是因为阿尔都塞在理论与现实之间穿梭得过于频繁。

　　阿尔都塞之所以孤独,在于其思想不能被恰当地归类。就当代激进政治理论而言,阿尔都塞因为坚持马克思主义的基本原则而被视为不够激进;就马克思学而言,因为阿尔都塞过于激进而将马克思主义从黑格尔哲学中剥离出来,以致被指责其无视马克思主义的基本原则,矛盾的症结在于,两者都是从理论的纯洁性出发,以一种傲慢的理论主义来对待阿尔都塞的思想。诸之种种,阿尔都塞必然孤独,然而,此"孤独"正好显示了阿尔都塞思想之于马克思主义和当代激进政治理论的独特性。

　　前文提到,阿尔都塞的思想是马克思主义处于危机中的产物,它自身带有强烈的时代政治色彩,这是理解阿尔都塞思想的重要前提。对于马克思主义谱系的理论而言,现实的政治考量是不可缺少的环节。当然,这也是马克思主义备受诟病的原因之一,因为它不够纯粹从而不够哲学。任何一种哲学,只要跟政治交往过于亲密,

---

　　① ［法］阿尔都塞:《马基雅维利的孤独》,《现代君主论》,陈越译,上海:上海人民出版社,2006年,第101页。

都会招致理论的批评;更准确地说,任何一种哲学,只要跟同时代的政治交往过于亲密,都会招致同时代的理论批评。而当"同时代"成为历史时,当后来的理论家来重新研究其历史时,却会非常自然甚至赞许地认同这种哲学与政治的结合并佐证这种结合的正当性。为什么马克思却不能享此殊荣?因为马克思还处在"同时代"。因为马克思主义曾经在历史的运动中成了现实,不幸的是这种"现实"绑架了马克思主义,具有"历史现实"的现实都是沉重的,而马克思主义就是背负着这个沉重的"历史"一直都到今天。阿尔都塞就处于这段历史中并试图为马克思主义"减负"的思想家之一。

阿尔都塞对马克思主义的"减负"首先表现为著名的"认识论断裂",其旨在通过这种"断裂"来以一种新的范式解读马克思主义。作为诞生于19世纪的马克思主义理论,在其不断的诠释史中,呈现出不同的面向,这看似是理论的问题,在阿尔都塞看来则是与马克思主义的政治实践休戚相关的政治原则问题。阿尔都塞解读马克思主义的新范式就在于与当时盛行的人道主义解释相抗衡,其目的在于确立马克思主义理论之于传统理论的革命性,以此来彰显马克思主义理论指向现实的革命性。而在阿尔都塞看来,传统的回归黑格尔哲学解读马克思主义的理论,无疑是将马克思主义拉回到了其所批判的阵营中。然而,阿尔都塞的这种理论努力却被诺曼·莱文等马克思学家批评为缺乏文本的证据,但有一点毫无疑问的是,正如阿尔都塞所指出的:"马克思用完全新的、从来没有听过的、在旧的概念里找不到的概念,来取代历史哲学老旧的基本概念(我称之为观念)。在历史哲学谈论人、经济主体、需欲、需欲体系、市民社会、异化、窃盗、不公正、精神、自由——它们谈论'社会本身'——的地方,马克思开始谈论生产方式、社会形态、下层建筑、上层建筑、意识形态、阶级、阶级斗争等等。我总结说:马克思主义的概念体系跟马克思主义产生以前的观念之间是没有连续性存在。"[①]阿尔都塞

[①] [法]阿尔都塞:《自我批评论文集》,杜章智、沈起予译,台北:远流出版社,1990年,第182页。

的这个论断是能够在马克思的文献中得到验证的,当然我们不能否定在马克思的后期著作中仍然会出现一些旧的概念,但我们必须清楚地认识到的是马克思的概念体系所做出的基本改变,而这是谈论马克思主义理论独特性的关键所在。所以,在某种意义上,我们可以讲马克思学对阿尔都塞的"认识论断裂"所做的批评视为一种傲慢的编纂学。阿尔都塞为了将马克思主义解释为一种革命学说,以至于在理论层面上与黑格尔决裂,并且同时引入结构主义、精神分析、科学哲学以及后结构主义的资源,在这些复杂的思想资源中穿梭,其本身是要经受住巨大的理论冒险,但阿尔都塞关注的并不是理论上的细究而是如何使马克思主义理论再度成为革命的主体和身份。

在"认识论断裂"的基础上,阿尔都塞开启了重新解读马克思主义的新方式,笔者将此称为"新政治逻辑的开启",其核心就是意识形态理论。马克思、恩格斯时代,尤其是特殊的时代环境以及现实迫切的需要,意识形态理论并未在马克思、恩格斯的文献中占据重要位置。但随着资本主义生产方式的发展和无产阶级革命运动的走势,意识形态理论逐渐成为分析资本主义生产方式以及确立无产阶级革命实践策略的重要内容,这正是由阿尔都塞所开启的。当代激进政治理论对霸权问题的探讨以及对意识形态的探讨,都是在阿尔都塞意识形态理论基础上展开的,阿尔都塞对意识形态国家机器的分析更是将意识形态理论探讨转向实践分析。而阿尔都塞的意识形态理论对资本主义生产方式再生产的分析,有助于我们理解资本主义生产方式的一般原则以及在全球化时代,资本主义生产方式通过跨国公司、世界组织等方式实现的资本主义生产方式的再造。对这些问题的思考,是阿尔都塞意识形态理论向我们敞开的问题域之一。

阿尔都塞对马克思主义理论内部组成部分的考察,为在更加宽泛的理论范围内发展马克思主义理论提供了理论支持。阿尔都塞严格区分历史唯物主义与辩证唯物主义,将前者视为马克思主义理论的科学,后者视为马克思主义理论的哲学。通过这种区分,阿尔都塞提出了马克思主义哲学的历史任务,简单说来就是认识生产或理论实践,以此来为历史唯物主义提供新的概念和范畴。这种描述为辩证唯物主义的功能定位和马克思主义哲学谱系的推进提供了理论支持。马克思主义理论作为一种与现实紧密联系的学说，它必须是一种发展的学说，而不能是一种原教旨主义。而阿尔都塞对辩证唯物主义的功能定位，则是在理论层面上推进马克思主义理论打开了宽阔的领域，在此基础上，阿尔都塞将列宁主义、毛主义都视为辩证唯物主义理论实践的成果，视为马克思主义哲学的重要组成部分。从而也从反面印证了阿尔都塞对辩证唯物主义的定位，对于理解马克思主义理论发展的重要启示作用。阿尔都塞这种开放的态度和对理论实践的重视，为我们理解和分析激进政治理论提供了有效的批判尺度。同时也为我们在当今如何发展马克思主义理论提供了有益的理论尝试。而这是我们今天思考马克思主义理论命运所必须面对的现实的问题。

阿尔都塞对马克思的解读及其所形成的"结构主义的马克思主义"，为研究马克思主义与当代社会科学的关系提供了有益的尝试。马克思主义本身不是一成不变的理论，作为一种批判社会现实的理论资源，它不断地被当代社会科学所借鉴。而就马克思主义理论本身而言，其自身也在与当代社会科学的结合中不断地展示其理论生命力。例如当代激进地理学与马克思主义的结合所催生的历史—地理唯物主义，已成为批判社会现实的重要理论形态。马克思主义作为一种批判理论，其自身具有潜在的多维性，而这成为马克思主义与社会科学相结合的前提。阿尔都塞借助结构主义的方法解读马克思主义，目的在于使马克思主义的解释脱离旧哲学传统，从而成为一门科学。而在阿尔都塞的视域中，马克思主义作为一门科学是因为其自身所拥有的一整套把握和解释社会现实的概念。而马克思主义要在今天依然发挥重要的理论作用，其自身必须要与新的社会科学展开批判性对话，才能使马克思主义不断地回到当下的社会存在。

因为阿尔都塞的思想与论述缺乏严格的体系，很少有学者来系统地研究阿尔都塞对于当代激进政治理论的影响。但是，我们可以很明显地看到，当代激进政治理论的诸多代表，福柯、德里达、巴迪欧、墨菲、朗西埃尔、巴里巴尔等都是阿尔都塞课堂和讨论班的常客,其中大部分人是经由阿尔都塞而重新阅读了马克思。本书在新政治逻辑的开启、辩证法话语的激进化以及偶然唯物论和辩证唯物主义的重建中,对当代激进政治关于霸权理论、空间辩证法以及事件政治学都有过理论上的阐发,并且在最后一章关于阿尔都塞的理论遗产中,详细分析了阿尔都塞对于当代激进政治理论的影响。这是一项艰辛的理论进程,因为其本身缺乏丰富的直接材料,但这并不妨碍我们来论述两者之间的关系,正如德里达所说的,阿尔都塞的思想已经成为我们时代的思想背景,激进政治理论都在不同程度上受其影响。当阿尔都塞的思想融入当代激进政治理论的思想背景中去时,其影响便是真实而模糊的。

就当代激进政治理论与阿尔都塞的关系而言,本书有过详细讨论,在此需要加以强调的是,当代激进政治理论对阿尔都塞思想是否具有原则性的批判?在笔者看来,当代激进政治理论批判阿尔都塞仍然没有走出同一性话语的支配,但其自身却在霸权实践链接中寻求某种变形的"同一性";当代激进政治理论批判阿尔都塞关于"经济决定论"的论述,其自身却在阿尔都塞开创的多元决定论的道路上深化了政治因素在实践中的作用;当代激进政治理论批判阿尔都塞的意识形态理论,但其自身却在主体与话语的关系中探讨意义的同一性问题,而阿尔都塞关于言说的论述恰是以主体与话语的关系为基本结构。诸之种种都表明当代激进政治理论话语本身仍然在某种程度上与阿尔都塞所开启的新政治话语联系在一起,而差别在于当代激进政治理论面临的是后工业时代的资本主义社会,同时又是一个革命主题渐行渐远的社会,其自身的话语立场本身就缺乏严格一致的论调。正如西姆在《后马克思主义思想史》中所说的:"阿尔都塞是一个有趣的例子,因为具有讽刺意味的是,他的计划是恢复马克思主义的理论权威,反而为后马克思主义规划开辟了一些非常有希望的探究路线。"[①]阿尔都塞试图通过重新解读马克

---

① [英]斯图亚特·西姆:《后马克思主义思想史》,吕增奎、陈红译,南京:江苏人民出版社,2011年,第29页。

思主义理论,使其重新回到当下的社会现实。而这种理论的努力所呈现出来的与当代人文社会科学的相结合,使得马克思主义理论本身也在随之改变,而作为当代激进政治重要代表的后马克思主义就在马克思主义理论的这种改变中,逐渐发展出了自身的理论规划。

本书最后的旨趣在于通过上述探讨,重新定位阿尔都塞在马克思主义理论、西方马克思主义和当代激进政治理论中的地位。阿尔都塞的哲学思想是马克思主义处于危机中的产物,阿尔都塞的思想历程体现了身处社会断裂时期的这一代马克思主义者,为挽救马克思主义理论所做出的艰难抉择。这种艰难的抉择,不仅反映了马克思主义理论自身的自我重塑,而且意味着马克思主义理论必须寻求更加切近的通达社会现实之路。而阿尔都塞的一生及其思想历程,从一个侧面反映了马克思主义理论自我重塑的内在重要性。

参 考 文 献

中文文献

1. 马克思、恩格斯. 马克思恩格斯选集(第一卷)[M]. 北京：人民出版社,1995.
2. 马克思、恩格斯. 马克思恩格斯选集(第二卷)[M]. 北京：人民出版社,1995.
3. 马克思. 资本论(第一卷)[M]. 北京：人民出版社,2004.
4. 列宁. 列宁选集(第三卷)[M]. 北京：人民出版社,1995.
5. [法]阿尔都塞,顾良译. 保卫马克思[M]. 北京：商务印书馆,2006.
6. [法]阿尔都塞、巴里巴尔,李其庆、冯文光译. 读《资本论》[M]. 北京：中央编译出版社,2001.
7. [法]阿尔都塞,唐正东、吴静译. 黑格尔的幽灵[M]. 南京：南京大学出版社,2005.
8. 陈越编. 哲学与政治：阿尔都塞读本[M]. 长春：吉林人民出版社,2003.
9. [法]阿尔都塞,杜章智、沈起予译. 自我批评论文集[M]. 台北：远流出版社,1990.
10. [法]阿尔都塞,莫立知译. 致我的英语读者[J]. 马列主义研究资料,1983,5.
11. [法]阿尔都塞,陈越译. 马基雅维利的孤独[J]. 现代君主论[M]. 上海：上海人民出版社,2006.
12. 毛泽东. 毛泽东选集[M](第一卷). 北京：人民出版社,1991.
13. [英]柯林尼可斯,杜章智译. 阿图塞的马克思主义[M]. 台北：远流出版公司,1990.
14. [英]佩里·安德森,高铦、文贯中、魏章玲译. 西方马克思主义探讨[M]. 北京：人民出版社,1981.
15. [美]诺曼·莱文,臧峰宇译. 不同的路径[M]. 北京：北京师范大学出版社,2009.

16. [英]戴维·麦克莱伦,李智译.马克思以后的马克思主义(第三版)[M].北京:中国人民大学出版社,2008.
17. [比]J.M.布洛克曼,李幼蒸译.结构主义:莫斯科—布拉格—巴黎[M].北京:商务印书馆,1981.
18. [法]弗朗索瓦·多斯,季广茂译.从结构到解构:法国20世纪思想主潮(上、下卷)[M].北京:中央编译出版社,2004.
19. [美]亚瑟·希尔施,龙溪译.阿尔都塞和结构主义马克思主义的兴起[J].马列主义研究资料,1983,5.
20. [法]德勒兹,冯炳昆译.斯宾诺莎的实践哲学[M].北京:商务印书馆,2005.
21. [法]雷蒙·阿隆,姜志辉译.想象的马克思主义[M].上海:上海译文出版社,2007.
22. [匈]卢卡奇,杜章智等译.历史与阶级意识[M].北京:商务印书馆,2004.
23. [美]爱德华·W·苏贾,王文斌译.后现代地理学[M].北京:商务印书馆,2004.
24. [法]德里达、卢迪内斯库,苏旭译.明天会怎样[M].北京:中信出版社,2002.
25. [法]米歇尔·福柯,钱翰译.结构主义与后结构主义,福柯集[M].上海:上海远东出版社,1998.
26. [法]米歇尔·福柯,刘北成、杨远婴译.规训与惩罚[M].北京:三联书店,1999.
27. [法]米歇尔·福柯,严锋译.权力的眼睛:福柯访谈录[M].上海:上海人民出版社,1997.
28. [英]尚塔尔·墨菲,王恒等译.政治的回归[M].南京:江苏人民出版社,2005.
29. [英]莱姆克,陈元译.马克思与福柯[M].上海:华东师范大学出版社,2007.
30. [法]米歇尔·福柯,刘北成、杨远婴译.规训与惩罚[M].北京:三联书店,1999.
31. [日]今村仁司,牛建科译.阿尔都塞:认识论的断裂[M].石家庄:河北教育出版社,2001.
32. [美]诺曼·莱文,张翼星等译.辩证法内部的对话[M].昆明:云南人民出版社,1997.

33. [英]斯图亚特·西姆,吕增奎、陈红译.后马克思主义思想史[M].南京:南京人民出版社,2011.
34. [荷兰]斯宾诺莎,贺麟译.伦理学[M].北京:商务印书馆,1997.
35. [英]里格比,吴英译.马克思主义与历史学[M].南京:译林出版社,2012.
36. [法]安琪楼·夸特罗其、汤姆·奈仁,赵刚译.法国1968:终结的开始[M].北京:三联书店,2001.
37. [法]让-皮埃尔·勒·戈夫,胡尧步等译.1968年5月,无奈的遗产[M].北京:中国青年出版社,2007.
38. [美]马克·科兰斯基,程洪波、陈晓译.1968:撞击世界的年代[M].北京:三联书店,2009.
39. [法]皮埃尔·布尔迪厄,刘晖译.帕斯卡尔式的沉思[M].北京:三联书店,2009.
40. [德]海德格尔,孙周兴译.关于人道主义的书信[J],路标[M].北京:商务印书馆,2001.
41. [法]列斐伏尔,陆扬等译.资本主义的残存[M],转引自第三空间[M].上海:上海教育出版社,2005.
42. [斯洛文尼亚]斯拉沃热·齐泽克,季广茂译.意识形态的崇高客体[M].北京:中央编译出版社,2002.
43. [斯洛文尼亚]斯拉沃热·齐泽克,孙晓坤译.敏感的主体[M].南京:江苏人民出版社,2006.
44. [斯洛文尼亚]斯拉沃热·齐泽克等,胡大平译.偶然性、霸权和普遍性[M].南京:江苏人民出版社,2004.
45. [英]恩斯特·拉克劳、查特尔·墨菲,尹树广、鉴传今译.领导权与社会主义的策略[M].哈尔滨:黑龙江人民出版社,2003.
46. [美]埃伦·梅克辛斯·伍德等主编,郝名玮译.保卫历史:马克思主义与后现代主义[M].北京:社会科学文献出版社,2009.
47. 刘北成编著.福柯思想肖像[M].上海:上海人民出版社,2001.
48. 俞吾金.意识形态论[M].上海:上海人民出版社,1993.
49. 张一兵.问题式、症候阅读与意识形态[M].北京:中央编译出版社,2003.
50. 包亚明主编.现代性与空间的生产[M].上海:上海教育出版社,2003.
51. 周凡主编.后马克思主义:批判与辩护[M].北京:中央编译出版社,2007.
52. 李青宜.阿尔都塞与"结构主义的马克思主义"[M].沈阳:辽宁人民出版社,1986.

53. 孟登迎. 意识形态与主体建构[M]. 北京：中国社会科学出版社,2002.
54. 凌新. 阿尔都塞后期哲学思想研究[M]. 武汉：湖北长江出版集团,2009.
55. 汪民安编. 生产（第六辑）：五月风暴四十年反思[M]. 南宁：广西师范大学出版社,2008.
56. 韩潮编. 谁是马基雅维利：思想史研究[M]（第8辑）. 上海：上海人民出版社,2010.
57. 复旦大学当代国外马克思主义研究中心编. 国外马克思主义研究报告2011[M]. 北京：人民出版社,2011.

外文文献

1. Louis Althusser. *For Marx* [M]. translated by Ben Brewster. London; New York: Verso, 2005.
2. Louis Althusser, Étienne Balibar. *Reading Capital* [M]. translated by Ben Brewster. London: NLB, 2006.
3. Louis Althusser. *Machiavelli and Us* [M]. edited by François Matheron; translated withan introduction by Gregory Elliott. New York: Verso, 1999.
4. Louis Althusser. *The Humanist Controversy and Other Writings* [M]. G. M. Goshgarian translator. London: Verso, 2003.
5. Louis Althusser. *Philosophy of the Encounter* [M]. edited by François Matheron and Oliver Corpet. London; New York: Verso, 2006.
6. Louis Althusser. *Lenin and Philosophy, and Other Essays* [M]. translated from the French by Ben Brewster. New York: Monthly Review Press, 1972, c1971.
7. Louis Althusser. *The Future Lasts a Long Time and the Facts* [M]. London: Chatto & Windus, 1993.
8. Paul Ricoeur. Althusser's Theory of Ideology[J]. *Althusser: A Critical Reader* [M]. edited by Gregory Elliott. Oxford UK & Cambridge USA: Blackwell Publishers, 1994.
9. Gregory Elliott. *Althusser: A Critical Reader* [M]. Oxford UK & Cambridge USA: Blackwell Publishers, 1994.
10. Gregory Elliott. *Althusser: The Detour of Theory* [M]. Leiden · Boston: Brill, 2006.
11. Ernesto Laclau and Chantal Mouffe. *Hegemony and Socialist Strategy* [M]. London · New York: Verso, 2001.

12. Alex Callinicos. *Althusser's Marxism*[M]. London: Pluto Press, 1976.
13. Mikko Lahtinen. *Politics and Philosophy: Niccolò Machiavelli and Louis Althusser's Aleatory Materialism*, Leiden · Boston: Brill, 2009.
14. Margaret A. Majumdar. *Althusser and the End of Leninism?* [M]. London: Pluto Press, 1995.
15. Simon Tormey and Jules Townshend. *Key Thinkers from Critical Theory to Post-Marxism*[M]. London: Sage Publications, 2006.
16. Simon Choat. *Marx Through Post-Structuralism*[M]. London: Continuum, 2010.
17. Andrew Levine: *A Future for Marxism: Althusser, the Analytical Turn and the Revival of Socialist Theory*. London: Pluto Press, 2003.
18. Warren Montag. *The Soul is the Prison of the Body: Althusser and Foucault, 1970 - 1975*[J]. Yale French Studies, No. 88, 1995.

后　　记

　　哲学一觉十年梦。十年前，自凭对生活的感悟，以为霜刃在手，毅然接受了单调而精致的哲学专业，开始了长达十年的专业学习。在浩瀚繁赜的文献中，寻求确证自我感受的碎片，并试图得到一种理论的表述。十年后，在我的博士论文完稿之时，我坦然却戚戚然地觉得，当年"霜刃"只是砍出了一尊线条粗犷、神情模糊的塑像，仍未来得及精雕细琢，更不要说窥探其处处不动尊的内心世界。哲学于我而言，还只是一个模糊的轮廓，而这篇论文只是专业学习的理论表述。但就十年哲学学习的感受而言，它显得过于冰冷与单薄。

　　人生若只如初见。十年前，我在赣西的一个山村收到了被调剂到哲学专业的大学录取通知书，从此，"哲学"一词便真正开始进入我的观念中。在专业学习之初，面对光怪陆离的思想盛宴和摧枯拉朽的思想冲击，一种崭新而深邃的观念世界与生存经验，深深激起了我这个混沌小子的内心想象，她像是一片日渐枯萎的树林，正是那瞬时的雷声电火，摧毁了残枝败叶，为新生腾出了空间。对于一个一度只知道蛮读教科书的人来说，哲学无疑为我打开了一个新的世界，经历着一种洗心革面的想象与涤荡。也正是在这种想象和涤荡中，开始了专业学习之路。在这林中路的路标中，我选择了马克思主义哲学，选择了阿尔都塞作为专业的主攻方向。之所以选择马克思主义哲学，乃是为了满足一个自私的愿望。原本填报政治学专业的我，仍然期望在马克思主义哲学中找到政治理论的切入口。而在接触到阿尔都塞的文献后，我欣然地发现"哲学与政治"在阿尔都塞的思想中是如此唇齿相依。于是，我就本质般地选择了阿尔都塞思想作为博士论文的核心议题。当然，选阿尔都塞，还有一种致敬的意味。通观阿尔都塞的生平和学术生涯，一个早期如此内伤的自闭者,一个走在学术与疯癫边缘的孤独者,在时代与思想的剧烈变迁中,选择如何拯救与放弃,更是见证了观念与现实的无休辩证与浪漫想象。这是一位用生命追求学术的人,值得我向其致敬,以博士论文之名。

我本愚拙,身无长物。然而,经过十年的哲学教育,我开始摸索到生活的信心和态度,特别是在家庭突遭变故之时,更能体会哲学给予我生活态度的可贵之处,更能体会观念、思想、意识对于生命的重要。观念的改变远胜一切有形的变迁,它是唯一能够自给自足和自我控制的东西,它就是一种自由。我必须感谢哲学给予我的这种自由感,更要感念那些引我进入哲学、走出哲学的启蒙老师和授业恩师。首先,我必须感谢我的导师邹诗鹏教授,十年的师生情谊足以证明情深意切。十年来,邹老师就像古时师傅带徒弟一般,手把手教会了我为人为事为学的原则,使我日渐成熟起来,这不仅是导师的职责,更像是家长的教诲。一日为师,终生为父。拜谢邹老师!同时,在复旦大学求学的六年,感谢吴晓明老师、孙承叔老师、陈学明老师、冯平老师、王德峰老师、郑召利老师、王金林老师、汪行福老师、张双利老师的精彩课程和专业指导。感谢胡华忠老师、邵强进老师、郁喆隽老师和盛情老师在学习生活和工作择业上的大量帮助!最后还要感谢我的启蒙老师欧阳康老师、邹诗鹏老师、马天俊老师、张廷国老师和张建华老师,感谢他们把我带入哲学的殿堂,并时时关心我的学习和择业!

十年寒窗的哲学学习,在这种理论艰涩与思想冲击的"折磨"中,更需要些真性情的朋友来化解其中的"戾气",感谢廖晓炜、李光耀、司强、马碧霄、刘瑞明、黄铭、徐波等,正是因为在与他们的交流和相互鼓励中,生活的真实感才使我走到今天,谢谢我的朋友们!

父母之恩,本是不言自明,但我希望他们能够和我一起参与我生命中重要的时刻,作为一种回报,这简直就太过于狭隘,也许正是这种狭隘才显得其纯粹。父母一生,清贫劳累,无怨无悔,也许只有理论的纯粹性才能配得上这恩情的纯粹。姑父姑母是我的再生父母,没有他们的资助和鼓励,不可能有我的今天,感谢他们!最后,还要感谢我的女友康宇,与她相处的时光,正是我遭家庭变故和博士论文的写作之时，也正是她的相依为伴和鼓励支持，使我坦然地面对生活和顺利地完成学业。

"外师造化，中得心源"，这是我平日里最喜欢的一种理念。哲学学习的十年是沉浸在理念中的十年，悬梁刺股诸般苦，不为书内黄金屋。我相信这种理念生活已经成为我的习惯之一。

以上内容是我博士论文完成之际撰写的"后记"。在我的博士论文即将付梓之际，我内心思绪万千。博士毕业之后，我到东南某省委办公厅工作了半年，在这半年中，我在一个全新的环境中开始了远离"学术"的工作与生活，体验了一种完全不同的存在状态，平添几分对生活的感悟。随后，我选择回母校进行教学和理论研究工作，虽然这"迂回"的半年时间不算长，但也体会到了社会生活的不同维度，特别是由于工作的性质，更是接触到了之前靠"想象"猜测的诸多内容。这半年的体会，对于一个进行理论研究的人来说，无疑是一种有益的补充和"遭遇"，有助于我思考中国社会的现实问题。

今天我能够重新回到熟悉的校园和讲台，得益于老师们的抬爱和支持，感谢吴晓明老师、邹诗鹏老师、高国希老师、肖巍老师、汪行福老师、王金林老师、张庆熊老师、胡华忠老师，同时也要感谢我曾经的工作单位领导对我选择的理解和支持以及给予的方便。

感谢复旦大学研究生院、党委宣传部和复旦大学出版社将本书收入"复旦博学文库"的首批出版计划，感谢编辑方尚芩的辛苦工作！

文章千古事，得失寸心知。本书的内容基本保留了博士论文的原样。现在看来，其中有些部分仍有改进的余地，但出于对纯粹学生时期完整性的尊重和回忆，我放弃了修改。放弃修改并不意味着放弃进一步研究的责任，我将在这种"完整性"与"不完美性"的基础上，继续这未完成的规划。

初写于复旦大学哲学学院资料室
2013 年 5 月 24 日
修改于复旦大学光华楼
2014 年 9 月 18 日

索　引

阿尔都塞　1－29,31,32,34－40,42－44,46－151,155－227,229－255,257－266,268

巴迪欧　7,19,128,139,186,225,260

霸权　12,19,21,27,38,42,47,49,50,52,56,66,115－118,121,176,178,182－184,186,206－208,210－217,219,221－229,231,259,261,265

辩证法　1,3,4,9,12－14,26,27,42,44,48,49,123－133,135－146,149,151,152,155－158,190,197,198,206,216,217,219,228,230,231,238,261,264

辩证唯物主义　1,2,4,9－11,15－17,25,26,39,42－44,48,52,111,115,128,142－145,149,151,158,161,162,164,184,185,187,191－198,200－204,206,210,224,230,243,247,248,259－261

伯恩斯坦　213

德里达　21－23,96,162,211,223,232－234,237,239－242,260,261,264

帝国主义　43,133,135－137,140,142,143,153,154,196,197,202,204,214

多元决定　13,14,21,27,49,55,142,144,145,147－150,156－158,162,211,214,216－218,220－222,227,231,238,261

弗洛伊德　25,58,96,157,251

福柯　6,7,9,21,23,25,32,37,48,69,158,211,233,234,237,239,240,248,249,251－255,260,264,265

葛兰西　4,77,80,82,86,100,211,212,215,246－248

规训　25,38,67,69,75,183,240,251,252,254,255,264

国家　5,9,30,37,45,53,61－67,69,74,75,105,120,126,135,137,157,181,183,184,

189,197,199,203,206,207,212,214,220,228,252,254

黑格尔 1,3-5,12-14,23,27,30,36,42,46,49,59,70-74,81,86,88,90-94,113,119,123-133,135,138-142,145-148,158,161,165,175,184,190,201,203,217,219,231,233-239,243,246-249,257-259,263

后结构主义 1,21-23,37,200,211,223,232-239,241-243,248,249,259,264

后马克思主义 9,12,14,20,21,27,36,49,50,56,85,128,138,139,204,206-222,226,228-232,244,261,262,265

话语 1,4-9,11-13,15-18,22,26,27,29,37-39,44,48-53,56,67,87,88,90,101,102,111,112,118,123,127,161,165,178,192,211,216,217,225-227,233,240,254,261

激进政治话语 19,125

结构 1,4-7,9,12-14,18,19,26-28,30-32,39-41,48-50,57-61,67,69,75,83,84,90,95-97,99,101,103-106,110,113-115,123-126,128-141,145-150,153,156-160,165,168,172,179,180,184-186,197,199,217,218,221,225-227,239,240,243,256,261,264

结构逻辑 13,123,126,140,149

结构因果性 13,14,27,49,57,142,144-147,149,150,162,238

结构主义 1,4-8,15,20,22,23,27,37,48,49,96,97,123-126,149,150,155,156,158,159,172,180,200,205,218,221,232,234,235,239,240,259,260,264

结构主义的马克思主义 4,5,26,29,44,128,150,155,159,218-220,231,260,265

解构 5-7,9,15,17,67,83,84,126,128,132,146,150,163,165,170,171,173,176,183,217-219,223,224,239-241,264

经济决定论 12-14,17,27,29,44,49,50,127,129-131,133,138,145,146,156-158,190,191,202,203,207,213-215,217-219,222,231,239,

244,261
精神分析 1,7,8,22,39,58,97,205,232,259
卡斯特尔斯 158-160
空间 7,8,11,14-16,18,25,32,37,39,48,52,64,81,87,89,99,101,102,104-106,108-111,113,115,123,128,131,133,136,139-141,143,149-160,166,167,173,179,180,182,213,214,216,221,224,227,255,261,265,268
拉康 5-7,22,58,95,113,223,232
拉克劳 19,20,56,186,207,209,265
理论的人道主义 39,79,84,111,116,202
理论配置 89,99,100,104,106-108,111
理论实践 1,11,15-17,22,23,25,26,29,43,44,46,88-90,98,104,106,110-112,115,120-122,128,138,142-144,149,151,161,164,176,185,189,191,192,194-200,203,206,208,230,231,233-235,240,259,260
理论主义 38,40,54,70,71,73-76,78,84,85,257

历史决定论 14,15,20,21,29,44,128,136,138,143,150,155,156,177,191,202,209,211,213,215
历史唯物主义 1,9,15-17,25,26,39,44,53,54,70-75,78,80-84,101,103,121,125,127,128,130,143,145,159,161,162,164,191-195,197,198,201-203,206,219,229,230,243,247,248,259
历史主义 3-5,27,49,66,88,124,190,191,203,205,236,237,243,245-249
链接 12,21,27,49,56,212-216,221-229,231,261
列斐伏尔 36,123,139,158,159,235,265
列宁 10,11,19,22,37,42-46,62-64,69,70,76,80,82,89,104,110,133,135-138,140-143,149,153,154,164,176,185-188,196,197,204,207,210,214,217,224,232,236,260,263
卢卡奇 3,4,17,42,45,235,236,264
卢森堡 44,208,213
卢梭 65,66,162,172-174,182-184,203,223

马基雅维利 1,11,12,65,66,70,86-90,99-102,104-106,108,110,111,134,135,139,162,169-171,176-183,202,203,223,257,263,266

马克思 1-23,25-31,33-57,59,60,62-66,68-75,77-86,88,94,96,98-101,103-121,123-133,135-147,149-167,174-178,182-225,228-239,242-248,253-255,257-266,268

毛泽东 19,22,142-144,149,164,186,188,196-198,217,232,263

墨菲 19,20,56,186,207,209,220,231,232,260,264,265

偶然 1,17-19,21,24-27,48,49,88,132,134-136,138,139,141,161-164,166-172,174,176,180-182,184-186,207,211,214,216,221-225,241,242,249,251,265

偶然唯物论 15,21,44,48,90,98,128,133-136,138,140,161-167,169,170,176,178,200-204,211,223,229,238,241,242,249,261

人道主义 2-5,13,14,26-29,35,36,38,40,43,44,47-49,59,70,79,80,83,85,111,115-122,124,145,156,158,189-191,203,206,235-237,239,240,245,249,258,265

认识论断裂 29,38,40,54,69-71,73,78,80,82-86,112,162,211,236,258,259

认识生产 1,16,17,25,111,112,114,115,161,259

身体 7,20,23-25,32,48,57,58,74,84,171,209,233,240,250-252,255,256

时间逻辑 15,42,123,126,128-130,133,135,138,139,141,149,150,153,246

事件 4-7,17-19,25,28,36,37,47,48,80,83,98,101,128,131,133-135,137,139-141,149,161-163,176,184-188,204,217,222-225,228,238,244,249,261

斯宾诺莎 1,13,14,22-25,27,49,55-58,71,73,74,82,124-126,142,145-148,162,171,172,221,232,241,250,251,253,264,265

斯大林 1-3,7,10,13,16,27,28,34,35,43,45,49,50,83,85,127,129,138,146,156,158,163,164,206,210,215,217,235

文本解释学 104

乌托邦 28,31,32,102,105,136

五月风暴 1,5-7,20,21,26,28-44,46-48,50,83-85,206,209,210,251,252,266

相遇 18,19,22,23,128,135-141,161,162,168-176,181,182,185,186,205,221,223,225,230,233,234,236,238,240-243,249

新政治逻辑 1,5,7-9,11,12,14,15,17-19,21,25-27,39,49,50,53,56,61,62,70,88,111,161,259,261

形势 2,3,12,17-19,34-36,39,42,63,64,88,89,100,102-106,108,110,128,131,133-138,141,148,149,154,161-164,176,177,179-182,184-186,189,194-196,198-200,202-204,214,217,222-225,229,249

虚空 12,17,37,59,90-98,103,105,110,117,135,141,162,163,167,169-174,176-178,180,182-184,202,212,213,223,241

虚空政治学 1,12,26,90

意识形态 1,2,4,5,7-10,12,13,15-18,20,21,26-29,31,32,35,37-43,47-87,89-91,93-104,106-117,119-122,126,129,134,136,141,142,145-151,154-158,160,162,163,166,167,170,173-181,183,184,187,189-195,198-200,202,203,206,209-212,214-216,219,225-227,229,231,236,239,240,243-248,250-256,258,259,261,265,266

意识形态国家机器 7,26,48,50,53,59,61-66,68,69,74,75,156,157,212,225,252-255,259

再生产 8,53,59-66,72,75,80,95,116,119,131,151,153,156,157,183,211,218,219,253,259

政治浪漫主义 37

政治实践 10-12,14,17-19,26,27,39,42,48-50,52,53,64,70,76,77,80,82,85,87-90,98-106,110,111,127-

129,132－142,162－167,
170,171,176,178－185,187,
189,192,194,196,198,201－
204,217,223－225,228,229,
231,258
政治拓扑学　89,99,102,104－
106,108－111
政治自主性　50,216,231
主体　3－6,14,21,26,29－32,
36－38,41,42,44,48,50,55,

61,62,65,66,68,69,73,75,
79,92,97－99,103,105,106,
108,115－119,121,124－
126,128,145,146,148,150,
162,164,171,172,179,180,
182,190,192,206－208,211,
218,222－229,235,239－
241,254,255,258,259,261,
265,266
自由主义　1,28,37,38,41

图书在版编目(CIP)数据

阿尔都塞激进政治话语研究/林青著.—上海:复旦大学出版社,2015.11
(复旦博学文库)
ISBN 978-7-309-11007-4

Ⅰ.阿… Ⅱ.林… Ⅲ.阿尔都塞,L.(1918~1990)-政治思想-思想评论
Ⅳ.B095.655

中国版本图书馆 CIP 数据核字(2014)第 230224 号

阿尔都塞激进政治话语研究
林　青　著
责任编辑/方尚芩

复旦大学出版社有限公司出版发行
上海市国权路 579 号　邮编:200433
网址:fupnet@fudanpress.com　http://www.fudanpress.com
门市零售:86-21-65642857　　团体订购:86-21-65118853
外埠邮购:86-21-65109143
常熟市华顺印刷有限公司

开本 890×1240　1/32　印张 9　　字数 223 千
2015 年 11 月第 1 版第 1 次印刷

ISBN 978-7-309-11007-4/B·515
定价:28.00 元

如有印装质量问题,请向复旦大学出版社有限公司发行部调换。
版权所有　侵权必究